朗朗書房

Long-Long Book House

北京朗朗书房出版顾问有限公司

荣誉出品

孩子，微笑吧

中美家庭教育碰撞

高芸香 ◎ 著

中国人民大学出版社

·北京·

目　录

给家常中添些诗意

微笑是永远的课题

把握人生的道德罗盘

感恩也是人生功课

序一

忽视过程必然不能达标

　　我的专业本来是搞文学创作的，连做梦都想着某个中篇小说发表后引发轰动。可出人意料的是一部教育随笔《我的孩子不是天才》（由中国人民大学出版社）出版后，竟然畅销于祖国大江南北，甚至远销至美国和加拿大的华语世界，一些章节被《光明日报》、《作家文摘报》、美国《侨报》等多家报刊所引用。这种"有心栽花花不开，无心插柳柳成荫"的情形曾使我大惑不解。但是，在某天，一个偶然事件突然给了我灵感，使我悟到了其中的奥妙。

　　读过《我的孩子不是天才》的读者（包括很多家长和我身边的孩子）都愿意与我交流，并常带着他们在现实中碰到的难题与我探讨。某天傍晚，当杨杨的母亲正在巷口与我谈论关于母女间相互沟通的问题时，杨杨兴冲冲下学归来，把骑得飞快的自行车停在我面前，说："老姨，这次期中测验，我考了第七名。比从前跃进了十几个名次。老师要放光荣榜，贴我的照片，还让我想出一句富于哲理的话，配在照片下面，您能帮帮我吗？"不等我向杨杨祝贺，杨杨的母亲便笑着讥讽道："瞧瞧骄傲的！老师让你想，你怎么能把任务交给老姨？自己想去！"我忙回复道：

"杨杨进步了，可喜可贺啊！会发动群众，这也是好事啊。让我们一起来想想……"杨杨理也没理自己的母亲，向我道一声谢，便扬长去了。

杨杨走后，我就提示杨杨的妈妈，孩子的学习成绩有了大幅度的进步，确实不易。孩子向我们呈报这个喜讯时有一种预期心理，她首先渴望听到的一定是表扬和鼓励，而不是嘲讽。怎么可以立即泼她一头冷水呢？在这种心理失衡、心理对立的情况下，母女间又怎么会有推心置腹的交流呢？

杨杨的妈妈说："你是不知道，这孩子有个毛病，自己懒得动脑筋，可会利用别人哩。"

我说："会利用别人是杨杨的长处，你为什么要把它定位成缺点呢？即使她真的是懒于动脑筋，我们也应耐心地寻找改变这毛病的契机，而不应让她产生对立情绪！"

这使我想起另一个女孩子的故事。巧云上了初中后特别钟情于唱歌跳舞，有时上自习也在抄乐谱，课后更是迷恋于追星，严重地影响到功课。她的父母着了急，焚烧乐谱、没收光盘，软硬兼施却都无济于事。巧云反而与父母越来越对立。后来是班主任的一个小纸条改变了这一切。在这小女生过生日时，班主任送了她一个漂亮的贺卡，卡中夹了张字条儿，上面写道：才艺展示让你觉得潇洒，但遨游书海会让你更加充实。巧云看着这字条儿既温馨又感动，暗下决心要学好功课。当这孩子在课业上有了进步时，班主任又推荐让她当了班长。尊严和责任感给了她巨大的动力，学习成绩的提高又使她收获了另一种成就感，品尝到另一种乐趣和甘甜，巧云自然而然就变成方方面面的拔尖人才了。

可见，对孩子的教育是春风润物的漫长的动态的过程，教育者必须与其心灵的律动共鸣，从中悟出能够打动童心、感化少年的艺术趣味。

为了让杨杨多动动脑筋，我没有及时地将我想出的警句告诉她。得知她查了不少资料，还承担了帮另一位同学想哲言的任务后，我才将这句话送给她：超越是永远的目的。但对过程不感兴趣的人，永远不会超越。

我想这句话不仅适用于杨杨，适用于我的文学创作，也适用于千千万万的父母。浮躁是当今社会的通病，我们的目光决不能越过"过程"而只盼"轰动"。希望看过这本书后，您先享受教育子女的过程，享受妙招带给你的乐趣。先来努力耕耘，暂且不问收获。

序二

孩子需要什么样的父母

1997 年 8 月至 1998 年 8 月，我和先生在美国匹兹堡生活了一年，这一年中有 9 个月是带孩子。活了半辈子，初见隔代人，感觉特别亲。带大外孙时我们格外小心，我曾为大外孙的成长做过详细记录。

2000 年 8 月至 2001 年 8 月，我和先生又在美国的洛杉矶生活了一年。依然是带孩子，工作量却增加了一倍还多。因为大外孙刚学会缠人，比他小两岁的弟弟又出生了。为了适应两个外孙过剩的精力，我常常向洛杉矶加州大学（UCLA）家属院的家长们讨教。久而久之，美国家长的管理方式、教育理念深深地震撼着我固有的亲子观念。

比如，同样是珍惜生命，珍惜的视角和方法却大不相同。中国的家长是小心谨慎：风来了，赶紧捂起来；天冷了，赶紧加衣服。着眼点在保养、呵护，唯恐孩子冻着饿着，想着法儿给孩子创造舒适的环境。美国的家长则不同，抱小孩像拎着个背包一样。三五个月的孩子就浸泡在凉凉的泳池里，让孩子戏水。他们纵容蹒跚学步的小孩光着脚在冰冷的海滩上拾贝壳，鼓励孩子一只脚踏着滑板车疯跑，想着法儿让孩子适应周围的环境。他们的着眼点在最大限度地满足生命的承受力，张扬生命的活力。

其结果到孩子两三岁时就见了分晓。美国的孩子总体体格健壮，活泼开朗，耐磕耐碰，独立性强，主动性强；中国的孩子相对体格文弱，腼腆乖巧，自我保护意识强，对父母的依赖性强。

再比如：发现孩子撕了刚给他买的新书时，中国家长的反应一般是首先批评他的行为本身，然后再强调书的价值：

"刚买的新书你就撕破了！怎么这么不小心呢？"

"你以为那是白来的？十来块钱呢！"

家长首先激起了孩子的愧疚情绪，然后再讲大道理，说明要爱惜自己的东西，这些东西来之不易，等等，而不顾忌孩子的抵触情绪，强迫孩子说"我错了，今后改正"。

还有一种谴责方法，更像审问罪犯：

"这书是谁撕的？是你吗？"

"跟书有仇吗？为什么刚买回来就撕了？"

家长的意图是希望孩子诚实，坦言撕书的原因，结果却是把孩子推向对立面。因为孩子们最恨明知故问的带有圈套性的问题，最讨厌大人们逼他在明显的谎言和窘迫的自白间作出选择。他们应对这种挑衅往往有自己的绝招，那就是梗着脖子死不开口。

遇到这种情况，美国的家长们会怎样处理呢？他们的注意力首先集中于孩子的情绪和感受。通常他们会这样问孩子：

"我看到你撕坏了刚买的新书，你不喜欢它了吗？"

这时孩子也许会点点头，或者说是不小心撕坏的。

"或许过几天你又会喜欢它呢，因为有好多有趣的故事妈妈还没来得及给你讲呢。来，我们把它粘起来。"

孩子发现妈妈并不因为他闯的祸动怒，首先关心的是他的感受，就有可能把自己的真实想法告诉妈妈。这样，在负疚的心情下，他就有可能在以后认真保存大人送他的礼物。

在国内，我常常听到家长们抱怨，说孩子们一旦有了自己的思想，就与大人离心离德，不能沟通。有时看见他闷闷不乐，追问越多，他反而躲你越远。美国的孩子却不同："今天我答对了问题，老师表扬了我，特开心！""上车时，校车司机推了我一下，我真想报复他！""玩冰球时，我们输得很惨，真泄气！"表达内心的感受是他们的日常习惯。

以上两个例子，一个关乎健康的体格，一个关乎健全的心理（经常与大人交心，愿意谈出内心感受的孩子，一般不容易出现心理失衡或心理障碍）。

我们做家长的往往因袭了这样的思维定势：首先考虑我们需要什么样的孩子（乖孩子、进取心强的孩子、体魄健壮的孩子……），而忽略了孩子需要什么样的父母。

在生存竞争愈演愈烈的新世纪，我们到底该怎样塑造新的一代？要为后代留下什么样的体魄和精神？做父母的该怎样充当"教练"的角色呢？

2010年我和先生到美国迎接孙儿的出生（孩子出生于佛罗里达大学公寓）。2011年全家迁至西雅图。其间曾到伊利诺伊州香槟市看望在伊利诺伊大学任教的女儿一家，并参加了外孙们的一些校内外活动。近年来，我成了儿女们很抢手的带孩子专职人员，分别在英国（二女儿在英国）和美国带过六个外孙和孙子。这主要是因为我完全摈弃了传统教养模式中的不足，并努力借鉴国外亲子观念的优点。比如过去我的孩子们如果挑食，我会责备他们，教导他们吃东西不能挑剔；如今我却欣赏孙儿的嘴细：才一岁半，他就能从粥中吐出绿豆皮，即使是很柔软的毛发似的小鱼刺，他也不肯含糊。照过去的观念我会说这孩子贪图享受，吃不得苦。如今我却由衷地欣赏他的食不厌精。这一特点发展得好，说不定将来会成为食品鉴定师呢。美国电脑行业三巨头之一的乔布斯就是干什么都非常挑剔，因此才会有"苹果"品牌在全世界的独领风骚。从六个孩子的独具个性中，我确实体会到美国教育有非常值得我们借鉴的地方，那就是充分发展孩子的个性，让其成为永恒的兴趣，必然会有开花结果的一天。

以上的感触使我生发了写这本书的想法。如果对读者有所启示，我将不胜荣幸。

序三

妈妈写的这本书

张 丽

这不是一本教你如何培养天才子女的书，也不是教你如何培养孩子上名校的书。书店这样的书已经够多。而且，我个人认为，如果你培养孩子的目的就是这些的话，你的目标已经定错了。智慧形式多样性的存在已是个常识。当你把功课方面的优秀定为绝对意义上的优秀时，往往就忽略了其他智慧形式（比如：社交智慧、情感智慧、创作能力等）的价值。我们教育的目标是什么？我儿子就读小学的校长说得好，我们要培养的是一生有强烈的求知欲的孩子，有兴趣去主动探索，找寻答案的孩子。除此之外，我们要培养有爱心，有正义感，对社会有参与、有贡献的人。在孩子幼年、少年时，我们若把他们引导在正路上，会给他们的一生留下更多的发展空间。

我支持妈妈写这本书，正是因为它与众不同。我想，妈妈要强调的是我们都是普通人。如何对普通的孩子因材施教，帮他们把潜力发挥到最大，这是父母应该做的。读者千万不要盲目崇拜、羡慕任何人。没有人是完美的，没有人经得住放大镜去仔细检验，每个人都会犯错。宝贵的是我们愿意把别人的经验或教训当镜子，去对照，去改进。永远不会说，我已经得到了，不需要向别人学习了。

首先，做父母的心态要对。我的母亲是位很开明的，永远在学新东西的母亲。有时我在电话中和妈妈分享一些在美国学到的育儿心得，妈妈会说："妈妈在这方面做得不好，你们小的时候，我们也不懂这些。"（妈妈在美国帮我带了几年孩子，对中美文化差异感受颇深。回国后就写了《我的孩子不是天才》一书，受到广大读者的欢迎。现在妈妈又在美国帮弟弟带孩子，日久天长，更有不同于从前的感受。她写这本书，是想探讨一下华人父母教育子女上的常见病。）我的父母那一代人，有家长权威的多，肯虚心向儿女学习、做错了事情认错是很少见的。母亲来美国期间，常常虚心了解不同的教育理念。有一阵子，母亲心疼我照顾孩子辛苦，常批评说："看你把孩子惯的。"爸爸就学妈妈的口吻，说："看看姥姥把你们惯的。"妈妈听了几次，便诚恳地说自己说这话的口气是让人不爱听，以后果然不用同样的口气批评我。父母看重我们的学习，父母自己更是身体力行。父亲自学英语一直到现在；妈妈是老三届，30多岁时，离夫别子，去上大学。他们旺盛的求知欲，对生命的认真态度，影响着我们，这比多少次的说教都有效果。

其次，要给孩子梦想，鼓励他们体验生命的方方面面，丰富孩子的童年，而不是过早地结束他们的童年。感谢爸妈在那样贫乏枯燥的黄土小镇给了我们一个有梦想的童年。我记得爸爸从省城买回英汉双语彩色图书，给我们讲兔姐姐和兔妹妹智擒大灰狼的故事。因为我有个属兔子的妹妹，所以很喜欢这本书。想象着自己和妹妹就是那在小河边、蓝天下，敢与大灰狼斗智斗勇的兔姐妹，心里就有一股豪气。会一两句英语对话，使我和妹妹在家属院很牛气。我们家里不讲究装潢、穿着，但是见到有益的乐器、好书很舍得买。小时候我拉过二胡，上舞台表演过节目，看过《格林童话选》、《安徒生童话选》、《民间故事集》。那时家里没有什么玩具，爸爸曾让我剪了纸，当做面条过家家玩；用一根粗线绷在手指上和妹妹对翻，弄出各种花样；找体育老师讨要破旧球胆剪成细条和小朋友们跳皮筋。秋天去树林里拣树枝，采蘑菇。小镇没有游泳池，每年夏天爸爸带我们去水库学游泳（全镇只有两个女孩游泳，就是我和妹妹）。我当时那个愁呀，真不想学。现在真感激爸爸妈妈陪我坚持下来。他们当时让我做这些并不是想使我成为胡琴演奏家或游泳冠军，主要是想丰富我的心智、培养我征服困难的勇气和激情。儿时的"征服经验"非常重要，它使我更加有自信，面对目标更有决断和豪情。当我表现出广泛的好奇心，说好想看看外面的世界时，父母从来不说你做不到，总是鼓励我去尝试。在厦门大学读研究生时，为了办出国留学手续的方便，我给父母拍电报说想退学回山西，父母给我的回复是"尊重你的选择"。也有知情人劝爸妈说："厦大的国际会计专业很好，你女儿既已读研，就别担这种风险。万一出不去，岂不成了待业青年？"父母的回答是："让她试一试吧，相信她会为自己的前途负责。"正是这一试成就了我的梦想。

在应试教育下，可怜的孩子们不敢伸展理想的翅膀。考名校成为好多孩子单一的梦，而这往往只是父母强加给他们的。上了大学之后，有人就迷失了。当学校刮起跳交际舞风时，有不少男女同学陶醉其中。仿佛在一瞬间女生宿舍的价值观就发生了翻天覆地的变化，谁的舞跳得好，谁的舞伴儿酷就成了别人景仰的旗帜。我不为所动，除了偶尔到海滨游泳、散步，放松放松外，坚持以学业为重。尽管有人说风凉话："小地方来的，不会玩……"但我并不在意。那时正流行张雨生的一首歌："你是不是像我在太阳下低头，流着汗水默默辛苦地工作；你是不是像我就算受了冷漠，也不放弃自己想要的生活。我知道，我的未来不是梦，我的心跟着希望在动。"一有闲暇我就哼它，因为它最能反映我的心境。每天清晨，我是我们宿舍起床最早的，坚持读半小时英语已成为我的习惯。我目标明确，乐在其中。时至今日，我父母帮我确立的价值观仍指引我前行。在洛杉矶加州大学教书时，我曾和系里的非裔女秘书聊天。她说她年长的亲友里没有人读过大学，她小时候很有个性，有理想，想要读大学，脱离自己生活的圈子。亲友们大多挖苦她："你凭什么呀，你以为自己了不起吗？"我听了很惊讶。感谢上天，我的双亲是那样用尽苦心地支持我。即使他们担心我考不上好大学时，也从不把这种担心告诉我。总是说："你年龄小，很有潜力。"我就真相信，只要我努力，就没有达不到的目标。刚来美国时，听教授讲课觉得他们学识渊博、高深莫测，经过几年的奋斗，今天我也站在了美国高等院校的讲台上。

换位思考、设身处地地体谅孩子的感受，这是家长应该做到的，可并不是所有的父母都能做到。我印象中，高中那三年是最暗无天日的，每天除了看书学习，还是看书学习。我有过好几次考试失败的经历，上课被老师提问回答不上来的情况也不少。父母体谅我初中基础不好，总是鼓励我："你会赶上去的。"一次，妈妈陪一位家长谈心，我听见她说："我宁肯要心理健康的平常女儿，也不要有心理障碍的大学生。"每遇挫折或犯错误时，爸妈总有一人帮我"开脱"，给我台阶下，我心里无比感激，觉得有人体谅，我还有路走、有盼头。有父母的激励，出国后再艰难的日子，读博士期间的压力，都能经受得住。

上苍是公平的，给予我们每个人不同的天赋，就看我们如何用它。如何帮儿女发掘他们所具备的潜力，这是做父母的责任。我的父母从来没说过你一定得上某所名校，他们只是身体力行，帮我们养成好习惯。如今，我也是三个孩子的母亲，更加体会到给孩子的生命注入活力比什么都重要。当然，这是名副其实的一家之言。愿与大家分享。

给家常中添些诗意

谴责和打骂只是让家长肚子里的气发散出来，弥漫了全家，并没有增长孩子们一丁点儿记性。家长不妨调整心态，把严肃的事情说得幽默些，把沉重的话题变得轻松些，效果就会发生很大的变化。

为宝宝的聪明加加油

——美国人的养胎和胎教

//

所谓"胎教"并不是让胎儿学会什么，而是给他安全感和爱心。在宽松友爱的氛围中出生的孩子与在吵闹惊恐中出生的孩子情商会有所不同。

//

在美国的书店里经常能看到挺着肚子的孕妇选择适合她看的书。在育婴专柜中有"婴儿智力新探"、"大脑的食物"、"育婴实用指南"一类的书。当然，提供给新妈妈们育婴知识的另一重要渠道是互联网，比如"亲子中心"、"家庭必读"等网站或栏目。此外，还有孕妇短训班、培训中心等。这样，孩子未出生前，新妈妈们已经"经纶"满腹了。

美国人重视养胎和胎教是基于这样的认识：一个宝宝能否健康发育和成长包括生理和心理两方面的因素，而健康的生理和心理的起始阶段正始于母体的子宫内。要生出更健壮、更聪明的宝宝，从孕期开始就要正确行事。

首先，要"养胎"。这里所说的"养胎"并非中国式的养护，中国孕妇往往体育锻炼少；也不是吃什么补养药品，而是根据婴儿大脑所需要的食物来进食——因为婴孩出生时，他的大脑就已经拥有了与生俱来的 1 000 亿个活跃的神经元（神经细胞），正是这些神经细胞构成了大脑皮层。所以说人的智能在很大程度上是在母亲的子宫内造就的。怀孕3~7个月是胎儿脑组织发育的重要阶段，亦是妈妈创造高智商婴儿的最佳时期。这时期最需要给宝宝的聪明加把油。当然，出生后，这些神经细胞还要继续长大，每一个细胞都有能力发展出上千个树突。但在人的有生之年，却永远不可能再获得新的大脑皮层神经细胞。这种细胞既不可再生，也不可更换。

这就意味着，"在出生前九个月里大脑里发生的一切都对将来的学习能力有着重大的影响"。

因此，美国的孕妇非常重视营养的搭配。大多数饮食专家认为，在怀孕期间要一日三餐，不要偏食；应该吃大量的水果、蔬菜、果仁、鱼和瘦肉。同时，怀孕期间铁的供给十分重要，应该多吃那些富有铁和锌的食物，比如大豆、豌豆、糙米、胡萝卜、全麦面包、菠菜、浆果（草莓、葡萄、西红柿）。

另外，根据苏格兰教授迈克尔·克劳福德的建议，怀孕妇女在她们的日常饮食中应该把海洋生物和香蕉也列入食谱的显赫位置。因为香蕉中含有丰富的钾和叶酸，而海洋生物的脂肪对胎儿大脑细胞的发育也至关重要。该教授积累十年对胎儿大脑发育的影响所作的研究得出结论："我们发现任何出生时体重轻、头围小或有智力缺陷的婴儿，其母亲在以前及怀孕期间都是营养不良的。她们都没有摄入大量的营养。"请注意：迈克尔教授在这里还提出了一个"其母亲在以前"，也就是说怀孕以前的身体状况。这就应了中国人那句老话"母壮儿肥"。事实上，美国人的儿童健壮与其母亲身体的健壮分不开。美国妇女除了注意营养外，还重视体育锻炼，诸如室内健身、室外日光浴、沙滩浴、游泳、跑步等。只有健康的妈妈，才有可能生出健康的宝宝。这是不言而喻的。

所谓"养胎"，除了孕妇要明明白白知道什么最滋养宝宝的大脑和骨骼外，还应明白自己不该干什么。美国哥伦比亚大学长老会医学中心的儿科学、产科学、妇科学教授伊安·詹姆斯说："母亲吸一支烟，胎儿就吸两支烟。"抽烟会使胎儿大脑缺氧，而氧气对胎儿脑细胞的生长极其重要。同样，孕妇喝酒、吸毒，都会对婴儿一生的健康有极大的负面影响。

除了在饮食上满足供养外，再就是"胎教"，以此保证宝宝的心理健康。英国牛津大学生物学家、动物行为专家德斯蒙·莫里斯在1994年就叩开了婴儿智力开发学的门户，推翻了胎儿只有本能没有智力的观念。他认为胎儿在出生前三个月就能听到外面的声响。从停留在母体子宫到出生，宝宝像海绵吸水一样贪婪地吸收着周围的信息。这一观点正逐渐被不少专家学者认同。所以，美国大多数家庭很重视给婴儿提供最佳的家居环境。首先，怀孕期间夫妻要和睦体贴，即使在某件事上意见有分歧，也不要发生大的争执。其次是营造温馨、舒适的生活环境，家里要时常放放音乐，父母的笑声也很重要。第三是抽时间与腹中的胎儿对话。比如有胎动时，爸妈可以去抚摸他，问问胎儿"感觉怎样"，告诉他爸妈喜欢他，爱他胜过一切……

在宽松友爱的氛围中出生的孩子与在吵闹惊恐中出生的孩子

情商会有所不同。

在美国，我曾陪女儿上过一次临产前的孕妇辅导班，这里也顺便提及一二（女儿怀第一个外孙时，还在匹兹堡读书，是新妈妈，就报了这个班）。孕妇学生一般由丈夫陪同，每人带两个大枕头。原来那教室里配备有沙发，自带的枕头是供孕妇们靠或躺时枕的。孕妇学生有躺的，有半躺半靠的，姿势取自由式。老师则是坐一把椅子，以拉家常的形式谈笑风生地讲解临产前应该注意些什么。印象最深的是有位男士问妻子临产的那会儿，他该干些什么。那老师就笑着教他，像催眠一样对妻子说："放松你的眼睛，放松你的鼻子，放松你的嘴巴，放松你的胳膊，放松你的手指。"总而言之，是唱催眠曲一般叫妻子放松一切；同时也对即将出生的宝宝说"爸爸爱你。你很努力！相信你是世界上最棒的。你将是我们家最受欢迎的新成员"等。因为其余的工作有医生和护士做，所以先生给妻子的唯一帮助是减轻其恐惧，使她由肢体的放松到心理的放松。母子连心，母亲一切放松后，胎儿的心理感受也必然是轻松的。因为这时的胎儿最需要的是安全感，这种感觉只有从父母这里才能获得。这就不难看出，所谓"胎教"并不是让胎儿学会什么，而是给他安全感和爱心，未出世就给他个好心情。

此外，体育锻炼对美国孕妇来说依然是生活的重要环节。她们认为适当地散步和游泳对母亲和胎儿都有好处。尤其是游泳，母亲在泳池中划水而行，胎儿也会感受水的浮力，往往因兴奋而表现出胎动（与产前运动相呼应，美国妇女产后亦没有"坐月子"的习惯，生产后一两天就出院。出了门也不捂不裹，使人认不出哪一位是产妇。除了遵照医嘱做体态复原锻炼外，仿佛同平常人没什么两样）。

不过，上面所说的"养胎"和"胎教"，并不是人人都重视。有些未婚先孕者或者没有做妈妈的心理准备，却有性行为的中学生，生孩子像扔块儿纸巾，常把婴儿丢在垃圾堆中。我在匹兹堡时，当地报纸就报道了医院门口发现弃婴，包裹中藏了个小纸条，上面写着："对不起，我没有能力养他，因为我只有 14 岁。"

还是顺其自然好

——中美孕妇生育观念的不同

//

怀孕和分娩是一个正常女性所乐意感知的体验，也是一个健全而完美的母亲所必须接受的挑战和考验。女性会因顽强和勇敢而感受到骄傲和尊严。

//

在女儿怀孕期间，我常常在电话中叮嘱她要注意这，当心那。女儿一般是"遵命"、"嘛"地敷衍，有时也认真地与我交流欧美国家与中国人生育观念的不同。在美国，产妇和家属普遍认为，怀孕和分娩是一个正常女性所乐意感知的体验，也是一个健全而完美的母亲所必须接受的挑战和考验。女性会因顽强和勇敢而感受到骄傲和尊严。所以，在怀孕期间她们重视的是锻炼，分娩时坚持的是自然分娩。中国的女性则有所不同，传承香火的传统观念使不少孕妇觉得这是长辈血脉上的延续，是无价的回赠，承载了几代人的希冀和厚望，从孕妇到家属所选择的总是最佳的调理和保养，分娩时也常因缺乏耐力而选择了剖腹产。

女儿在怀老二八个月时，仍然坚持游泳，这使我非常担心。我就告诫她说："一是美国游泳池中的水温一般偏低，怕伤风感冒。二是要注意卫生，谨防传染病。第三嘛，将近临盆，胎儿头部越来越靠下，要考虑宝宝的安全和健康。"

女儿说："妈妈不必为此担心。中美两国人同样珍惜生命，只不过珍惜和呵护的方式有太多的区别。美国人认为生命的可贵在于时间、地域的有限，因而生命体验要多多益善，要让其过程丰富而充实，向诸多极限挑战；中国人觉得生命很脆弱，为了不让其受到伤害，就要注意冷、操心热，让其平平安安地活着。考虑到诸多不安全因素，家长们往往限制了孩子们的许多活动，与此同时也就使孩子们的能力发展受到了局限。我怀牛牛（第一个外孙）时就遵从了不少中国的传统观念，结果他一生下来体质就偏弱。"

在这一点上我特别能认同女儿的观点。这主要是在带第一个外孙牛牛时带给我太多的教训。那时我人虽然去了美国，但喂养方式却完全是遵照中国姥姥们传统的保养方式。当时看着美国的年轻父母抱孩子像拎小鸡似的，一出家门就将孩子扔在草地上任其滚爬，我们心想，也不怕把孩子凉着，患伤风感冒；看到美国的孩子们光脚在海边的沙地上跑，头发被海风吹得根根竖立，也奇怪美国父母的粗疏。牛牛是姥姥姥爷的第一个外孙，又是女儿婆家的第一个孙儿，全家人都对他宠爱有加，风来了怕吹着，雨来了怕淋着，草地上怕潮湿，地毯上怕不卫生，孩子的活动天地只能局限在床上，结果是对门美国人的孩子早就会爬了，我们家的孩子还是弱不禁风。尤其七个月之后看到咱家的孩子与人家美国人的孩子发育差距那么大，给我的震撼确实不小。尽管如此，我对八个月的孕妇仍然坚持游泳的做法还是不能苟同。为了说服女儿，我又加了一条理由："怀后面的宝宝，流产的风险系数大于以前……"

女儿认为，我的担心纯属多余。首先，人家游泳池的水是要定期更换并抽样化验的，保证无污染、细菌不超标；第二，常游泳的孕妇耐寒耐病，心肺功能好；游泳时头脑还特别放松，是积极的休息；第三，婴儿具有良好的适应这种环境的天赋，他本来就生活在母亲子宫的羊水中。妈妈在泳池中游动，会激活他的大脑皮层，激发他的活动本能，增强其抵抗力。妇女怀孕是很正常的生理现象，适当地干家务、工作、走路、游泳只会增进生理和心理的健康，不会有副作用。另外，体力活动多的孕妇在生产时也会顺利些。至于会流产的说法，更是要尊重科学。常不运动的人，偶然间遇到较大的运动量才没有耐受力，会流产呢。

谈及生产的话题，想起国内的剖腹产正成为一种时尚。我在公园锻炼时，遇到几位熟人正与一位孕妇津津乐道地宣传剖腹产的好处：一是认为婴儿的脑部避免了阴道的挤压，智力高于自然产儿，孩子的头型也会漂亮些；二是剖腹产不至于使阴道松弛，有利于产后夫妻性生活和婚姻质量；三是剖腹产不至于让骨盆过分扩大，有利于维持产妇体型；四是便于选择良辰吉日。并且，她们还说这种时尚是来自发达国家。

一份可靠的资料显示国内北京、上海等大城市剖腹产婴儿的比例在 50% 以上，有的医院竟高达 80%。连生孩子都想走"捷径"，这实在也是种中国特色。这种风气以时尚的名义蔓延，是非常可悲的。要知道一个优秀的民族首先离不开母亲的坚韧和勇敢。事实上在欧美国家，剖腹产的比例仅在 10%~15% 左右。这是一种不得已的补救手术，它的主要原因是高龄产妇和生育功能的缺陷。欧洲白人女性骨盆倾向于男性型，提高了分娩难度。即便如此，欧美国家医院一般也不主张剖腹产。所幸大女儿做了榜样，我的小女儿和儿媳都经受了生育的考验。我的六个孙儿（大女儿有三个男孩，二女儿有一男一女，儿媳有一个男孩）都是通过自然分娩的方式出生。除了大外孙体质偏弱外，其余五个一个比一个健壮。

欧美专家们认为：剖腹产的好处仅仅是避免了自然分娩的疼痛，相对于它带给母婴的并发症来说，便显得毫无可取之处。它只是一种不得已的补救手段。首先，手术增加了产妇大出血和感染的可能性，产后出现各种并发症的可能是自然分娩的 10~40 倍。剖腹产的创伤面积大，不仅疼痛时间和恢复时间较长，产妇还容易患羊水栓塞，羊水进入血液会对产妇造成生命威胁。另外，给日后的再生也带来难度，即使三年后再次怀孕，子宫也易破裂。从婴儿的角度来讲，由于手术后产妇需要禁食，就影响到母乳喂养，这对刚脱离母体的宝宝的免疫力不利。此外，新生儿胎肺液的排出，主要靠产道的挤压。剖腹产出的婴儿，有三分之一的胎肺液未能排出，出生后有的不能自主呼吸，即患上所谓"湿肺"病，容易产生并发症。再者，手术时由于医生的不慎，伤害到产妇、婴儿的现象也时有发生。在美国的东南亚女性（大多骨盆较宽大）一般都不采用剖腹产的方式。

然而，在国内剖腹产正上升为一种社会地位和经济实力的较量。进城民工和农村妇女一般都采用自然分娩的方式。城市产妇多选择剖腹产的方式。当然，剖腹产的盛行，除了因为新女性不能忍受宫缩的痛苦、追逐时尚之外，还有部分不良医院的牟利动机。一个剖腹产通常是个把钟头的手术，可一个初次生产的产妇至少需要 10 个小时才能完成分娩过程。自然分娩需要付出的技术成本和人力成本巨大，经济效益却不大；相比之下，剖腹产显得干净利落，住院期长，用药还多。据说剖腹产的费用是自然生产的 3~5 倍。所以，当产妇进入一些医院的妇产科时，医生和护士也常常来动员产妇和家属采用剖腹产手术进行分娩。

想当年我们那代人听都没听说过"剖腹产"这个词儿，孕妇都是自然分娩。我们那一代人是不讲享受的一代，都吃过物质极度贫乏的苦头，如今随着物质条件的大大改观，不少人都有种穷人暴富的心态，做父母的总在孩子身上尽量避免自身曾经历过的痛苦，在溺爱和迁就下造成了下一代的毅力不足和养尊处优。事实上，如果做母亲的自己都没有忍耐力和独立性，自己都没有勇气面对健康和自然的分娩，不懂得天伦之乐与为人之母所必须付出的汗水、牺牲相辅相成，她又怎么可能把优良品质传承给孩子呢？

为宝宝的健康加加油

——教育从出生开始

//

在美国人的观念里，他们不把孩子当成软弱无能的心肝肉，而是当成天生的小精灵，勇敢的冒险家。

//

在美国，婴儿从离开母体的那一刻就备受尊重和"抬举"。大人们想着法儿鼓励他、夸奖他。记得我的大外孙出生后，是被医生捧到女儿的身上，让女婿上前剪脐带的。这个"剪脐带"的接生程序竟然像举行什么仪式一样隆重。当女儿看到儿子后，笑着说"哎哟，果然是蒜头鼻子，像他爸爸"时，医生就夸赞婴儿说："瞧你多棒啊，连鼻子都知道朝哪个方向长，如果不像你爸，可就麻烦了。"逗得女儿女婿哄然大笑。然后就是给婴儿擦洗，称体重，量头围、胸围、身高等。接着是打预防针、摄影师录像。当护士把产妇推到住房时，房里的电视屏幕上已出现了新生儿稚笨蠕动的样子。经过摄像师加工过的图像既清晰又有艺术效果，再配上音乐，看起来十分温馨。交上 20 美元，新爸妈可以把录像带回家。

此后，便是两三个礼拜到医院检查一回。除了护士来称体重，量头围、胸围、身高和打预防针外，医生还要听心脏的跳动、数脉搏的次数、翻眼帘、摸肝脏、看牙龈等。再以后是一两个月来检查一回，并且要给出婴儿的发育状况卡，上面写有宝宝的头围和身高居全美国同龄婴儿的百分比位置等信息。让做父母的清清楚楚地知道你的孩子在发育排行榜上是居中还是居上。体检的次数随着孩子年岁的增大，逐渐减少。

那么，对于初具人样儿的小不点儿来说，除了让他们吃好、穿暖，得到爱心呵护外，怎么开展教育呢？美国专家们的着眼点在于激发婴儿的视、听、味、嗅、触五种感觉能力，让这五种感觉器官的功能和谐、健康地齐头并进。

费城人类潜能开发研习会的主任珍妮特·多曼认为，婴儿出生，来到这个陌生的世界，他的感觉系统远非完美（有时睁一只眼闭一只眼），他会试着想：我在哪儿？怎么回事儿？会发生什么事儿？因为他看不见，听不到，感觉能力又不是很强。这时，父母的工作便是提供足够的视觉、听觉和触觉上的刺激。按照中国人的一般习惯，常把孩子安放在一个色调柔和的环境里，怕他受到刺激。珍妮特却认为，这对孩子简直是灾难，因为婴儿需要看对比明显的东西，需要看轮廓鲜明的图像。他们的耳朵也需要接受大量的声音信息：响亮的铃铛或拨浪鼓的声音会立即引起他增加或减少全身性运动（有的孩子还会同时出现闭眼或收紧眼睑的运动）；轻柔的声音会使他停止口中的嘟嘟声。听力的启蒙是为孩子学习语言做准备。一个月左右，孩子会对声音注目"凝视"。在声音出现后，如果宝宝的小眼儿直瞪瞪的，好像对声音的刺激毫无反应，那就需要带他到医院检查了。

也许是受这种育婴观念的影响，美国儿童用品市场上卖的婴儿床琳琅满目。除了床边的木栏上镶有红、白、黑、黄、绿等彩球外，周边还围一圈儿布围栏，布围栏的图案和色彩也特别艳丽。玩具上面都标有使用孩子的月份，供一到三四个月的孩子使用的玩具五花八门，品种繁多。我最欣赏的是一种吊到屋顶，孩子躺在床上从哪个角度都能看到的玩具。这玩具挺简单，是个和屋顶平行的圆圈儿，圈周围拴着红色的小熊、蓝色的小驴、绿色的小鸟、白色的小猪等，大人一拧发条，随着音乐的响起，小动物就转圈儿追逐起来。我的两个外孙都是在它们的启发下走出蒙昧期，然后"哦、哦"地主动与小动物们打招呼。外孙们的玩具，除了头顶吊的，还有脚底蹬的。有一种简易电子琴，被安装在一个软软的大红棉布袋里。把它立在床栏边孩子的脚能够着的地方，宝宝的脚一踢腾，就蹬响了琴键。这时伴着音乐响声，还有亮亮的红绿灯闪闪发光。这种玩具除了视觉、听觉的刺激外，还有触觉的刺激。久而久之，培养了孩子的条件反射，他觉得好玩儿，就反复踢腾。这便是"启蒙教育"的反馈。

美国专家认为，智慧的妈妈应该把整个世界作为自己的课堂。比如你在家里喂奶时，就要教宝宝吃奶奶，吃奶奶。你的手可以轻轻挠挠他的小脚，说挠痒痒，挠痒痒。你给他穿衣时，嘴里要念叨：伸伸胳膊，穿上衣服；伸伸腿腿，穿上裤裤；伸伸脚脚，穿上袜袜。如果你推宝宝出去晒太阳，强烈的阳光刺了宝宝的眼睛，你就要及时给宝宝介绍：大太阳，阳光强，刺了宝宝的眼睛，不好受。有风吹来，宝宝打个喷嚏，妈妈就要对宝宝讲清楚：风儿来了，树叶被吹得沙沙响，宝宝被吹得打喷嚏呢——

啊——嚏！走到树林里，妈妈可以从地上拾一片儿干净的树叶，送给宝宝。你千万别以成年人的尺度衡量他，以为他什么也不懂。他会举起来反复地观察它，辨认树叶的形状和颜色；他还会放在嘴里咬咬它，尝尝树叶的软硬和味道；或许，他还会用另一只手来配合，撕开它，弄碎它，听听响声，试试自己的力气，从而发现这玩具不堪一击……在这些看似稚嫩的动作里，我们的小宝贝已动用了他的判断、推理等思维，也就是动用了他全部的脑细胞，这就是婴儿的学习，也是婴儿的运动。他们的脑细胞使用得越多，就会越发达、越灵便。

似乎有一种习惯约定俗成，即不论哪国的家长们带孩子都侧重于"摇"。在我的记忆中，当我三四岁时，奶奶还常常摇着拍我睡午觉。我国南方摇床、摇篮更多些，相应产生了许多动听的摇篮曲。美国小孩人人有小推车，常被妈妈们推着逛商场、去游乐园。从躺到坐，都在摇动中度过。据得克萨斯州的露思·赖思博士在控制实验中证明：花一刻钟的时间来摇动、抚摩或轻拍婴儿，每天只要四次，将会极大地帮助他发展协调运动以及学习能力。有时我便胡思乱想：民间传说我国南方人比北方人聪明得多，是不是因为南方婴儿睡摇床、摇篮多，北方婴儿睡土炕多呢？据说通过轻摇的手段使婴儿获得定期的前庭刺激，婴儿的体重增加较快，视觉和听觉也发展较早。而前庭系统对脑的正常发育起着重要作用。

六七个月之后，婴儿表现出爬的欲望，家长就要积极支持他、鼓励他。这话听起来谁都能认同，事实上，中国家长和美国家长的具体操作却大不相同。我在美国洛杉矶期间，亲眼目睹了中国婴儿和美国婴儿"爬"的能力的差异，不禁大感震惊。我的二外孙丁丁，在满月时曾被誉为 UCLA 大学村一号种子（体重第一），按说发育状况首屈一指了，但到该"爬"时，他的能力与美国人的孩子就差远了。有人说可能是遗传因素，事后反思，症结还在于家长的育婴观念。中国家长过分呵护宝宝，总是表现出怕冷怕热、怕脏怕碰，是一个"怕"字当头。孩子想在院里的草坪上爬，怕潮；孩子想在屋里的地毯上爬，怕脏。只圈定他在床上爬，还怕他掉下来，四周围堵了枕头，这样他的用武之地还剩多大呢？我对门一对年轻美国夫妇，却常把他们的孩子像抓小鸡似的拦腰一拎，扔到院里的草坪上，让他爬；提回家里，放在地毯上，任宝宝信马由缰。一旦发现了孩子的进步，就拍手叫好，加油鼓劲儿。那孩子还不及我的二外孙大呢，可是人家却爬得早，走路也早。每到节假日，游乐场被太阳晒得滚烫的沙坑里，树荫下又凉又潮的草坪上，海滨湿湿的泥沙里、浅水里，到处爬着、滚着、跑着、跳着美国人的孩子（在海边，我三岁的大外孙怎么都不愿离开大人的怀抱，怕湿鞋）——眼睁睁地看着人家的孩子骨骼比我们的硬，运动能力比我们的强，实在不能不叫人深思。我们不能不承认我们对孩子限制太多、呵护太多。

在美国人的观念里，他们不把孩子当成软弱无能的心肝肉，而是当成天生的小精灵、勇敢的冒险家。他们这样理解孩子的爬行：当婴儿向前移动时，就是尝试着探究这个世界。在地毯上爬，他会触碰到沙发或茶几，难免轻轻磕碰一下，别管他，这对他来说是经验。他想一想，就会停下来，琢磨这是什么庞然大物，挡了我的去路。这时，如果他还想前行，那一双小眼就停止无目的地游移，而集中考虑要不要绕路……

这样，婴儿的每次爬动都将启动他的视力和智力，看明白要去的方向，并使两眼注意力集中、一起使用。他不断地集中两眼视力，视力就会越来越好（视力也像刀，越磨越锋利）。

有专家说：爬就是健康。因为宝宝的爬行要动用他的四肢，而这种活动又增强了由3亿神经细胞组成的两个脑半球的相互联系。爬得早的孩子，一般走路也早。因为这种运动方式会使整个脑部"串联"起来。

在婴幼儿时期，运动就是学习。

事实证明，有不怕潮的父母，也就有不怕潮的宝宝；有不怕脏的父母，也就有了耐感染的宝宝。美国人的孩子一般是耐冷耐热耐磕碰，中国人的宝宝（尤其是让奶奶、姥姥带的）一般是"捂"得多，易伤风感冒。

既然这样，我们何不换换育婴观念，为宝宝的健康加油、再加油呢？

给家常中添些诗意

妈妈轻松愉快的情绪，会直接传导到儿女身上。在愉快放松的心态下，办事的效率才高，成功率也大。

给家常中添些诗意，有人可能觉得故弄玄虚。家庭生活，无非是柴米油盐、衣食住行，怎会出现诗意呢？

不妨举个具体事例来说明诗意的来源。

不知你们遇到过这样的情形没有？下了班回到家，忙忙碌碌择菜、洗菜，一切准备就绪后打开火要炒菜了，突然发现盐不够用了。这时作为家庭主妇的妈妈会怎么样呢？一种情形是十分沮丧，嘴里骂骂咧咧道："这才丧气呢！某某（叫儿子或女儿），快，别玩了！给你这两块钱，买袋盐去！"孩子出了门后，她又追到门口，呵斥道："快去快回，别又贪玩磨蹭半天！"这妈妈营造出的是什么样的氛围呢？紧张、焦躁、烦乱和懊丧的氛围。孩子虽然按妈妈的指示去办了，但心情不会轻松和舒畅到哪里去。

同样的情形，我曾看到一位母亲是这样处理的。她一边炒菜一边像唱歌一样呼喊她的一双儿女："喂，宝哎，烧开水要糊了锅了，炒菜没有盐了。你兄妹俩能不能帮妈个忙呢？看谁先买袋盐回来。小心路上摔倒了，拾个元宝回来没关系……"这妈妈笑吟吟地，自己享受着自己的幽默；儿女们听了也乐不可支。这就是快乐祥和的家庭氛围。做饭时少盐没醋是一个家庭经常会面临的情况，关键是作为家长自己要调整好心态，在轻松乐观的态度下来解决这一切。因为妈妈轻松愉快的情绪，会直接传导到儿女身上。在愉快放松的心态下，办事的效率才高，成功率也大。

果然，那女儿一会儿就拿了一袋盐回来。妈妈吃惊道："这么快？"女儿笑道："问隔壁阿姨借的。"妈妈双眼一亮，夸赞道："啊呀呀，太有才了。真是咱家的智多星！"与此同时，儿子也气喘吁吁地归来，将买回的盐捧给妈妈。妈妈又拍拍儿子的肩，夸儿子是"飞毛腿"、"神行太保"。

炒菜没盐，本来是生活中的一件尴尬事情。这妈妈能化尴尬为调侃，"烧开水要糊了锅了，炒菜没有盐了"，这难道不是生活中的诗意吗？"小心路上摔倒了，拾个元宝回来没关系"，同样是小品中搞笑的语言。同时，她还就此事启发两个孩子展开竞赛，"看谁先买袋盐回来"的题目一下激发了女儿的灵感，问隔壁先借一袋，既抢了先，又解决了妈妈的燃眉之急，这就是别出心裁的创造性思维。紧张和失落的情绪下，不会有这样的创意。至于儿子呢？气喘吁吁跑了一趟，也等于是体育锻炼了（这种锻炼比强迫他做俯卧撑强得多）。最后，妈妈又借用《水浒传》里的两个人物"智多星"和"神行太保"，给孩子们起了相应的称号，夸也夸得既得体又有趣。

如果想使自己的家庭生活少些枯燥和严肃，多些喜乐的味道、诗意的氛围，首先要学会调整负面情绪。说实话，我也是个既性急又实在的人。比如孩子们小时候爱丢东西，每逢这时我就抱怨，说他们不心疼东西，不知道父母的钱来之不易，更解气的是骂他们"记性叫狗吃了"等等。但是我发现我的责怪只是让我肚子里的气发散出来，弥漫了全家，并没有增长孩子们一丁点儿记性，反而是沮丧的气氛、阴郁的氛围好长时间都笼罩在母子的心中。更严重的后果是今后丢了东西，就会出现隐瞒、撒谎的情形。父母应该慢慢反省自己，自己小时候难道不是丢三落四吗？我妈妈的谴责和打骂带给我的是什么呢？紧张、沮丧和惴惴不安。于是，我尽量调整心态，把严肃的事情说得幽默些，把沉重的话题变得轻松些，效果果然就发生了很大的变化。比如二女儿给弟弟做了两个坐垫儿，我夸她无师自通，一上手就会蹬缝纫机。这孩子心气一高，就给我改起衣服来。结果把一件价值不菲的真丝衫子改成个"四不像"。如果照过去，我会将怜财惜物的道理、内心的不满一股脑儿倒出来。但这显然于事无补，因为剪坏的东西不会再长在一起。而且对女儿也不公平，孩子原本也是好意啊。再说，学一样本事哪有不交学费的道理。于是，当女儿惴惴不安地把那"作品"呈现在我面前时，我打趣道："噢，妈妈穿嘛，有些小；女儿穿嘛，有些大；等你姥姥来了试一试，或许她能穿。妈妈正想送她一件衣服呢。"女儿摇头苦笑道："姥姥也未必穿！"我说："要知道梨子的滋味，你就要亲口尝一尝。尝到这滋味了吧？——成绩是主要的，缺点是错误的……"这么一调侃，也就大事化小，小事化了了。母女俩心情愉快，家庭的欢乐融洽一如从前。

而且，我体会到家长的体谅和宽容更能激发出孩子的自信心和创造力。我们家坏了锁子或钥匙等小物件，二女儿不声不响地鼓捣鼓捣，就能使那物件完好如初。假如我总是谴责她，她也许小心翼翼、中规中矩，但动手能力就同时被扼杀了。

其次，要使一个家庭富于激情和充满活力，就要尊重孩子们的心理特征和成长规律，多搞些家庭游戏。

一提到游戏，中国的家长和老师都深恶痛绝，避之唯恐不及。一个原因是中国的传统观念是"勤有功，戏无益"。随便挑几个由"戏"或"游"组成的词儿，如戏要、戏弄、游荡、游手好闲等，没一个给人好感的。二是近年来的网络游戏确实坑害了不少少年。这样传统和现实一结合，简直就没人敢提倡在家庭中搞游戏了。

其实，如果我们理智地客观地来解剖游戏，这两个字也未必就那么可怕可恶。结合孩子的特点来分析，第一，游戏能使他快乐和尽兴。第二，游戏的目的是要争取胜利，有竞争的意思，这和学习功课争取考高分不是一个道理吗？第三，游戏必须遵守一定的规则，这是一种适应现实的能力和方式。第四，游戏中孩子是绝对放松的、自在的，这能增强他的自主意识。第五，游戏中可以获得自信心、成就感……

孩子们陶醉于某些游戏，原因也正在于此。关键是家长要参与一些孩子的游戏，把握住游戏的质量。

德国的老牧师卡尔在 54 岁时老年得子，没想到儿子却是一个智商低下的婴儿。但他没有放弃，通过持之以恒的努力，通过科学的寓教于乐的教育方法，使儿子卡尔·威特八九岁便能自由运用六个国家的语言，9岁考入莱比锡大学，未满14岁获得博士学位，16岁被柏林大学聘为法学教授……卡尔·威特那么小就取得如此骄人的成就，其实是父亲和他一起创造的奇迹。

童年时的卡尔·威特就是生活在一个富于诗意的家庭中，父母亲对他的教育大多体现在有益的游戏里。比如为了培养孩子专心致志、情绪自制的能力，爸爸与威特常玩这样的游戏：把一堆火柴棍儿散乱重叠在一起，然后让孩子从最上面开始一根一根地整理起来，而且不许碰动其他的火柴。爸爸与儿子竞赛谁能在最快的时间内完成这项任务。每移走一根得一分，如果对任何干扰都毫无反应就得两分。每当孩子操作时，由于过分地专注，小手都有些发抖。但老卡尔还要在儿子的耳朵旁吹吹风，或者不停地说话来挑逗他，试图分散他的注意力。但孩子眼睛紧紧盯着目标，不为所动。在游戏中，孩子懂得要想赢得胜利，就必须不受任何影响。这种良好的控制能力，后来还体现在小孩的学习上和人际关系中。每当他遇到干扰，脸色通红想要生气时，想到火柴棍儿的游戏，他就慢慢地做个深呼吸，将自己放松，朝着自己的目标努力，而对外界的干扰无动于衷了。

为了让儿子对家庭有责任心，老卡尔给孩子买了儿童炊具。妈妈与小卡尔也经常变换角色，让孩子来当厨师，妈妈来当学徒。"妈妈徒弟"炒菜时，"儿子厨师"就要指导她，先放什么佐料，后放什么菜蔬。一旦孩子记住了菜谱，就会受到嘉奖得分；

如果说错了，立即就降为打下手的小伙计了。小伙计就要负责扫地、洗碗、倒垃圾的活儿。有时，妈妈也故意出些纰漏，在孩子的批评中自觉降级。当升降有序，自觉遵守规则的游戏行为形成习惯后，卡尔·威特在日后的学习和工作中终生受益。因为他的自我约束和责任心是发自灵魂深处的，是自然的、愉快的。

参与孩子的游戏，国外的家长似乎比国内的做得多些、尽责些。

在一次与（定居美国的）大女儿通电话时，我听到孩子们在快活地吵嚷着，便问她两个孩子在干什么，女儿说兄弟俩在做游戏。我问什么游戏，女儿说他们母子们到书店买了本科普书，书里说苏打水加醋产生的二氧化碳能扑灭蜡烛的火焰。回家后他们便做起了实验。把苏打水倒入盛有白醋的杯中，然后将燃烧的蜡烛火苗移到杯口，火苗扑一声就灭了。哥俩正兴奋地嘀咕什么呢，说是等爸爸一回来，就演示给他看，不告诉爸爸什么原理，要考考他这位博导。同时，他们也在探究那楼道里的灭火罐装着什么……

把科研活动和探索精神渗透到日常的游戏中，这游戏就有了意义和价值。

就我所知，两个外孙还用妈妈煮过紫色卷心菜的水做实验。这种液体可以担当试剂的作用，滴入白醋，液体变红，滴入柠檬水，也能变成红色，说明柠檬水是酸性的；滴入苏打水，液体变成蓝色，说明苏打水是碱性的。另外孩子们还设计了小型电路装置，他们试出钢勺、硬币、铜制小玩具接入电路都能使小灯泡发光，而塑料圆珠笔却不行。家中还养了一只小白鼠，孩子们在喂养过程中观察到了小白鼠的习性。

　　家庭中增加了富有趣味的有价值的游戏，孩子不仅在欢乐的氛围中学到知识，而且也体验了游戏的自主性、成就感。家中氛围如此祥和温馨，孩子们怎么会和家长对着干或离家出走呢？

　　游戏精神中愉悦的成分，对中国的家长和老师尤为重要，因为这正是我们所缺乏的。传统观念中的"严师出高徒"，实在是有待商榷。难道只有表情严肃、语气凝重才是教育孩子和学生的正确做派吗？心理学专家认为：一个人心情愉快时记住的东西，比不快乐时记忆的东西要牢固得多；数量上也要胜过后者很多倍。一个孩子如果学习数理化也像玩游戏一样快乐，那他肯定是学生中的佼佼者。不仅如此，他还可能是心理最健全的学生。

　　另外，给家常中添些诗意，也并非必须有功利目的，起到直接的教育作用。只要能改善气氛，博得大家一笑，也是有益的。有一天我乡下的母亲来城里小住，我领着她到隔壁的校园里转了转。中午吃饭时，母亲就校园里的一片草地发起了议论，说："如果能养一两只羊多好哇，离你们家这么近。"儿子不等我说话，就一本正经地说："还是养两头牛好，牛更值钱。"姥姥不懂打趣，平着脸儿反驳："那可不行，牛肚大，费草料。"听着一老一小关于养羊养牛的争论，全家忍俊不禁，笑成一片。如今那欢乐的团聚场面已过去十几年，至今想起仍然觉得开心。

家庭教育中的暗示

"爱因斯坦综合征"，用大科学家的名字为孩子的自闭倾向命名，不仅仅是尊重孩子的人格，也或多或少减轻了父母的心理压力。

我常常看到中国的妈妈们拉闲话时，不把在她身旁玩耍的孩子当回事儿。比如谈到几时送孩子上幼儿园时，她们往往会说："我准备明年就把他塞进去，让老师去管他。"她们以为孩子不注意她们的谈话，其实在孩子心灵深处正掂量你这话的分量呢！

这句话对孩子的心理有许多不利的暗示：其一，他由此知道在妈妈的印象里他不是乖孩子，妈妈要惩治他了。其二，他想象幼儿园不是什么好地方，不然，妈妈为什么说"塞"进去呢？其三，老师是很厉害的管理者，他要修理我了。经过这么一系列的分析想象，他便对上幼儿园有了抵触情绪。

而美国的妈妈们在孩子上幼儿园前，却要给孩子很多心理的过渡和铺垫。她们会在不经意的对话中谈到幼儿园的诸多好玩的东西。比如玩具多、小朋友多，还有小动物陪伴；甚至要领孩子们参观几所幼儿园，激发他们的兴趣；并且在未入园前带领孩子购买书包、画笔，让孩子自己挑选，暗示孩子"长大"了，给孩子以自尊。这样孩子就容易把幼儿园当成自己憧憬的地方、追求的目标。

通过上述对比可以发现，从走出家门，进入园（校）门的第一关起，得到不同心理暗示的孩子的思想情绪、精神状态也会出现差异。须知，在轻松愉悦的心态下，孩子接受教育、感知外部事物要容易得多。

在美国居住了两年多，认真观察了 UCLA 大学村的家长们带孩子的方式，深深感受到我们在日常生活中给孩子发送的不利于他们心理健康的信息太多太多。比如：

1. 父母间的对话："老韩家的闺女，考了清华，学校奖了一万元。人家那做父母的多风光啊。"

2. 家长之间的对话："唉，咱照他们这么大，早就拿轻负重，挑起了生活重担……"

3. 母亲与朋友的对话："就是为了她，我才一直没和她爸离婚。"

以上的对话看上去没有直接谴责孩子，但实际上是变相地把内疚、悔恨、负罪的情绪送给了孩子。孩子听了1，会因为自己不及老韩家的闺女而自卑，而且清华的目标对他来说又可望而不可即，因此会产生强烈的精神压力。孩子听了2，会因为不及父母能从小就挑起生活重担而自责、负疚，从而减弱自信。3抱怨说因为孩子没有与丈夫离婚更要不得，这会使无辜的孩子产生负罪心理，仿佛母亲的失意、不幸福都是孩子造成的。

也许，有些父母是故意如此，他们认为这样能促使孩子懂道理、知孝敬、讲礼貌。但是，做父母的还应认识到悔恨、内疚、负罪的心理对孩子学习功课、掌握技能和健全发展极为不利。因为总觉得自己不如人，总觉得自己有负罪感，他们就会把自己定位成一个失败者。由此而产生的自卑和忧虑根本不能提高他们的学习成绩，而且还会摧残他们的身心健康。

美国的家长是怎样做的呢？他们的视角往往集中在孩子的个性、特长和兴趣上，从来不用别人家孩子的长处比自家孩子的短处，也从来不用自己小时候的长处来比孩子的短处。在家长们互相聊天时，常常听到的是："我们家某某画了只会飞的松鼠，老师夸他有想象力。"另一位妈妈紧接着就会说："我们家小妹音准掌握得好，弹琴又进步了。"他们特别重视大人对话时旁听的孩子，往往给孩子积极向上的心理暗示。

我曾遇到过一位小学一年级的孩子，他对小朋友们夸耀说爸妈领他到迪斯尼乐园玩去了，那里有唐老鸭、狮子王、米老鼠等好玩的明星，他还与这些明星一起坐了游艇、火箭……当他正吹得天花乱坠时，他的母亲过来了。母亲明知他在信口开河，但却不用"异想天开"、"骗人"的字眼儿，只是说："噢，你希望能有一天去迪斯尼乐园玩，我们攒够了钱就去！看与你想象的一样不一样。"

这位母亲首先暗示的是孩子的想象和现实是背离的，而不给其定位到"撒谎"上。这就是积极的暗示，因为她尊重孩子的人格、尊重孩子的思维倾向——孩子的思维有其心理发展的局限，他们在认识和适应外在世界时，总是不自觉地以自我为中心，所以很容易不自觉地把自己想象（幻想）的事情同现实混淆起来，以想象代替现实，因而说出一些不真实的话。父母理智地帮助孩子分辨想象与现实，远比证明他是个撒谎的孩子有更大好处。

有一位母亲曾说："孩子做事总有他自己的道理，他不会无缘无故地做那些父母认为是错误的事。"所以我们做父母的应多加考虑孩子行为背后的原因。

美国人的积极暗示仿佛是一种共识，即使孩子有某种缺陷，他们也不直接指出。比如我们熟识的一个孩子，语言能力发展慢，不合群，不与人交谈。在幼儿园里，小朋友们一起唱歌讲故事，他自管自玩拼图。如果在中国，很容易把他归入有"自闭症"倾向的孩子；但在美国，老师是这样对家长说的："这孩子有'爱因斯坦综合征'表现，语言需要特别帮助。"用大科学家的名字来为孩子的自闭倾向命名，不仅仅是尊重孩子的人格，也或多或少减轻了父母的心理压力。

面对孩子的过错

//

先尊重孩子的选择，从心理、生理、情感的需要入手，然后再讨论对与错。这种关爱的氛围像磁铁的吸引力一样，拉着孩子靠近父母，父母的教诲才会像春风化雨般滋润孩子的心灵。

//

面对孩子的过错，中国家长与美国家长的处理方法往往会不同。比如我们一再警告孩子不可以吃太多的甜食，可是他常背着我们偷吃糖果。中国家长的着眼点一般在多吃糖果的危害和"偷吃"行为的本身。通常会这样教训孩子：

母亲："说过多少遍了，糖果吃多了不好，胃酸、坏牙，怎么你总不进耳朵呢？"

父亲："哼，将来一嘴黑牙，七零八落，要多难看有多难看！"

母亲："如果不经过大人同意再偷吃的话，就……"

美国家长们的着眼点却一般在孩子当时的感受和情绪上。他们首先尊重的是孩子的生理、心理和情感的需要，尊重孩子的自主精神，然后给孩子们的需要找一个正当的出路。通常家长们会这样说：

母亲："你又吃糖果了。我知道你很喜欢甜食。妈咪小时候也是这样。"

父亲："吃自己喜欢吃的东西，感觉很愉快。对吗？"

母亲："不过吃糖果不限量，对宝宝的牙齿和发育有害呢。今后，妈咪来帮助你限时限量吃。"

就"偷吃糖果"这件极小的事情来说，哪种批评孩子容易接受呢？显然是后一种。因为"偷吃糖果"的行为被大人发现后，孩子本身就有一种"做贼心虚"的内疚心情。我们做家长的首先是要理解他们，把他们的情绪调整过来，从情感上使孩子与我们靠近，然后再提出孩子容易接受的方案来。不调整情绪，大道理说得再多，也是白搭。

这并不是说美国人就比中国人高明（美国青年人对父母的孝心就不及我们），这里有个传统的文化底蕴问题。美国主流社会一般信仰基督教，基督精神的核心是宽容和忍让；同时作为移民国度，他们又崇尚自由，尊重个人的独立人格；再加上美国人重视心理分析，大人孩子动不动就去看心理医生；这三者体现在教育理念上，必然要先尊重孩子的选择，从孩子的心理、生理、情感需要入手，然后再讨论对与错。然而恰恰是父母用关心、同情和理解的态度去说明孩子内心的感受和需求，在孩子心里才会引起一连串微妙的变化。这种关爱的氛围像磁铁的吸引力一般，拉着孩子靠近父母，父母的教诲才会像春风化雨般滋润孩子的心灵。

近年，素质教育、情商的培养已成为中国人的热门话题，并逐渐成为"高知"父母们的家庭教育实践。所以，学习美国父母"重视孩子的情绪"这一环节尤其重要。

学习、借鉴人家的教育理念，首先要解剖和认识我们的不足和弊端，毫不留情地与我们的旧观念旧做法告别。

我们还是以前面的"偷吃糖果"的例子来说明问题。

在教训孩子时，我们常常爱说的口头禅是"说过多少次了"，"你总是不进耳朵"（甚至有的父母用挖苦的语调说："聋了？耳朵是用来呼吸的？"）。其实，这仅仅是大人发泄自己的不耐烦的一种攻击性武器，对孩子改正错误没有任何积极意义，反而有破坏性和副作用。因为这种尖酸刻薄的语言带有明显的暗示："这孩子心如顽石，屡教不改"；"没有长进的希望了"；"父母的心凉了，失望了"。其后果往往是两条：一是孩子对自己失掉自信；二是激活他的反抗意识（我就破罐儿破摔，看你怎样）。

我们在教训孩子时，为了强调后果的严重性，还爱夸张地说："这样下去，看你将来如何如何。"给孩子指出一种极其黑暗可怕的前景。这也不是有积极意义的建设性的批评。因为孩子的情绪正处在自责、内疚或反叛的状态中，对眼前的事态都不知道怎么应付，他不会看到将来怎样，也没有瞻望未来的欲望。大人给他指出将来的严重后果、可怕前景，只会对他形成恫吓，使他丧失自信和对未来的美好憧憬。

许多家长在束手无策时，会使出最后的撒手锏，那就是："如果你再犯老毛病，我就怎样怎样。"这种威胁的做法，更是下策中的下策。我曾经历过这样一件事，一位亲戚的孩子上进心不是太强烈（小时候由奶奶带大，受溺爱较多），父母每每问他考得怎样时，他往往回答："还好。"要强的父母以为至少是八九十分，不料，当母亲认真察看他的卷子时，才揭开这"还好"的谜底。原来是六十几分刚及格的水平。这母亲压抑不住一肚的怒气，就说出过激的话："妈妈念书时，考试没有下过90分。你怎么能安心于60分呢？如果下次再考这么点儿，妈可没脸见人！"孩子就问："没脸见人怎样？"母亲说："跳井！"这件事后，刚好我去他家做客，当我问起孩子的学习状况时，孩子就背着他妈对我说："哼，我偏考个不及格，让她跳井给我看看！"显然是对妈妈产生了对立情绪、对抗心理。这种反叛对孩子还不是深层次的伤害，如果这种威胁真发挥威力，就成为孩子的心理压力，孩子会惴惴不安，怀疑自己的能力，变得无精打采，没有信心，甚至渐渐生活在不知道何时厄运就会临头的恐惧里。这样一来，岂不等于那"撒手锏"重重地回击了父母？

要激发孩子的上进心，恰恰应从鼓励和表扬开始。应抓住孩子偶然的成功，以此作为契机给他鼓气，说明他行，他才会慢慢地增加自信。

常听到有人说：做父母真难，软不得硬不得。是的，美国有家长学校，给家长们以训练。世界上哪一国的母亲对孩子的爱和关心都不必怀疑，但管教出的孩子却大不相同。这就说明教育孩子除了爱和关心还不够，还需要技巧。就如同医生对病人，没有不想治好疾病的医生，但是，医生的技艺却有巧拙之分、高下之别。同样的道理，如果家长只是一味地投入你的关爱，不掌握管教的技巧和艺术，往往收不到预期的效果。

我写此文并非王婆卖瓜，以为自己做得就很好。恰恰是常有惨痛的教训让我警醒。有一次我的一位农村的妹妹突然来电话，求我和她到她儿子的学校走一趟。她儿子在省城某中专就读，国庆节长假后带了1 000多元返校。可10月17日班主任突然给家中来了电话，说开学后一直没见这孩子的踪影。听到这消息我妹妹如雷轰顶，情不自禁往坏处想，既焦急又害怕。10月18日天气很糟，一会儿雪一会儿雨，我和妹妹踏着泥泞，怀着忐忑不安的心情辗转300里来到学校。首先在外甥的同宿舍同学中作调查，同学们说他迷恋上了上网，白天黑夜沉醉在网吧。在与班主任交谈中又得知，寒假后给他拿的3 000元学费他都分文未交，全部投入到网吧。好几个学期的成绩单上只有体育和语文及了格，其余都需要补考，他却不闻不问……

看着泪雨滂沱的妹妹，听着妹妹哭诉她赚钱的艰难，我肚里的火焰不断升温。当班主任在同学们的协助下，从网吧中带回这孩子时，当形容憔悴、眼里布满血丝的外甥出现在我们面前时，我事先准备的克制和忍耐早跑到九霄云外了。我拉着他妈变了形的手指给他看，满怀义愤地说："你看看你妈妈的手指！为供你上学她手疼得骨节都变了形，舍不得花钱看病！这血汗钱来得容易吗？"我还说："没学好功课我们不怪你，你别学坏啊！"我妹妹也说："如果你这样下去，学校就准备除名……"

在我和妹妹的血泪控诉下，这孩子垂着头一言不发。妹妹逼着他问："你说你到底改不改，不改咱就卷铺盖回家！"这孩子看看毫无退路，才说了句："你们回去吧！我改。"

结果是我们前脚走，他后脚又进了网吧。

这一趟风雨之行，完全是以我们的失败告终。冷静之后回想我说过的话，完全是往外甥那难堪、自惭的创口上加盐。孩子怎么会不知道家境的窘困呢？十六七岁的他只是管束不住自己而已。最要命的是我还说了一句"别学坏"，妹妹又指出了"如果……"这种不就事论事，妄作品质判断，指出吓人后果的做法，只会使孩子与我们之间筑起一堵情感的高墙，他恨不得"你们"马上离开。

我为什么不说："姨小时候也常有管不住自己的时候。""对上网入迷的不只是你一个人，多的是呢。""这样惊天动地，让同学和老师去找你，一定使你受了惊吓，很对不起……"

我和我妹妹不这样说不是偶然。我想，不少家长也会像我们一样失去理智，而不讲技巧。这种管教孩子的方式也有其历史渊源。几千年来的封建家长制的管教方式，那种权威至上的思维定势，极左时期的斗争哲学，反映到我们对子女的管教上，必然是词锋犀利、咄咄逼人。这种习惯也并非我们认识到它不科学就能马上摒弃。因为恼火蕴藏在自己心里，情不自禁就要发作。这仿佛是本能。

因此，我奉劝家长们，面对孩子的错误，当我们要火冒三丈时，千万压一压、忍一忍，推己及人，先想一想孩子的情绪和本能。顺着毛抚摸比逆着感觉要舒服得多，效果便也好得多。

尊重差异，因材施教

——由"虎妈"想到的

//

　　"虎妈"靠她严厉的十大家规把女儿送进了顶级名校，但高压这种方法还得有耐压能力的"虎妞"来担当，倘若受压者如同羊羔般柔弱腼腆，必然会出现施压与受压之间的失衡，那后果将不堪设想。

//

　　2010年一位美籍华裔母亲出版了一部母亲的自白《虎妈战歌》，经《华尔街日报》和《时代》周刊的专题报道之后，便掀起了一股讨论如何教育子女的热潮。2011年至2012年美国《侨报》也展开跨年度讨论。提到"虎妈"，我想到一个故事。记得一次随团到华山旅游，走到山脚即将攀登，同行的老张双腿哆嗦，好歹不敢上了。有人奚落他一个大老爷们竟不如小姑娘胆子大。老张也不恼，笑着应道："这不能比，人有个体差异。我从小就有恐高症。"

　　人有个体差异，家教也应有差异。世上有一千位母亲就有一千种教养孩子的模式，谁也不敢夸口自己的方式是灵丹妙药。"虎妈"骂女儿是垃圾，要求女儿每科成绩都是A，靠她严厉的十大家规（1. 不准夜不归宿；2. 不准参加学校的小组娱乐活动；3. 不准参加校园演出；4. 不准抱怨没有参加校园演出；5. 不准看电视或玩电子游戏；6. 不准擅自选择课外活动；7. 不准有科目低于A；8. 除了体育与话剧外，其他科目不准拿不到第一；9. 不准练习钢琴及小提琴以外的乐器；10. 不准在某一天没有练习钢琴或小提琴。）把女儿送进了顶级名校。我们祝贺她的成功，却不认为她的方式有反复炒作和推广的价值。首先，"虎妈"本人是耶鲁大学法律系教授，有名望、有地位、有知识、有金钱，她在子女面前可以如猛虎般呼啸山林，有绝对权威，而大多数母亲却是平头百姓，自视如同柴米油盐般平凡，自身底气不足，哪会贬孩子是"垃圾"呢？自然也不乏火爆脾性者死呀活呀胡咒孩子的，但谩骂和发泄算不算家教呢？这样的"家教"，孩子会买账吗？其次，高压这种方法还得有耐压能力的"虎妞"来担当，倘若受压者如同羊羔般柔弱腼腆，必然会出现施压与受压之间的失衡，那后果将不堪设想。我认识一位中学数学老师，女儿在她授课时，成绩在班级遥遥领先。后来换了老师，孩子的数学成绩就出现了滑坡。有人疑心此前她曾给女儿暗示过考题趋向。这妈妈一怒之下骂女儿"不争气"、"蠢猪"。孩子本来就因为自己的"退步"出现失眠，经她这样一施压，更是彻夜不眠，整日精神恍惚，产生幻听症状，老听见有人笑话自己。妈妈只得带上女儿到处求医问药，无奈难以根治，影响了孩子的一生。这里讲的绝非个案，不少青少年因无法应付父母的过高期望，变得毫无自信，没有人生目标，对什么都不感兴趣，甚至萌动轻生的念头。

所以，我们还得学习孔老夫子的包容胸襟，弟子三千，贤人七十二，尊重差异，因材施教。

另外，谈及"虎妈"的"成功"，我不禁想问：什么是成功？难道只有考高分、上名校才算成功吗？

一位在华尔街工作的朋友曾给我介绍过他熟识的修剪草坪的工人。这位工人从小就活泼好动，喜好园艺而不爱做习题。美国父母没有强迫孩子做他不乐意干的事情，不仅支持他在自家后园尽情发挥，还给他买了花木园艺和庭院建筑如何协调的专业书让他看，因此他在修整草木院落上特有创意，街坊邻居都排队请他干活。如今这位工人照样可以享受（娶妻育子、有房有车、度假旅游）中产阶级的生活。工作与爱好专长相吻合，乐在其中，这算不算成功？所谓成功，也不过是社会认可、业内人接纳、自己满意而已。

我在中国所居住的城市，有家"大拇指糕饼店"，生意十分兴隆。大旅馆、小饭店、百姓家宴、大人小孩过生日无不预订大拇指糕点。一次在某酒家聚餐，一位仪表堂堂的年轻人过来敬酒，自我介绍说是我的远亲。众人都向那远亲投以敬慕和热络的眼光，原来他就是大拇指糕饼店的老板。这让我莫名地惊诧。过去我对这远亲的前景可从未看好，没料到他倒成了我市糕点行业的领军人物，这真是士别三日，刮目相看。记忆中去过他家三次，第一次是腊月，他系着黑污的围裙帮妈妈捏花馍馍；第二次是中秋节前，他仍系着黑污的围裙帮爸爸烤制月饼；第三次记不清是什么时候，反正他还是系着黑污的围裙在面案上忙乎。我忍不住背过他劝他母亲，你儿子已是高中生，你怎么把个五尺男儿拴在厨房里呢？人家别的家长过节假日也不让孩子回家，亲自去探望送吃食补品，唯恐耽误孩子的学习时间。那母亲叹气道："听天由命吧。谁叫他学理不成改学文，学文不成又改成体育生呢？跑不能跑，跳不能跳，考体育吧也没什么出息。"原来这孩子的父亲曾在一家矿机厂的食堂做饭，他节假日常去食堂玩，给爸爸当下手，渐渐喜欢上厨艺。这孩子高中毕业时正赶上中国改革开放的机遇，在爸妈的全力支持下，他连大学的考场都未上就开了糕饼店。干自己喜欢的事情，在精神上就有一种内驱力，熬夜不觉困，吃苦不觉累，投师学艺，精益求精，事业就越做越大。国内好多大学生毕了业却赋闲在家，与这孩子的成功两相比较，彻底改变了我的传统观念。

特殊爱好、个体差异常常激发了某一行业的异军突起，千帆竞发，美国比尔·盖茨的微软、史蒂夫·乔布斯的苹果就是极好的例证。同时，这也成就了社会各业各界枯木逢春，万紫千红。本文开头提到的老张，看似没胆略，其实是书法家呢。因为患恐高症，华山在他眼前就有了超乎常人的震撼，于是游历归来，那魏碑体势更加灵动、别具张力了。他的女儿也胆小，但毛笔字练得特别棒。胆小使孩子告别了许多体育活动，但同时也让她所有精力凝聚于笔端，常获市、区少年组书法大赛奖，考中学被优先录取，这算不算少女人生阶梯上的一次成功跨越呢？大千世界，多元社会，应尊重差异，提倡百花齐放，这才是一种文化的自觉和社会责任的自觉。

超载的爱构筑温柔陷阱

//

　　世界上最伟大的爱是母爱，我曾看过一篇标题为《母爱还是母害》的文章，在那所谓"无微不至"中竟然掺杂了许多致命的"毒素"。爱而不溺很难做到。把握爱的分寸、提纯爱的质量实在是当今母亲们应重视的课题。

//

　　自己小时候未得到的（包括情感上的关爱或物质上的享受），一定要加倍地补偿给孩子。这实在是一种爱的误区。但许多人陷入这误区中不能自拔。有的父母是因自己小时候被寄养在亲戚家中，他们往往会这样说："咱小时候没过过体面的日子，我一定要让我女儿像公主一样，别人没吃过的她吃过，别人没穿过的她穿过，见了什么也不露怯！"有的则是从小生长在贫困山区的，改革开放后凭着自己的打拼穷而暴富，做了父母后对子女不仅是有求必应，而且是无求即给。正是这样一种超载的爱构筑了温柔陷阱，让儿女躺在温柔乡里，消解了孩子到外界开创事业的雄心壮志和竞争能力。

　　一位朋友的女儿找对象时就找了这样一位温柔乡里长大的公子哥儿。初见面，小伙子长相喜人、衣冠齐整、谈吐得体，不到半年，两家就喜结秦晋之好。谁知婚后不到两年，那女孩还怀了身孕，朋友却对我说她女儿准备离婚。怎么会这样呢？朋友说那女婿沉迷于网络游戏和黄色录像，一点儿也不想在社会上打拼，只想吃喝享受。原来朋友和女儿选对象侧重了外貌和家庭经济状况，对个人品行了解甚少。这小伙子的父亲是某大厂的车间主任，靠父亲的关系把他安插在一个化工厂上班。工作不到半年，他嫌空气污染，父亲又把他转到一个机械厂（厂里先让他到基层锻炼，有机会再提升），焊工车间他嫌刺眼，车工车间他嫌不安全……我朋友说看他吃不得一丁点儿苦，她的女儿就做了最坏的打算，说干脆就把他当成下岗工人，两家凑合些钱，承包个门市经商吧。这女孩是小学教师，不仅通情达理，办事还很有章法。她说做大买卖前咱先摆个摊儿练练，先从卖菜起步。否则，怕糟蹋了老人们的积蓄。这小伙子起初还不乐意，后来见怀了身孕的妻子很认真：调查了进货渠道、借下磅秤、准备了工作服，便只好在双休日跟着妻子去菜市场练摊儿。可是，做买卖他吆喝不出口，一望见熟人就开溜，把摊子甩给妻子。还没到正午，他就叫喊肚子饿要下饭店，结果一上午的收入还不够中午的饭钱。

　　小夫妻吵嚷的过程中，我朋友得知这小伙子有自己的想法，他想到工厂的供销科上班，说供销科的人走南串北，吃香喝辣，赚钱还多。于是，我朋友又辗转托人去求厂长。厂长说："让小伙子好好干，供销科一有空缺就调他。""事情明摆着，你只有干出些名堂，显示了自己的能力，领导调你才名正言顺啊。"我朋友说，闺女已经怀了人家的孩子，她和女儿原本很珍惜这场婚姻。谁知道小伙子一听厂长是这样的回答，便失望至极、沮丧至极，说这是不乐意调他的托辞。便照样玩他的网络游戏、看他的黄色录像，对自己的事业和前途干脆采取了放任的态度。

一个即将做父亲的人怎么能这样不负责任呢？在这场婚姻解体的过程中，我曾以调停者的角色介入过小伙子的家庭，了解到他的母亲正是从小缺乏父母之爱的孤儿。这位母亲坦言："婚前我们就明白地交代过，俺娃是惯下的孩子。在他上班之前，哪顿饭不是我给调和停当端到面前？孩子说不咸，咱就给加盐；说不酸，咱就给添醋。我们从来舍不得重言重语呵斥孩子一句。都怪他爹退休前没把俺娃安排到个好岗位，这才没娶下个贤惠媳妇。自从结婚以后，俺娃简直被打入了十八层地狱。媳妇今日嫌他看电视多了，明天说他不学习不上进；今日怪他眼里没活儿，洗涮不勤，明日又拉他到菜市场卖菜。你说你们想经商，家里给出了本钱，就去经商好了，跑到菜市场练什么摊儿！坐在大日头下唇焦口燥地吆喝，秤高秤低地和人讨价还价，俺娃哪受过这种苦呢？打清早吃了一个鸡蛋，一上午滴水未沾，陪她到晌午还嫌下饭店。这媳妇一天到晚说怕他下岗，咒也把人咒下岗了……"

小伙子已经过了而立之年，即将做父亲了，他母亲还一口一个俺娃，口口声声以"会亲"、"会惯"孩子为荣，恐怕就是把自己小时候缺乏的母爱加倍地补偿到了儿子身上。试想，一个男子汉连一上午的饥渴都不能忍受，他又能干成什么大事业呢？正是这没有理智的爱、过分饱和的爱，使这位母亲失去了是非判断的客观标准，同时也扼杀了儿子进入社会角色的原动力。

世界上最伟大的爱是母爱，我们曾看过无数讴歌母爱的文章。有人说如果把母亲比做容器，那么母爱是盛得最满的；有人说如果把母亲比做液体，那么母爱总是饱和的……

　　然而，随着改革开放的纵深发展，随着中西文化的日渐贯通，在国外生活的年轻人中出现了一股重新审视"母爱"的思潮。我曾看过一篇标题为《母爱还是母害》的文章，读后感触良深。在这篇文章中作者用详尽的事例列举了她母亲对弟弟的溺爱，我们发现在那所谓"无微不至"中竟然掺杂了许多致命的"毒素"。这位作者的母亲先生了两个女儿，按中国的传统还想要一个传承香火的男丁，结果在已超计划生育指标的情况下又生了个男孩。从小把这男孩子捧为掌上明珠，结果却是害了孩子。

　　"一害"是害得其弟身体虚弱，没有一点儿抗病能力。据说为防蚊虫叮咬，这孩子从小被纱罩罩着；断了母乳后喝牛奶，每一次都得将奶瓶奶嘴儿蒸煮半天。她母亲恨不得将儿子放在远离细菌的真空环境里。须知我们的家居环境中既有致病菌，也有无害菌，而幼小生命的免疫力正是在与细菌的对抗中成长的。

　　"二害"是害得其弟馋吃懒做、好逸恶劳，手不能提、肩不能挑，没有生活自理能力。平日衣来伸手，饭来张口，父母侍奉得如小少爷一般。上了高中寄宿学校，不知怎么叠被铺床，衣服被褥总是一团糟。在宿舍随地扔鞋袜，在教室随便扔废纸垃圾，眼里没活儿，从不懂得随手收拾。同学们背地里称他为"不受欢迎的人"。

　　"三害"是害得其弟花钱大手大脚，除了有花钱的嗜好外，没有任何兴趣和爱好。只会"啃老"，依赖性强，没有独立性。

　　"四害"是害得其弟脾气暴躁、好抱怨。不论在什么场合，只要大家不以他为轴心，那失落感就油然而生，从而常情绪低落，怨天怨地，幸福感短暂，而苦痛感长存。

"五害"是害得其弟自恋倾向严重。他不能听别人打呼噜、说梦话，闻不惯同学的体味，看见别人的残羹剩饭就恶心……只觉得自己最干净、最体面。其父母不仅不教导自己的儿子要宽和容众，反而将儿子的缺点视为高雅而自赏，说其子是天生"贵人"，与众不同。斯坦福大学心理学家德威克的研究显示，家长赞许的方式和内容，直接影响孩子的表现，甚至会影响孩子的自我认知。

有这"五害"就可以想象这男生后来的处境了。虽凭借父母的力量给他找了工作，娶了媳妇，然而工作是换了又换，左右不如意；媳妇是不能忍受他的懒散和怪癖离了婚。作者说她的母亲一与她通国际长途就哭，嫌两个姐姐不帮弟弟找一个理想的工作。后来听说其弟有经商的愿望，两个姐姐给凑了一笔钱，让他做创业基金。不料没有半年工夫他就把几万块钱打了水漂儿，血本无归。她母亲不怪儿子没有头脑，反而大骂国内奸商多，经商环境恶劣……

机遇属于有准备的头脑。他人只能帮你一时，帮不了一世。自救是唯一出路。作者痛心疾首地说，她的母亲害她弟弟没完，仍在继续。

看了这篇文章，我常常自查自省，看自己对孙儿辈的爱中掺杂了多少有害成分。

爱而不溺很难做到。比如看到美国小孩们在草地上跑，我也想让孙子去。可那些草地总是潮湿的，当孩子摔上两跤，手上沾了泥沙后，我就不忍心了。再比如孩子在木板地上走，我们怕脚底受凉就给他买了棉拖鞋；孩子在地毯上坐，我们怕屁股冷，就给他在地毯上又铺了塑料拼垫儿；怕桌子、茶几的边角碰孩子的头，我们又买了缠裹桌子边角的橡胶带把他常接触的地方包起来……

这些我们认为是很正常的关爱在美国家长看来却大可不必。

B 的一家是地道的美国人。她女儿有四个孩子，最小的两岁。房子居住面积不大，家具摆得很多。客厅中间地毯的一角不服被压平似的卷了起来。那两岁的儿子每走到那里必跌一跤。中国朋友问：为什么不把家具尽量靠边儿摆放，给孩子安全的活动空间，免得孩子撞到头？为什么不干脆把那块旧地毯扔掉呢？她女儿的回答是："小孩子就是去撞去跌的。多撞多跌几次他们就有经验了，就知道该怎么聪明地走路了。"这便是典型的美式教育。

在肤浅的接触中，我们总是觉得美国人带孩子特别粗疏，比如让孩子在潮湿的草地上爬，抱孩子像抓小鸡一样，与孩子出行不牵着孩子的小手，等等。交往久了才知道他们的着重点在培养孩子的独立性，克服孩子的依赖性上。让孩子在现实生活中自己体验冷暖，在跌跌绊绊中总结经验教训，是美国家庭教育的核心。

我还看过一篇中国女同胞写的文章，记录的是美国儿童的生活点滴，特别能震撼中国家长的亲子观念。这位同胞在美国开了家制作并销售冰淇淋的商店，她说来店里打零工的清一色全是美国孩子。而且这些孩子的家境都还不错，父母让孩子来工作并不是单为金钱，主要是为接受教育。要孩子自己赚钱买自己喜欢的玩具，学习怎么存钱用钱，培养理财头脑，并从工作中训练孩子吃苦耐劳的精神，积累人交往的处事经验。她说有一位叫艾瑞克的男孩，爸爸是精神科医生，看病的诊费起码是 100 元，而艾瑞克来冰淇淋店干活一小时才赚两块半，可艾瑞克的爸爸却每天准时接送儿子上下班，并且经常会问问他儿子在这里表现怎样，还一再叮嘱："让他努力工作，不要变成懒虫！"艾瑞克由冰淇淋店起步，自己赚钱成习惯后，便四处不停地打工。从冰淇淋店转到麦当劳，又转到五金行，从来没闲过。估计这位独生子在上大学前就可以赚够自己的学费。

一般情况下，美国的孩子一到 18 岁就会搬离父母家，自己（或与朋友）在外租房子过起自负盈亏的日子。家境很富有的凯文，还是独生子，但他在 18 岁那年，就背着大包衣物、腋下还夹着心爱的冲浪板（他曾说如果意外死亡，这冲浪板将归他最要好的华裔朋友 Y）、开着"三手车"离开了家，在外租了间小屋子过起了自食其力的穷日子。凯文及他的父母都认为这很自然。这就是美国独立精神的体现：永不依赖，自由支配自己，独立思考、独立应对一切挑战，这会使人卓尔不群。

可是轮到华裔 Y 大学毕业，跟爸妈说"我要搬出去住"时，那妈妈就百般不忍了。妈妈最大的担心就是"吃"的问题。孩子搬出去住不能常吃妈妈亲手做的营养均衡的美味而要吃外面的垃圾食品，做母亲的自己就受不了。然而 Y 接受了美式教育，坚持说"请给我机会，让我独立"，最终妈妈做了妥协。当那妈妈不放心儿子的饮食起居，在某天约了儿子到餐馆吃饭时，她亲眼去看了儿子的居室，令她欣慰的是儿子的房间并不像她想象的那么凌乱，车库里的汽车都擦洗得比往日明亮。十几天过去，儿子并未消瘦，反而很快活。她这才明白，她不愿意儿子离家独立，可以说有个自私的原因在作祟，那就是通过儿子的依赖来肯定妈妈的生存价值。所以与其说是儿子需要母亲，倒不如说母亲需要儿子。

有时会听到同胞们埋怨，美国公司里聘用人才、晋升级别不够公道，优先选拔美国人，歧视新移民。试想假如我们自己是老板，你选用人才时是用既有文凭，又有工作阅历和社交经验的骨干呢，还是选用中国式的刚刚涉足社会的嫩芽儿大学生呢？

前文所举的将爱子送入"温柔陷阱"的两例并非特例。现代社会的进步和繁荣，物质产品的极大丰富，使我们的下一代的享受意识、玩乐花样儿日新月异。而具有普世价值的吃苦耐劳、勤俭节约的美德正在被摒弃。在国内某中学从教时，我常看到有家长小车来小车去地接送儿女；有的中学生过生日时还要请假早退，说是家长在某酒楼已摆了酒席，宴请宾朋为其祝福。这就难怪有的年轻人食不厌精，干活儿只求轻松，甚至脚腿都在退化，走几步路、挤挤公交车就愁眉紧锁，叫苦连天。这种状况已引起有识之士的警觉，有人呼吁："富谁也不能富孩子！"作家北野到欧美考察一圈儿后，更是出语惊人：将来各国各民族的较量是年轻母亲们的较量。把握爱的分寸、提纯爱的质量实在是当今母亲们应重视的课题。

拿"未来"吓人与放权给孩子

为孩子活着，把孩子的前程当做自己的未来，这是典型的中国父母的心理。他们用未来吓唬孩子，其实是发泄自己对未来的焦虑和恐惧。在这种心理的作用下，父母很容易给孩子造成沉重的心理压力。

拿未来吓唬孩子，似乎是中国家长们通用的教育手段。我常常听到中国父母们这样对孩子说：

"你现在不好好学习，将来就站在大日头下卖冰糕去吧！"

"早上总是不能按时醒来，看你将来住了学校怎么办？"

"瞧你邋里邋遢的样子，将来找工作面试，老板们会看得上你？"

父母们的本意或许是想通过未来可能出现的糟糕境遇对孩子提出警示，使他们现在就引起足够的重视。事实上，这种妄加推测，不仅毫无积极意义，还很容易激起孩子们的逆反心理。

曾听说过这样一个故事：有三位省重点中学的女生，平时在班内学习成绩都居中游。但她们所在的学校高考升学率却是百分之百，只要参加高考，她们都至少会被普通高校录取的。然而，在高考的那天，她们却相互约定，谁也不进考场，为的就是报复父母。为此，她们还预谋了许久，一切学习和生活都按部就班，不露任何蛛丝马迹。高考那天，几乎所有家长都在考场外陪着孩子，这三个女生却坚决不让父母去陪。三家父母事后说："要早知道这样，我们就是押也要把她们押去考场……"

但是听听他们的孩子是怎样说的："我们从小就被逼着学习、学习、学习，他们在乎的只是我们的分数、好大学和未来前程，根本不管我们的感觉。他们只是拿我们做投资，如果按照他们的愿望考上大学，岂不是叫他们得了逞……"

十多年的教育，父母们在乎的好大学、锦绣前程不仅没能让三个重点中学的女生明白，参不参加高考是检验自己敢不敢面对挑战，是自己的事，却被她们当成了反对父母的手段。从孩子的偏执难道透视不出父母的偏执吗？

事实上，这种把孩子的前程当做自己未来的偏执心理，存在于每一位传统的中国父母的内心中。尤其是年轻时有过梦想而未能如愿的父母，他们总想让孩子完成自己的心愿。听听这三家父母怎样说：十多年的心血，我们为她付出了多少不眠之夜？夜里陪读，早晨怕迟到，我们的日日夜夜其实都是为了她，说实在的就是为孩子活着。眼看高考一结束，孩子上了大学，我们就能松一口气了。谁会想到她们竟做出这么极端不理智、自毁前程、让我们伤心的事来。

为孩子活着，把孩子的前程当做自己的未来，这是典型的中国父母的心理。他们用未来吓唬孩子，其实是发泄自己对未来的焦虑和恐惧。在这种心理的作用下，父母很容易给高三学生造成沉重的心理压力。

2003 年 10 月，上海大力神青少年调研中心向参加当年秋季高考的考生进行了电话问卷调查，其中高分考生 40 名，非高分考生 45 人。高分考生是指 2003 年秋季上海卷理科前 400 名，文科前 200 名中的部分学生。调研结果显示，有八成以上的学生因心理压力表现出思维障碍——其实上面所述三位女生拒绝高考，也是一种思维障碍的标志。

可惜我们的家长们往往只注意到了孩子课业负担沉重、身体和脑力的高消耗，而对其思考问题表现出来的思维障碍却有所忽略。其实，当思考出现钻"牛角尖"，或是脑中一片空白时，就是向考生发出警告，心理压力已经产生，应提高警惕。

学生本来就担心考糟以后他人对自己的评价，担心未来的前途，如果这时父母再用未来吓唬孩子，那无疑是雪上加霜。这样思维障碍就很容易转化成心理疾病。

相比之下，美国的父母们要放松得多。他们的理念是把孩子看成是天生就有权具有各种情感和愿望的人，他们认为孩子希望自由的愿望是绝对的、不受限制的，孩子所有的一切情感和狂想、思想和愿望以及梦想和欲望，都应该得到承认和尊重，并有权通过适当的具体方式表达出来。如果他们的孩子拒绝上考场，他们会了解孩子作出这决定时的想法和感受，而不会认为这是对自己的致命打击。

美国的父母不把自己的命运和孩子的前途捆绑在一起。他们认为，青少年将来要走的路很长，父母是不可能事先替他们安排的。遇到什么麻烦，有什么问题，要放手让他们自己解决。他们认为，考试失利、失恋、跟朋友绝交、被同伴冷落、受老师苛责等，都是青少年随时可遇的打击，父母绝不可能先行替子女消除这些打击，也没必要指出他必然会遇到这些打击。"父母沉默的爱心，就是对他们有力的援助。"他们爱说的口头禅是："孩子，行动就有希望。未来是光明的。爸妈相信你。"

我们的美国朋友乔治，女儿大学毕业后在银行工作，他为女儿感到自豪；儿子大学毕业后到一家清洁公司洗地毯，他同样为儿子自豪。他认为他们能够自食其力、有独立意识、有责任感就都是好样儿的。

美国的孩子们也是这种观念，他们认为，父母爱他们、尊重他们，就应该放手让他们自己去闯。父母关心他们的最好的方式应该是忍耐和等待，是对他们的信任。

一个走过弯路又成熟了的大女孩在信中对母亲这样说："在我的记忆里，您好像什么事都没有做，可是每当我有事时，您都出现在我身边。您就像一个港湾，只是静静地等在那里让远方的游子来停靠。"

还有一位美国母亲是这样，当孩子预测自己运气不好、前景不妙时，她只是耐心地倾听，并表示理解：

儿子：我的运气糟透了。

母亲：你真有这感觉？

儿子：嗯。

母亲：那么你在参加游戏时，心里总会想："我不会赢。"

儿子：是，我就害怕输。

母亲：上课的时候，你如果知道答案，你就会想："今天老师一定不叫我。"

儿子：是的。

母亲：可是，如果你准备得不充分，你又会想："老师今天准叫我。"

儿子：正是这样。

母亲：这很有趣，妈妈小时候也有过这样的情形。以后要是遇到关于运气的事情，你就说给妈妈听听……

这种对话，虽然一时不会改变孩子对运气的看法，但可以给孩子确立这样一种信念，即妈妈理解他，他永远可以与母亲沟通，至少在这一点上他很幸运。

当孩子自己用"运气不好"来吓唬自己时，这位母亲如果说，"千万别有这想法，这是种负面情绪。如果你这样想，真会引来坏运气的"，那就更会吓坏孩子。这位母亲理智地采用了尊重孩子感觉的做法。她相信自己一定会在某时某地抓住一个契机，使孩子的感觉好起来。在某些时候，接受和理解就是最大的精神援助。孩子们本来对未来就缺乏坚定信念，大人们再用未来吓唬他，只会加重他的精神负担。孩子们情绪和行为的扭转亦需要父母耐心地"催熟"，不要忘记中国人的谚语：瓜熟蒂落。

"人前教子" 还是为孩子辩护

孩子在外面惹了祸，你不用情感来体察孩子的心境，孩子就必然以反叛的心理来与你较劲儿。

小时候我们姐弟每与村里的孩子发生争执，不管自家孩子的对错，父母总是"理往一边倒"，当着众人的面呵斥自家的孩子，有时还拽着孩子向人家赔礼。这种"人前教子"的做法似乎是传统的典范，我的父亲在村里是很以"教子有方、治家有道"著称的。最让我们无法忍受的是有一次妹妹遭了村干部儿子的追打，掉进水坑。干部的儿子看看闯了祸就逃之夭夭。所幸水坑很浅，在围观者的鼓动下，妹妹哭到干部家，列数了他儿子的"侵略"行径。干部的老婆看到我妹妹湿淋淋的样子，还给说了不少好话。讨到公道后，妹妹和我的心情刚刚好受些，谁知回到家被父母又骂了个狗血淋头。

母亲说："你不惹人家，人家会追着打你吗？"

父亲说："知道的说是你们不懂事找到人家门上，不知道的还以为我们教唆你去呢！"

母亲说："你们以为寻到人家门上这事就了了，说不定几时就有小鞋穿呢！"

大人们的谆谆教导我们连一句也没进耳朵，我们的感受就是父母不把我们当回事儿，我们的屈辱、我们的尊严和我们的心情都不及他们的"理"重要。

这样，我们在外面忍辱负重，看似"乖"了，但对家长却有了强烈的反叛意识：妹妹踩上凳子偷吃红枣，打了奶奶的宝贝瓷罐儿，我们就收拾了现场，姐妹合谋，让那罐儿不翼而飞。我们纠集了一伙女娃们到自家的南场里打杏儿，把树枝打得七零八落，为了不被发现，就把南场的钥匙藏到猪圈的墙缝里……

这就是父母不把子女当回事的结果。你不用情感来体察孩子的心境，孩子就必然以反叛的心理来与你较劲儿。

美国的家长则与此不同，他们往往是以孩子的辩护人的身份出现的。在他们的观念里，孩子属于弱势群体，他们惹了麻烦，指责他们的大人多的是。在这种处境下，孩子有辩护人才算公平合理。除了父母之外，还有谁更适合担任他们的辩护人呢？

另一方面，子女与外人有了纠纷，父母不站在子女一边是理智的表现，否则就会把孩子宠坏了。小时候让孩子吃点苦头，让孩子知道处世不易，会对他们有好处。教育孩子对人宽容、忍耐是对的，但不能无原则迁就，一味退让；否则，孩子在社会上就只有服从意识，而没有主动性和竞争能力。

美国的父母替自己的孩子辩护，也不是护短。美国人一般法律意识强，动不动就请律师打官司。他们替孩子辩护也如同律师替当事人辩护一样，绝不会鼓励犯罪，绝不会称赞其偷开人家保险箱的技巧。但是，无论被告有什么罪过，律师也要替他寻求可以宽恕的理由，帮助他，给他以光明和希望。

对于生性绵软和善的孩子，父母更不能当众呵斥和指责，使他们丧失尊严和安全感。我先生曾这样处理过孩子间的纠纷，很有成效。

一天，他一出家门发现我们家的二女儿毛毛正拼命地往家里跑，吓得脸色煞白。紧接着就看到追她的小顽皮过来（这是家属院有名的小霸王），后面还跟着几个小男孩。我先生没理那几个"从犯"，只把这小顽皮叫到家中，当着二女儿的面问他："毛毛干了什么对不起你的事吗？"这男孩垂着头一言不发。我先生说："如果她对不起你，我让她赔礼道歉。"小男孩摇摇头说："没有。"我先生接着就严肃地说："那么，请你对她说'对不起'！"这男孩看看没有逃跑的余地，就跟着说："对不起！"然后，我先生又告诫他说："希望你劝说那几个跟着你玩的男孩，再不要追吓女孩子。女孩子胆子小，应该保护她们才对嘛。这只能是最后一回！"

这件事后，我先生还怕那男孩报复。第二天幼儿园放学回来，我先生问二女儿上学的情形，二女儿高兴地捧给爸爸个小纸盒儿，说："这还是他送给我的呢！"那时，我正在师大读书，爸爸如果不体察女儿的处境，生性绵善的女儿真不知会怎样。

处理孩子间的纠纷切记不可走的五条死胡同是：1.推理。肯定是你怎么怎么，你不招惹人家，人家不会……2.翻老账。那一次就是你怎样怎样，你总是惹是生非。3.大道理。惹不起能躲得起吧；人以和为贵，和气生财。4.树榜样。我们小时候怎样怎样……5.无所谓。反正拿你没办法，由你去。父母一旦走进这些死胡同，就杜绝了孩子与你交流的机会，两代之间就会越来越有隔阂，越来越疏远。

阳光大道也有五条：1. 表示同情。哪里有伤，要包扎呵护。探问心灵的创伤，问问："此刻心情怎样？" 2. 听取抱怨。以同情的态度听孩子抱怨，以求缓和其激愤情绪。3. 理顺孩子的情绪。赞成或反对孩子的做法都不要急于表态，只是以同情的口吻说："是啊，真不走运。""真替你难受。" 4. 不置可否的冷却期。可以说明我们的当务之急是做作业或干别的什么事，这事以后再讨论。5. 等孩子心情完全平静下来后再讨论对错，动之以情，晓之以理。

知心才能交心。不论人前人后，关键是能帮助孩子开启闸门，疏通渠道，让其泉涌般地倾诉；而不是用大道理筑堵高墙，使孩子与大人在情感上被隔离开来。

千万别小瞧孩子收获的第一桶金

//

　　既然我们说学习本领是为了将来赚大钱，那为什么不让孩子从小就掌握些赚小钱的技能呢？

//

　　传统的中国家长往往把学习本领和获取财富割裂开来，他们给孩子制定的人生规划是先认真读书、掌握知识，所谓"书中自有黄金屋"、"书中自有颜如玉"，将来找一份好工作，成家立业。在这样的指导思想下，父母对孩子们得到的第一笔财富往往漠然视之。个别家长还好显摆，说春节期间谁送了孩子购物卡，共得了多少压岁钱等。至于孩子对这些钱有什么看法，打算如何支配，却很少关心。其实，对商机敏锐的眼光和恰到好处的把握、对金钱的支配和利用能力、以钱生钱的本领，都是从小锻炼和培养的结果。

　　谈到这方面的家庭教育，我和我先生亦是因袭着传统的做法。我们家三个孩子在大学期间都没有打过工。每逢开学离家前，我们都会嘱咐他们，一定要安心读书，不要急功近利打工赚钱。在我们的意识里，觉得孩子们念好书能拿到奖学金，是无比自豪和光荣的；而靠在饭馆洗碗抹桌子挣几个小钱，仿佛不算本事似的。

　　现在反省自己，才发现这样的认识太迂腐、太狭隘。受这种观念的制约，吃亏不浅。不仅自己在各种机会面前木讷迟钝，而且影响到孩子们的从业路线也比较单一。

我这刻板冥顽的脑子是从什么时候豁然开朗的呢？是我在一次逛商场时，突然遇到我们家属院的一个孩子，他竟然是一个摊位的老板。这位一边读大学一边做买卖的孩子带给我很大的震撼，彻底颠覆了我的固有观念。这次不期而遇，我们彼此都很兴奋。他给我讲了他在我们家属院"淘金"的故事。

我们家属院位于我省一所重点中学的生活区。那一年学校搞基建，盖房子、掘深井，工程完毕时，到处是废弃的铁丝、钢筋、铁钉。家属院的人们路过时都熟视无睹。这孩子见有收废品的来偷偷摸摸拾拣，自己随手便拾了一些拿回家里。不料，母亲竟大为赞赏，并且在星期天还专程陪他去废品回收站走了一趟，卖下6块多钱。母亲把钱交给他，说："这是俺娃的第一笔收入，归你自己支配。希望你用得有意义。"捏着这6块多钱，孩子手里汗津津的，觉得很有成就感。怎样使用它才有意义呢？孩子想到每逢阴雨天，父亲去学校接他回家时，两个人披一块雨布，爸爸的头发总是淋得湿湿的，就想买把大雨伞。母子俩走到商店一问，一把雨伞要12块。他的钱只够买半把伞。孩子很失望，母亲便安慰他道："你没见废品站回收的东西有多少种？纸箱、玻璃瓶、饮料筒都可以换钱啊！"于是，孩子"淘金"的眼界大开，不仅为家里添了大伞，后来自己的学习用具也基本不用家里的钱。这之后，他还采过茵陈、甘草，卖过药材。高考结束后，他还到本县的农村贩过大蒜。他说他上大学时，没有用父母的一分钱，自己做买卖赚到的钱就绰绰有余了。

孩子，微笑吧

　　上了大学，眼看兜里的钱越来越少，他心里就痒了。尽管父母也嘱咐要以学业为重，缺钱花时给家里个信儿，爸妈不会让他为难，但赚钱供养自己好像形成了习惯，校门口宣传栏上招聘家教的广告总是吸引他的眼球。他觉得这也是一种生活体验，为啥不去试一试呢？结果就做了一位初中生的家庭教师，辅导数学。不料这位学生的父母都是做买卖的，两个人一人一个商店。那母亲做的是服装生意，常到南方进货。看这位家庭教师诚实可靠，又吃苦耐劳，干脆到进货时就叫他一起去，做她的助手。这样，他的兼职工作就变成两份儿了，一份是辅导那孩子，另一份是出门进货。我曾问他："你这样能忙得过来吗？"他说："出门进货一般是利用双休日。再说我学的专业就是财税管理，陪她打理货物、进账出账，也等于实习。"后来我才得知他在读大学期间还担任着班干部呢。想不到这孩子处理事情能这么从容不迫、游刃有余。这种统筹兼顾的本领，不能不归功于儿童时代的锻炼。

　　在陪女老板的一次次南下进货中，他熟悉了交易渠道，摸透了市场行情，也结识了不少外地朋友。当女老板的铺面要扩大时，他便毅然加盟其中，承包了一个摊位。为了不耽误学习，他从老家雇了一个亲戚替自己经营。

　　望着这西装革履的大学生小老板，真叫人难以置信。他的父母都是中学老师，老实本分，怎么会生出这么精明的儿子呢？那孩子笑着对我说："没有拾废铁的经历，没有那6块多钱的第一桶金，就不会有今天。"

　　是的。这其中至关重要的还有他母亲的点石成金：面对那区

58

区 6 元钱，母亲没有说"咱买两筒饮料喝算了"，而是叫儿子用得有意义；6 元钱只够买半把伞，母亲没有说"妈给你添上另一半儿"，而是给孩子指出了生财之道……

国外这样的事例非常多。美国的钢铁大王卡耐基是闻名全球的商界领袖，谁能想到他的发财思路是源于一窝小兔子呢？当他还是苏格兰的一个 10 岁的小顽童时，曾得到一只公兔和一只母兔。不久，这对兔子就做了父亲和母亲，也就是说卡耐基又拥有了一窝小兔。可是，随着小兔的长大，食量也大增。他一个人养不了这么多兔子。于是在母亲的提示下，他就采用了一个聪明的策略。他经常招引邻近的小朋友们来观赏兔子，并对他们说："如果谁愿意出去采集充足的蒲公英和金花菜喂兔子，就可用他们的名字给兔子命名，以此来感激他们（在他们国家，以自己的名字来给动物命名是一件光彩的事情）。"这一招收到了神奇的功效，好多孩子为了喂好以自己的名字命名的兔子，比卡耐基本人还了解兔子的习性。

成年之后，卡耐基在商业上不断使用同样的心理学原理，并且屡屡获得巨额的利润。比如他想把钢铁路轨售予宾夕法尼亚铁路。当时宾夕法尼亚铁路局的局长是汤姆生。为此，卡耐基在宾夕法尼亚的匹兹堡市建造了一所大钢铁厂，命名为"汤姆生钢铁厂"。汤姆生局长若不就近买"汤姆生钢铁厂"生产的路轨，那他就是个十足的怪人！

当卡耐基与另一个商界大亨互相争夺卧车经营权的地位时，这位钢铁大王又想起了他的兔子理论。那时，卡耐基所统管的中央运输公司与普尔门所经营的公司都要争得联合太平洋铁路卧车的经营权。起初，双方互不相让，彼此排挤，损伤对方所有获利的机会。有一个晚上，卡耐基在圣尼古拉旅馆遇到了普尔门，他灵机一动，彬彬有礼道："晚安，普尔门先生。我们两个不是在作弄自己吗？"

"你是什么意思？"普尔门不解道。

卡耐基抓住这良机，耐心地讲了他的想法：将他们双方的利益合二为一，互相合作，互利互惠，争取双赢，而不是消解和削弱对方的利益。卡耐基陈述利害，普尔门注意静听。但后者并未完全相信前者的诚意。当普尔门问道："这家公司你将叫做什么？"卡耐基立即回答："当然是普尔门皇家卧车公司！"

普尔门一听这命名，立即满面红光。他说："来，到我房里来！咱们详细谈谈。"那次谈话创造了化干戈为玉帛的实业界奇迹。

如果我们把那一窝小兔视作卡耐基童年所获取的"第一桶金"，可见这一桶金对他是何等重要！众人皆知，虽然他被称为钢铁大王，其实他对钢铁制造知之甚少。因为他有千百人替他工作，他们懂得的钢铁理论和生产经验比他多得多。这也是那窝兔子给他的启示：邻家的孩子们总结的喂兔经验远远超过了他。正是从孩提时代就懂得借助众人的智慧、群众的力量这个道理，使他最终成为凝聚力极强的实业界领袖。

既然我们说学习本领是为了将来赚大钱，那为什么不让孩子从小就掌握些赚小钱的技能呢？

千万别小瞧孩子收获的第一桶金！

两代人的沟通

//

　　传统的中国父母所谓的关心子女只是关心其表面：冷暖饥饱、学习成绩怎样；而忽略了根本：他们的内心世界、心理感受，尤其忽略了他们在人际交往和成长过程中的情感需求、心理需求。而这些需求正是他们健康成长所不可缺失的补养和要素。

//

　　在某一聚会上，看到一位年过半百的老教师郁郁寡欢，神情呆滞。后来得知是他的儿子寻了短见，而且这孩子的死与他的粗暴有直接关系。这位老教师是位资深的数学老师。可他的儿子偏偏不爱学数学，考试成绩常叫做父亲的没有脸面。一天晚上，老教师拿着儿子不及格的数学卷子怒斥道："这么点儿成绩，我都替你脸红，还不如找个干净去处一头撞死呢！"儿子当时愣了一会儿，没有还言。第二天早上，当父亲上卫生间时，发现儿子双脚悬空，吊死在卫生间高处的管道上。孩子死后，他才从学生们那里得知那天班主任刚刚批评了儿子，他的怒斥对孩子无疑是雪上加霜。这孩子的妈妈抱着儿子的遗体，怎么也想不清楚他胸中既有愤懑和绝望，咋不向妈妈倾吐，就决然走上不归之路呢？亲生父亲把儿子推向黄泉，这种悲伤向谁言讲啊！由此我想到了两代之间的沟通。假如做父母的能与儿子像朋友一样交谈，细致入微地了解了解儿子是怎样想的，站在孩子的角度体察一下他的心境，又何至于此呢？当我把这则见闻通过电话告诉在美国的女儿时，女儿直言不讳地说："说实话，尽管爸妈是比较开明的父母，我们姐弟三个在遇到烦恼事儿的关键时刻，想要找个知己来倾诉，浮现在我们脑海中的'知己'并不是你们。比如我第一次接到男生写来的小纸条：'我们两个好好处处。'我害怕极了，一是年龄小不知道如何处理这层关系，二是害怕让父母知道。在我们的文化传承里，父母与子女间的沟通存在着无法跨越的鸿沟。"

确实是这样！听到女儿当时承受的心理重压，我心里一颤，可惜我竟未能替她分担！我这才意识到我们传统的中国父母所谓的关心子女只是关心其表面：冷暖饥饱、学习成绩怎样；而忽略了根本：他们的内心世界、心理感受，尤其忽略了他们在人际交往和成长过程中的情感需求、心理需求。而这些需求正是他们健康成长所不可缺失的补养和要素。记得孩子曾向我讲过她们班某男生与某女生关系不同寻常的问题，我本该以此为契机向女儿谈谈青少年的生理发育、异性间的吸引、男女生间的正常交往等问题，但我当时却对此讳莫如深，竭力劝说孩子要把注意力和志趣集中在功课上。这种逃避敏感话题的做法，只会使孩子心理更加好奇或者遇到这种事情时措手不及，甚至产生心理疾患。在美国待过几年后，亲眼目睹了美国父母将"妈妈爱你"，"你感觉怎样"挂在嘴上，才知道我们与子女间情感的沟通、爱的表达少得可怜。

不管我们从内心是怎样地喜爱他们，却从来不好意思当着孩子的面说"宝贝儿，妈妈爱你"；孩子取得好成绩时，只会嘱咐"不要骄傲"，而不会说"妈妈为你而骄傲"。在我们中国父母的亲子传统里没有这样的习惯。两千多年来，孔夫子"君君，臣臣，父父，子子"的伦理观念深入人心。他的"严父"形象被视为楷模。据说孔夫子站在庭中，他的儿子孔鲤恭恭敬敬地小步从他面前走过。孔子便叫住他问："学诗了吗？"儿子答："没有。"孔子说："不学诗就不会'说话'。"于是儿子便退而学诗。过了几天，孔子又自个儿站在庭中，孔鲤又小心翼翼地从他面前走过，孔子问："学礼了吗？"孔鲤答："没有。"孔子说："不学礼，就不会'做人'。"于是孔鲤又退而学礼。有位叫陈元的人听孔鲤讲了这些情况后，极为兴奋，说一下子明白了三件事：知道了诗，知道了礼，还知道了君子要疏远自己的儿子。因此，疏远子女便成为合乎礼仪的行为。父亲教育子女被视为"庭训"。圣人开了头，后人就仿效。老子摆架子，儿子装样子，两代人间真爱的表达也就被"礼"消解了。我们华人父母重视的是教导、训话，板起面孔施加压力，逼使孩子遵命，而不考虑孩子的内心感受。父母的威严必然要阻塞沟通的空间，一厢情愿地说教，怎么能叫沟通？况且，孩子从小就熟悉了父母一言堂的训导模式，他的耳朵里早起了茧。一旦逆反心理再冒头后，他们便失去了与父母沟通的欲望，甚至酿成那位数学老师那样的家庭悲剧。假如两代人间有平等交谈、民主论事的生活习惯，彼此坦诚相对，又怎么会出现这样的事呢？

可是，毕竟两代人间存在代沟，父母与子女的成长背景不同、生活阅历不同、兴趣爱好和所受的时代影响也有很大差别，再加上大人们的工作节奏的紧张、孩子们理解能力的局限，要做到有效的沟通，为人父母者还真得狠下些工夫呢。

美国的父母之所以在这方面做得好，也是建立在西方文化传统观念上的。他们认为人与人之间的平等和尊重是天赋人权，因此孩子们的生理、心理的感受首先就受到尊重。这种沟通是建立在没有绝对权威的平等基础上的，而且贯穿于生活琐事中。比如我们领着外孙牛牛和丁丁去某家做客，主人若给孩子们水果，我们不能以命令的口吻说："拿着，谢谢阿姨！"这一句话便剥夺了他们的选择权。而要征求小哥俩的意见，问："阿姨给你们水果，你们要不要吃？"首先要尊重他们的选择，然后再提示："谢没谢阿姨呢？"

在美国，大人与孩子间的沟通有良好的社会氛围。比如丁丁的幼儿园决定买个动物，以供孩子们喂养和观察。买什么也不是由园长和老师决定，而是让孩子们自己拿主意，民主决策。于是孩子们众说纷纭：有的主张买大象，有的主张买老虎，有的主张买蜥蜴，还有的说要买恐龙……老师就引导大家充分讨论，我们能选择什么？什么是最好的选择？结果是买蜥蜴的主张获得绝对优势。令人感动的是幼儿园老师还通过电话告诉我女儿："我们买了蜥蜴啦，奥斯丁回去后，希望您多和他聊聊蜥蜴的成长情况。"这样，丁丁回来后，交流他们的蜥蜴就成了妈妈与儿子的沟通话题。还有一次是幼儿园老师给女儿打来电话，说奥斯丁一上午不怎么开心，问他为什么，他不肯说，只是绕着教室踱步，希望做妈妈的能帮助了解孩子为什么不高兴。结果丁丁对妈妈说是他坐惯的一个小凳子，被一个大男生占了，他想把座位夺回来，又不敢，就不高兴。于是女儿首先对孩子表示同情，然后问那凳子有什么特别。孩子说那凳子也没什么特别，只是他坐惯了不想让别人占了。了解孩子的感受，就能有针对性地做孩子的思想工作，开导他再去体验一个新凳子也许更有意思呢。同时也要启发他，那孩子也许不是故意的，与同学相处要宽容忍让，这是一个人的美德。只要我们与孩子之间心灵上没有隔阂就不会出现意外和悲剧了。

孩子不懂事，大人们生活节奏紧，工作负担重，有时也免不了发火。但这种沟通一旦形成习惯，有时孩子也会对大人的失态加以提醒呢。一次女儿在厨房炒菜，6 岁的牛牛在写作业，4 岁的丁丁不肯自己玩，老在哥哥面前说这道那干扰哥哥。女儿一着急就冲丁丁喊道："丁丁，离开牛牛，自己玩！"丁丁从没有见过妈妈这么凶，就乖乖地安静了一会儿。后来他发现妈妈的脸色和缓了，就问："妈妈，你现在感觉好些了？"女儿意识到自己的失态，就柔声回应道："嗯，一切都过去了。"丁丁接着又说："妈妈，你以后说话别那么大声，要不会吓到我的。"女儿只好笑着对丁丁道歉说："对不起，丁丁。妈妈正忙着做饭，有些着急。希望你以后也别影响哥哥写作业。"丁丁替自己辩解道："我觉得我是哥哥的小帮手呢。"女儿以和缓的口气对丁丁说："你是不是好帮手，那得看牛牛的感觉啊。"牛牛说："NO！"丁丁就再不好意思在哥哥做作业时去说三道四了。只要两代人间的交流融入到我们的点点滴滴的生活琐事中，形成习惯和需要，就不会有隔膜了。而且，孩子也会习惯尊重别人的感受。

可是，在我们的日常生活中，拒绝接受孩子的感觉是随时随地都会发生的事情。比如：

孩子说："妈妈，我要脱衣服。天太热！"（孩子身上一般火气旺。）

妈妈会反驳："那怎么我就不热？别脱！当心感冒！"（以自己的感觉为标准衡量不热。）

孩子说："今天的饺子不好吃，太腥气。"

妈妈会谴责："真是身在福中不知福啊，我们小时候只有大年初一、八月十五才能见到一点肉！"

孩子说："某某老师糟透了，上课不知道讲些什么！"

妈妈会为老师辩护："你好好专心听讲，哪有不明白老师讲什么的？别把自己的问题往老师身上推！"

孩子说："某某把我的笔弄坏了，弄得我不能写字！"

妈妈会长旁人威风，灭自家志气地说："瞧瞧人家，没你年龄大倒敢欺负你！"

孩子说："每次老师问问题，我都举手，他总不叫我。"

妈妈会胡乱猜测："肯定是你缩头缩脑的，不大胆，你爸在人前就是这个样子！"

以上的沟通都是无正面效应的沟通，对孩子的自尊、自信的培养是有害的。

我在美国还看到过一本叫《爱的融合——两代情》的书，讲到沟通的技巧时，谈得十分仔细。现简介如下：

第一，要留心聆听。听完孩子的话要有一个回应。这一环节很重要，比如你说："噢，是这样啊。""啊，原来是这样？"让孩子感觉到你对谈心的重视。

第二，再进一步重复他的话。比如孩子说："我每次去明明家玩，他妹妹都来捣乱。"妈妈可以重复："哦，他妹妹来捣乱，搅得你们不愉快，是吗？"

第三，找出孩子的感受。比如孩子说："我看到明明的妹妹，就想把她赶走。"妈妈可以代他说出感受："你好讨厌她啊！"

第四，分析他的感觉，然后适当回应。这里值得强调的是，作为父母，必须包容孩子的一切感觉。一个人的感觉虽然有正面的（比如开心、充实、激动、充满希望、成就感等），也有负面的（比如不开心、郁闷、忧愁、失望、愤怒、反感、孤单等），但感觉没有对与错，做父母的应全心全意地接纳他的感受，并表示理解和同情，用你的肢体语言、眼睛、表情作出回应。先把孩子的情绪理顺，然后父母的教导才起作用。

第五，对待孩子负面的感受，一般可以采用如下四个步骤。比如失败的情绪："我投篮的时候，一失手，没中。就这么关键的一球，我们整个儿就输了。教练气坏了。"

1.全心全意地聆听，重新组合他的叙述："这么关键的一刻，你果真没进？"

2.说出他的感受："你一定非常难受。"

3.与他共梦："妈妈也巴不得你进了，那就反败为胜了。"（这句话起扭转失败情绪的作用，让他知道妈妈站在他一边。）

4.慢慢疏导其失败情绪："怪不得人说'台上一场戏，台下十年功'哩，妈妈也有过失败的经历……"可以用自己的经历讲一讲如何经受失败的考验，磨砺意志，狠下工夫，争取成功。

另外，孩子过一个愉快而有序的周末也很重要。常听到妈妈们说："一到星期天，那孩子就疯玩，累得星期一早上也起不来，还落下了作业！"或者是说："周末给他安排了好几个兴趣班，搞得他没空闲，就不去惹是生非了。"这些说法都不是以孩子为友的尊重孩子的做法。首先，周末生活的安排应让孩子有些自主性、计划性。父母可以事先询问孩子有什么想法，不要忽略了孩子的自主选择。当孩子提出自己的主张后，一家人可以一起讨论，看这种想法可行不可行，一家人要互相兼顾，达成一致，形成和谐民主的家庭氛围。这样，既可以将无序的周末变得有序，也可以促进两代人间的交流。如果一家人决定逛街、游公园，还应提醒孩子考虑一些意外因素，比如下雨、刮风，以免当计划有变时影响孩子的心情，这样也可以让孩子逐步拥有灵活机动的应变能力。周末生活的内容可以涉及孩子的学习、家务劳动、体育锻炼、人际交往等多方面，孩子的学习也不仅仅是完成作业。星期六的晚上，父母可以引导孩子整理自己的书籍，检查作业完成情况，帮助孩子回忆这个周末什么印象最深、最有意义，看看有没有什么图片资料带到学校与小朋友分享，以培养孩子的交际能力、语言表达能力。

孩子的周末生活既是学校生活的延伸，同时也是父母与子女加强亲情、促进沟通的良机。建议父母们尽量多抽出时间陪孩子，体验孩子的成长，体验沟通的愉悦。

早恋引发的两代人之间的冲突

人心亦如容器，当它被知识的渴望、精神的追求占据得满满当当时，其他东西就不会乘虚而入了。空虚和无聊是少男少女们的大敌。发生早恋而又不把握分寸者多数是精神无所寄托者。

在我们身边由早恋引发的两代人之间的冲突屡见不鲜。

少男少女从相互吸引到彼此爱慕，再到捅破那层纸谈起恋爱，实在是肌体内荷尔蒙在作怪，这种成熟往往是连他们自己都无法预料的事情。难道我们能指责其成长是对是错吗？

有人会换个角度说，咱不妨从效果上看，早恋到底好不好呢？

回答是没有统一的标准。所谓早恋，通常是指18岁以下的未成年人之间发生的恋情。一般来说，早恋的弊大于利。十四五岁乳臭未干的少年，正确的人生观、价值观尚未形成，在恋爱问题上往往是感情用事，考虑问题、知人论事并不周全。既是感情当先，就容易冲动，一旦从爱慕发展到肌肤之亲，造成严重后果，不可能不影响学习、耽误前程。最近电视上曾出现过一位18岁的爸爸、15岁的妈妈。他们根本没有能力抚养孩子。那妈妈生了孩子后不辞而别，那爸爸承担不起养孩子的责任，给自己的爸妈造成了沉重负担。还有的女孩一再流产，最后将自己健康的身体弄得弱不禁风。如果是这样的结果，这早恋就糟糕透顶。早恋之所以被当成一个严重问题来讨论，就是因为未成年人对他们的行为还不能承担责任。但也不排除有早恋倾向却能把握分寸、没有影响学习和前程的情形。有的中学生谈恋爱是彼此激励，在学习文化知识上你追我赶，在高考中达到互利双赢。还有个别秀外慧中者，十六七岁谈恋爱，遭到父母竭力反对，经过"八年抗战"（与其父母做斗争），二十五六岁才如愿以偿。婚后夫妻特别珍视这来之不易的结合，男女都要证明给双方的父母看，说明自己是优秀的，对家庭、对事业有责任心，举家和睦幸福。所以说早恋的结果到底如何，也很难说。

北京电视台《谁在说》栏目播过一期《孩子早恋你咋整》的节目，对为人父母者很有警示作用。说的是 14 岁的小女孩琪琪与一个 17 岁的小男孩发生恋情的故事。据琪琪的父母讲，谈恋爱以来，这女孩便像脱缰的野马，收不住心了。撒谎成性，连一句实话也没有。起初是逃课、夜不归宿，如今已发展到两人双双辍学……

这对父母使尽了各种办法：先给女儿买长笛、买钢琴、陪旅游、请家教，想从情感上、时间和空间上拖住她，让她和那男孩断绝来往，但无任何效果；后来又采取了强硬措施，做父亲的干脆把女儿和其母亲都锁在家中，让母亲看住女儿。然而在时间上和空间上似乎是割开了联系，却割不开人家连着的心。那女孩一瞅到机会就给男孩打电话、发短信，互诉衷肠，反倒更亲热了。万般无奈下，琪琪的父母还找了那男孩的家长，希望得到配合。

不料那家长竟埋怨他们的女儿纠缠自己的孩子。争吵半天，不欢而散。这对夫妇走投无路，只好找到电视台，寻求帮助。

据节目现场的有关人士说，80后的年轻人根本不把早恋当回事儿；90后的少年更是把自由、快活、耍酷作为目标和追求，谁没有异性朋友，那才叫菜鸟呢！

在早恋趋势中，年龄的超低、父母与子女冲突的超级严重让人震惊。于是有人埋怨时代，有人责怪媒体助长了不良风气，有人抨击西方黄色文化的沉渣泛起……争论声不一而足。

追溯"革命化"年代的婚恋，难道就十全十美吗？

"文化大革命"时期的时代悲剧多了去啦。就（六六届、六七届、六八届）高初中老三届我熟悉的同学、亲友中，有郎才女貌十分般配，两人又情投意合的，因为男的参了军，女方的父亲却有所谓"历史问题"，政审不能过关，好姻缘难成眷属，那女方气出精神病来的；有知青插队，城市的非农户口女生与农村里的贫下中农子弟发生恋情，并偷尝禁果生儿育女，城里的父母找关系将女儿强行调回城，丢下那嫩儿幼女不管不顾，把男方气疯的……政治高压下的恋爱悲剧更是成批量生产，毫无人性可言。

随着改革开放的深入，人道主义、人文关怀和对人性的尊重成为中国人的共识，解除了恋爱婚姻中的政治捆绑，这实在是社会的文明、时代的进步。然而，亦如堵死了的堤坝突然打开一样，多数人无法驾驭这种自由。这对传统的中国家长确实是挑战。不少家长这样说：西方性解放、性自由的冲击，电视节目中少男少女的搂搂抱抱，歌中唱的"爱得死去活来"，网络上黄色网站屡禁不绝，纷繁复杂的社会背景无不影响着世界观尚未定型的少年人，我们一个小小的家庭，怎能与如此强大的攻势抗衡呢？

事实是他们既没有"抗衡"的思想准备，又没有具体的行动体现。有的家长往往是这样，自己陶醉于改革开放的宽松氛围中，又跳交际舞、下歌厅，又打麻将、玩扑克，深夜不归，没有节制，却要求子女闭目塞听，严格自律，一心只读圣贤书。一个家庭的多重标准，等于没有标准，怎么会起到制约作用呢。事实上西方的主流社会、精英家庭，他们的子女也未必一恋爱就放弃学业、耽搁前程。我们可以这样来计算，假如一个孩子在十四五岁发生早恋，那么最起码前十多年他所受的教育是来自家庭吧？你在十多个年头中都未在子女身上筑起道德规范、行为准则的高墙壁垒，让他一接触社会就如稀泥一样坍塌瓦解，那能怪谁呢？德国的卡尔·威特在其《卡尔·威特的教育》一书的序言中写道：国民的命运，与其说是操纵在掌权者手里，倒不如说是握在母亲手中。卡尔·威特认为，好多母亲只顾关心孩子的健康而忽略了孩子的品德的形成和行为的发展，这是极其错误的、不负责任的行为。而且，他竭力强调，教育要从出生开始（小孩出生时，大脑皮层以下部分与成人已相差不多了，但大脑皮层还需要继续发育。0~4 岁是发育最迅速的时期，在这四年里孩子的脑发育将达到成人 75%~80% 的水平。4~7 岁，仍是发展最佳期，到 12 岁脑发育基本完成），因为人类发育的速度呈递减的规律，0~4 岁最快，以后逐渐减慢。那么家长在这时就要以身作则，在开发孩子的各种潜力的同时，培养其良好的行为习惯。

这里，我们且不说老卡尔夫妇怎样把小卡尔由智障儿童培养成天才，单说怎样在孩子的心灵中打上"禁律"的烙印。

在小卡尔两岁的时候，他们就开始从细微之处入手，培养孩子的良好习惯（好习惯是终生受益的宝贵财富）。即便在餐桌上，小卡尔也会受到及时的教育。父母告诉他，盛入自己盘中的食物，一定要吃光（当然父母给他盛食物时已考虑了他的饭量）。卡尔想吃水果和甜点，不论那对他诱惑有多么大，父母也毫不通融，必须让他先吃完饭菜。

为了孩子在成长过程中养成"分寸"意识，老卡尔夫妇要求孩子诚实、守信、准时，不论在什么时候、什么地方都要为自己的行为负责。比如老卡尔曾给儿子宣布了一条戒律："你必须早上按时起床，否则我们会认为你是放弃早餐，你要为自己的行为负责。"孩子欣然接受了父母的警告。可是孩子毕竟是孩子，某个夜晚他玩得兴起，睡觉迟了，第二天早上起床太晚，超过了给他规定的时间，老卡尔夫妇就果断地收走了早餐。

当小卡尔来到餐桌前，面对空空的餐桌，想向父亲辩解一番时，老卡尔没等儿子开口，就对他说："真遗憾！我也很想把牛奶和面包留在你的位置上，但我们有过约定，这只能怪你自己玩起来不掌握分寸。"

2011年轰动全美的"虎妈"蔡美儿也是这样，她有十大家规，要求两个女儿必须遵循（蔡著有《虎妈战歌》一书）。这些教育子女成功者的共识是"要在严格要求下反复训练，让孩子把准时、守信和自控当成自己的本分"。

　　谈到这里，就使我联想到前面所提到的琪琪的父母。当 14 岁的琪琪出现了早恋、撒谎的情形时，他们着了急。此前，在他们的家庭中有没有严格的"戒律"训练呢？就片中的情形来观察，孩子说她喜欢长笛，爸妈就买了长笛；过了几天，孩子说她不喜欢长笛了，想要钢琴，父母又买了钢琴。单从这些琐事中就可以看出这个家庭中戒律约定不足，放任自由有余。你在这件事情上把关不严，在那件事情上又绝不通融，必然导致两代人间的冲突和对立。

　　本文的标题说的是由早恋引发的两代人之间的冲突。所以，我特别想知道小卡尔有没有早恋现象。小卡尔 9 岁考入莱比锡大学，未满 14 岁便获得博士学位，16 岁被聘为柏林大学教授。很遗憾，翻完全书，也未见早恋发生。一个孩子，他的智力如果得到较早的开发，视野就特别开阔；他的道德修养又经过严格的训练，理想就分外高远。他的目光聚焦于博览群书，注意力高度集中在科学探索中，他的乐趣是陶醉于成功的感觉和艺术欣赏里，怎么会发生早恋呢？

　　卡尔·威特和"虎妈"的成功不是偶然事例。在我原来从教的县城的一个中学里，就我接触到的报考清华、北大的尖子生中，基本没有早恋的情况。我曾探问过一位亲戚，问她的女儿有没有早恋迹象，那亲戚笑着对我说："我对女儿说，有的女孩子把男朋友带回家，被妈臭骂一顿；你若带回来，妈不怪你。你猜她说什么？'绣花枕头倒有的是，但有内涵、有素养的还未被我撞见呢！'"那亲戚自豪之情溢于言表。她为什么敢那么放手呢？因为她知道自己的女儿很优秀，站在泰山顶上的人会一览众山小，不担心女儿带回"赝品"。我也曾问过这女孩为什么那么眼高，她说："我爸妈心气儿就很高，他们的教子名言是'有麝自然香'，为人第一要素是自己得有本事、有内涵，然后再谈其他。自己是糟糠扁谷，处朋友不可能结交上珍珠玉器。"可见家庭的伦理观念、价值趋向一旦在孩子的头脑中扎了根，即便外界有风有雨，她都很有主见，不会随风而倒的。

就在琪琪的爸妈做节目的时候，主持人当场采访了一对母女。那女儿也是 14 岁，与琪琪同龄。当主持人问那位母亲，女儿有没有早恋时，那母亲的表现也非常豁达风趣，她说，有一次陪女儿到一家快餐店就餐，迎面过来一位风度翩翩的儒雅男生，女儿不免多看了几眼，她就打趣女儿道："你看上那帅哥了？真看上了妈带上你联络去！"结果遭到女儿的批评。原来孩子只是有爱美之心，并无交友之意。当主持人进一步了解这小女生的背景时，才知道她已是大一学生了。原来她智力的早期开发特别好，读小学就不断跳级，只有初中时按部就班读了三年。考上高一后，试着参加了一次高考，一举得中，于是就上了大学。当主持人问她现在是否准备谈恋爱时，她说："现在正准备考研呢，还没顾得考虑那些。"人心亦如容器，当它被知识的渴望、精神的追求占据得满满当当时，其他东西就不会乘虚而入了。

可见，空虚和无聊是少男少女们的大敌。发生早恋而又不把握分寸者多数是精神无所寄托者。

😊 孩子，微笑吧

孩子的平庸常折射出父母的平庸！谁叫咱没把那宝贝容器装满呢？

其实，世界上优秀的人哪儿有那么多！咱就接受自己的平庸好啦。子女早恋之所以引发那么多矛盾，而且有的矛盾还相当尖锐和激烈（甚至发展成以死抗争的当代"梁祝事件"），就因为好多长辈不能接受平庸。有时他们是能接受自己的平庸，却不能接受下一代的平庸。"我们这一代是不行了，没赶上好时候，你们下一代无论如何得超过爸妈啊！"这几乎是父母们的口头禅！

对子女的期望值过高几乎是中国父母们的通病。子女常达不到他预想的期望指数，那就寄希望于他们的配偶了。尤其是家有靓女的父母，无不盼望闺女找个貌似潘安、才胜李杜、富可敌国的女婿来。

在电视节目中看到那琪琪的父亲对琪琪所交的男朋友不仅反感，简直带些"敌意"，说他撒谎、圆滑、油……这是不是放过优点专挑缺点呢？果真有那么顽劣吗？

台湾作家余光中写过一篇文章，标题是《我的四个假想敌》。他说他有四个女儿，他爱她们如掌上明珠。在她们很小的时候就担心有一天会失去她们。而失去她们的最大可能性就是她们一个个恋爱结婚后离开他。于是，想象中的四个追求女儿的男孩子就成为他的"假想敌"。甚至在公园散步的时候，当他看到一个只有两岁还坐在推车里的男婴时，就会联想到这小子长大之后可能会追他的小女儿，于是立即便有了在他脖子里撒胡椒面整整他的冲动。

　　当然，他不会真撒胡椒面让追求他女儿的男士望而却步，使宝贝女儿终老家中。但他的坦诚给了我们有趣的提示：天下所有的父母对儿女的成熟都存在矛盾心理。一方面希望他们长大成人；另一方面又害怕他们长大成人后在心思意念上与父母分离。孩子们考上大学后，我就有这样的切身感受：先是怕他们想家，影响学习；后是怕他们不想家，心理上与父母分离。后来我与某亲戚交流，她说她也是这种感觉。当她在电话中问考上大学的女儿还想不想家时，女儿厌烦道："再别提这个低级话题了，又不是三五岁的小孩子！"她说自己当时内心那个失落感呀，简直无法形容。这就难怪琪琪爸恨那小子了。一个离开你一天都活不下去的至亲至爱的人，突然间不需要你了，你在最亲爱的人心中占据的位置，突然被另一个完全不相干的人取代了，换了谁能不忧伤甚至是愤怒呢？

　　还好，琪琪的父母是能克制、有理性的父母，他们到电视台寻求帮助是文明之举。这类案例在农村酿成悲剧的太多了。常听说某某的女儿与谁家的小子发生了关系，被某某发现了，某某一怒之下提了斧子去劈那小子的。他不管自己的女儿是不是自愿的，完全被愤怒冲昏了头脑。

　　在父母的意识中，那"假想敌"对自己的最大伤害，莫过于与女儿有了性接触（尤其是家有淑女初长成，自认为养在深闺人未识的）。那简直得与"敌人"以命相拼。

　　不要认为这是蛮干、非理性的力量，不堪一击。其实它的影响早就存在了，而且在我们的传统中源远流长。封建社会的父母之命、媒妁之言，特别是门当户对、姑舅表亲联姻，都是"化敌为友"，不愿与儿女拉开距离的反映。再比如传统文化对青春期的年轻人在性活动上的限制，也是父母害怕失去儿女的焦虑在更大的时间和空间背景上的反映。儿女们在潜意识里也会感到婚前从事性活动是对父母的攻击。当然，也意味着对社会伦理的反叛，社会本身也就是扩大了的家庭。一般的情况是这样：父母要求子女太严，使他们无法承受太重的心理压力，或者是遭到父母虐待的子女（使他们在社会生活中遭遇了太多的挫折），他们更可能选择早恋，甚至会选择把自己"交出去"的方式（也就是性活动）来对抗父母与社会的压力。其扭曲的心态有可能导致比单纯的性活动更为严重的后果，比如纵欲、性变态、滥交……

所以，如果你的子女发生了早恋，你们之间也发生了冲突，你最好清醒地解剖一下自己，看看在自己的行为里，护犊的本能占多少，理性的成分占多少，得放手时且放手。

纵然孩子们发生了性关系，也不要用"不要脸"、"没廉耻"等道德评价的字眼儿来指责他们。这本身并不属于道德的范畴。如果你一气之下无限上纲上线，把孩子贬得一钱不值，只会促使他与你的对立加剧，从而破罐儿破摔。我特别同情家有娇女而弄成这种局面的父母。本来你认为她的选择"大错特错"，可她竟陷得这么深。然而，即使你再苦恼、再难受、再着急，还是要听听专家劝告。你要从关心她的角度告诉她爸妈不反对恋爱，但爱要把握尺度。包含了理智的、有节制的恋情才隽永绵长，富于诗意。如果一恋爱就亲吻，甚至发生性关系，那与婚后的柴米夫妻有什么区别呢？你要举些具体事例说明男孩子和女孩子有很大的差别，女孩子必须自珍自爱。女孩子受到伤害一生都摆不脱阴影，男孩子的阴影却转眼即逝。因为女人把太多的注意力集中在感情和家庭，而男人把太多的注意力集中在外界，追求新奇和刺激是他们的本能。如果把话说到这份儿上，女儿仍不为所动，那就顺其自然呗。至少说明她身体健康，感情充沛，生理发育正常，心理上也没有与异性交往的障碍。想想看，如果你摊上一个不会在自己周边找男朋友，而非要死追大歌星刘德华的女儿，又怎么办呢？执意要找刘德华的女子，我并不熟悉，但从电视报道中可以看出，她在恋爱问题上有严重的心理偏执。生理的成熟和心理的成熟不能同步，由自身的内在冲突引发了现实的冲突，最终导致家庭的不幸。倘若她青春的激情和冲动能得到及时的宣泄，又何至于此呢？

从尊重生命个体、尊重人权人性的角度讲，改革开放的时代给年轻人的恋爱和婚姻真是提供了广阔的选择空间。至于婚前是否选择性行为，好像没有哪一部法律或者道德条文白纸黑字地规定：未婚者不得发生性关系。那就意味着这样做不犯法。这给了年轻人自由，同时也是考验。有的人就能遵从传统美德和行为规范，在取得合理合法和合乎风俗民情的结婚证之后，心安理得地结合。他们觉得这样做自己内心不必自责，也会受到亲戚、朋友和同事的尊重，而且双方的情感交流也隽永流长，这是一种很理智、很和谐的选择。有的人属于激情冲动型，尤其是80后的年轻人，婚恋观念正在向传统挑战。有首歌中不是这样唱道："只要曾经拥有，不问天长地久"吗？这样在两人的世界里就很难控制局面。如果我们的孩子是属于后一种类型，家长再生气、再斗争也是徒劳。你不看梁祝悲剧、宝玉当和尚的结局吗？反对来，反对去，失败的总归是父母。

在西方社会，对性的看法似乎与穿衣吃饭一样平常。比如在美国，女儿十四五岁时，母亲就要教给她怎样使用安全套。当她十八九岁未交男友时，父母就担心她是不是有心理障碍。家长的着眼点似乎更看重孩子的生理、心理和情感生活的健康发展，更在乎一个人生命的愉悦和生机蓬勃，而少了许多条条框框的约束。在美国探亲期间，我发现女儿宿舍对门住着一对年轻夫妇，拖儿拽女，自己还上着学。后来才知道，他们因为恋爱结婚早，耽搁了学业，现在只好交替着上学上班，你上午看孩子、管家务，我下午管家务、看孩子。但他们整天乐呵呵的，没认为先成家后上学有什么不好，说学习充电是终生的事情。父母既不干涉他们的婚恋，也不承担照看孙子的义务。只是在他们困难时，借些钱解其燃眉之急。美国的家庭和社会的和谐大概就是源于彼此的互相尊重、相对独立和互不干涉。

讨论半天，由早恋引发的两代人间的冲突到底该怎么解决呢？对和错、好和坏，既没有定论，那就只剩了理智当先，顺其自然了。或许借鉴美国家长的做法是不错的选择。

父母离异带给孩子的伤害

//

　　美国的婴幼儿专家认为：父母离异对孩子的伤害和打击仅次于父亲或母亲的死亡。

//

　　父母离异带给孩子什么伤害？中美父母的离异带来的伤害有什么不同？具体是怎样伤害到孩子的？我知道不少读者是希望从典型事例中归纳出规律性内涵。可这个话题实在是太宽泛了。由于文化背景的不同，天下父母千差万别，孩子的天性也存在很大差异，所以这个话题很难在一篇文章中谈得详尽周全。尤其有特殊天赋的人，他们的成长常常超越常规，独树一帜。比如美国现任总统奥巴马就是在离异家庭环境中长大的，但恰恰是父爱的缺乏、家境的清寒催化了他个性中的坚韧和顽强。他在自传《无畏的希望》中曾这样写道："我成长的环境缺少父亲的关爱。在我两岁时，父母离婚了。大多数时间我只能通过他的来信以及妈妈和外婆的描述来了解他。我生命中的两位男人是我的继父和外公。继父和我生活了四年，此后外公和外婆抚养我长大。他们都是好人，对我关爱有加。但我和他们的关系必然是片面的、不完整的。在继父方面，主要是因为相处时间不长，还有他天性内敛。尽管我和外公非常亲近，但由于他年龄大，境况不佳，无法给我更多的指点。"

　　有心理专家曾说，一个男孩子的健康成长离不开威严的父亲作为楷模和榜样，然而奥巴马却恰恰相反。他说："家中的女人们是我生活的主心骨。外婆的精打细算使家庭这艘小船不致倾覆，而母亲的仁爱和心灵的洁净使我和妹妹的世界不会迷失方向。因为他们的存在，让我懂得了生命中什么才是最重要的。我从他们那里获取的价值观至今仍指引我前行。随着年龄阅历的不断增加，我越来越认识到母亲和外婆在家中没有强势男性的情况下抚养我们是多么艰难。我也感觉到缺少父亲的家庭会给孩子留下怎样的影响。因此，我将父亲的缺乏责任心、继父的冷漠和外公的失败都当成我的教训，并下决心要做一个孩子们可依赖的父亲。"

　　显而易见，家庭形式的多样性，孩子们心理承受力、对生活的领悟力的多样性，决定了这个命题的难度。

　　然而我还是甘愿接受这个题目的挑战。毕竟如奥巴马一样的人是少数，我们不妨从芸芸众生里普通人的角度来探讨这个问题，或许会对离异中的父母有些帮助。不稳定的家庭结构、离异的父母带给孩子的伤害之大是不争的事实。在美国匹兹堡的华人教会，我曾见过一位十六七岁的白人男孩。他的行为举止和其他孩子有很大的差别。大家排队领饭时，他总是左顾右盼，畏畏缩缩。当轮到自己拿食物时，他也总是站在饭菜桌子前犹犹豫豫，不知选择什么好，羞怯、阴郁和无奈不时从腼腆的微笑中流露出来。我当时十分奇怪，一是不明白为什么美国的男孩跑到了华人教会；二是奇怪美国人的孩子大多目光炯炯有神，自信得很，这孩子怎么会这样？后来才听人说他妈妈来自台湾，找了一位美国白人丈夫。夫妻离异时谁也不想放弃孩子的抚养权，孩子先是轮流在父母身边住，后来爸爸又结了婚，就放弃了孩子的抚养权由母亲抚养。据说这孩子原来很自觉，在校表现好，学习成绩也不错。自从爸妈离异后就陷入一种自责、自卑之中。他总觉得如果自己很优秀、很可爱，父母就不会离婚，爸爸也就不会放弃他了。安全感和归属感的缺失、自责和自卑的困扰，使他的精神压抑、情绪不稳，学习成绩也一落千丈。而一般儿童都爱找活泼愉快的孩子做玩伴。因此，这孩子的孤独和落寞就可想而知了。我当时就想：父母的离异岂不毁了这孩子？他将来可怎么在竞争激烈的美国社会立足呢？美国的婴幼儿专家在这方面早有定论。他们认为：父母离异对孩子的伤害和打击仅次于父亲或母亲的死亡。美国的研究者喜欢用压力积分表来说明问题：双亲一方死亡对孩子的压力积分是 100；离异的压力积分是 73。

父母闹离婚对孩子造成的伤害主要是心理疾患。在这一点上中美两国的孩子没有什么不同。下面有个心理正常和心理不正常的表现的比照，可供参考。

心理健康的孩子对自己各方面都很满意，觉得父母亲都爱他，自己是个好孩子，受到表扬时有一种发自内心的荣誉感；情绪通常很稳定，一般不胡搅蛮缠；有着实实在在的感觉（视、听、嗅无幻觉）；智力发展正常。

何谓心理不正常呢？这样的孩子特别害羞、孤僻；富于攻击性，动不动出手打人，潜意识里有报复心理；过于好动；爱做白日梦，跟现实脱节；比较懒惰。

如果是童年出现这些病症可及时治愈的话，离异所付出的代价还不算惨重，问题是这些毛病往往会伴随孩子终身。我的一位女同学与丈夫闹离婚，我知道他们夫妻没什么解决不了的大矛盾，曾劝她为了可爱的女儿别这么做，她说女儿还在奶妈家，将奶爸奶妈视为亲生父母，一两岁的孩子根本不懂事理，伤害不到她。可是后来的情形怎样呢？我这位女同学上大学进修，将全部精力用在学业上，尽管她按月给奶妈寄去足够的生活费，尽管那奶妈奶爸视她的女儿如亲生骨肉，这孩子还是有心理疾患。因为她由过去每礼拜去看一回孩子（给孩子买了大包小包的东西，陪孩子玩），变成了一月看一回，甚至到后来变成了一学期看一回。妈妈的冷漠和疏远孩子不会没有感觉。再加上奶妈在农村受教育程度低，不懂得自己的谈吐对小孩有什么影响。奶妈常常叹息道："可怜的娃呀，没福的娃呀，遭遇了好爹好娘，到现在却落得爹不亲娘不爱，这可怎么办呢？"这无形中给孩子这样的暗示：我不可爱，爸妈不喜欢我，不要我了。自卑、缺乏安全感的内在心理外化在行为上是特别害羞，甚至到畏畏缩缩的程度。到了谈婚论嫁的年龄，这女孩好歹找不到合适的对象，我这位女同学曾托我给女儿介绍男友，介绍了几位都谈不成。有一男生曾对我说："她怎么不会笑呢？总是满脸苦笑。"我发现这女孩真的不会笑，她的笑不是从内心发出的，很勉强。

在单亲家庭中长大的孩子，或多或少、或轻或重都有一定的心理疾患。除了害羞胆怯，有的是自卑、自闭、落落寡合，很难融于集体；有的是腾云驾雾，许多想法不切实际，这种疾患发展到一定程度会变成幻听、幻视。我的一位远房亲戚就是这样，她本人记忆力很差，一时找不到自己的手串儿，就怀疑是她丈夫的一位学生拿走了。事实是这位学生根本与此无关。后来，她在自己家里发现了这个手串儿，就说是那学生偷偷送回来了。问她有什么依据，她说仿佛看到那学生在门口闪了一下。她这幻视的毛病常常把丈夫置于尴尬的境地。还有的孩子是天不怕地不怕，攻击性特别强，在他的意识里有一种潜在的报复因子，我熟识的小波，原本是个上进的好孩子。他的父母关系好时，培养孩子的目标也一致，鼓励孩子学好文化课的同时，也要有体育爱好。每晚爸爸还陪儿子看一会儿篮球或足球比赛的电视转播。当孩子的数学和语文考了双百时，妈妈就到饭店给孩子端一盘海鲜水饺回来作为奖励，增强孩子的荣誉感。谁知当孩子上初中时，爸爸在外面交了女友，夫妻战争不断，那孩子就不停地要挟其父，问他要钱。妈妈为了讨好儿子，就给他买名牌衣服穿。一个初中生打扮得像位小老板，心思哪儿能用在学习功课上呢？孩子的心理也扭曲得厉害，沉默寡言，不苟言笑，攻击性特别强。据说曾跑到爸爸与那女友租住的房屋，将第三者的书籍全部泡在澡盆里，捣成了纸浆。还有一次是他问爸爸要钱时，恰巧遇到他母校的老师也在场。老师见他面色难看、言词激烈，就数落了他几句。他二话不说一巴掌就甩在老师脸上……这种迅不及防的攻击发生过几次后，熟人们见了他都避之唯恐不及。

这些心理疾患的产生有一个渐近的过程，只不过离异的父母往往陷入长久的拉锯式纷争中，没有注意到自己给了孩子什么暗示和影响而已。父母的婚姻关系出现裂痕，双方必然争斗吵嘴，夹在父母中间的子女很容易成为夫妻双方争取的对象。爸爸在孩子面前说妈妈的不是，妈妈在孩子面前说爸爸的毛病，这极易使孩子也养成不包容、爱挑剔的习惯。如果是生性软弱的孩子，很容易变得缺乏安全感而无所适从。另外还有一种更糟糕的情况是，孩子渐渐懂得利用父母间的冲突而操纵其间，比如在妈妈那儿得不到的东西，就赶紧到爸爸那儿说几句妈妈的坏话，得到爸爸的支持和批准。这种利用父母间的不和谐来投机取巧的例子并不罕见。

所以，离异中的父母最好是理智地控制自己的情绪，不要当着孩子的面大吵大叫，不要在孩子面前说对方的坏话。为了维护孩子的自尊和自信，离异的双方可以选一个阳光明媚的周末，领孩子出去玩，委婉地告诉孩子爸妈需要分开，孩子将随哪一方，这样对宝贝有什么好处。并要说明不在他身边的父亲或母亲同样爱他，会通过电话和孩子交流，会利用假日和他团聚，等等。

想到美国居高不下的离婚率，我曾问过女儿美国离异的父母是怎样对待孩子的。就她所知给了我这样的答复：有教养的父母会尊重专家的建议，让孩子与同性别的父或母同住。专家认为，双亲离婚后，如果孩子和同性别的父或母同住，则父母离婚对孩子的影响较小，反之则不然。比如，父亲离家，女孩与母亲同住，女孩仍可以母亲为对象来认同性别角色，但对一个男孩来说，却很可能永远无法适当地完成认同的过程，而对角色的扮演混淆不清，长大后就会缺乏自信。所以理智的家长往往尊重这一规则，男孩随父，女孩随母。

即使父母在离婚前曾有较公开的冲突，一般在离婚后也能维持相互尊重的关系。相互尊重的情况包括离婚后对孩子的抚育和教养方式、定时让离去的一方探望孩子，以及与离去的一方维持正常友善的关系。另外在各方面尽量地维持一种稳固的生活形态，更有助于孩子的自我调适。这种稳定性包括给予监护人经济和情感上的安全感及支持，尽量让孩子留在原来所住的房子和学校里，以免搬来搬去让孩子处处感到陌生。

离婚后的父母都要参加孩子学校的家长会。有的学校很重视父母离异后的学生的思想动态，班主任会常常与其谈心，发现心理压力有超负荷趋向，及时通知其父亲或母亲。发放开会通知单也是一式两份。尽量让孩子感受到父母都爱他，他所享受的亲情没有缺失。

此外，众多心理学家有一个共识：减轻孩子精神压力的最佳途径是陪他做游戏或参加体育活动。游戏是解决儿童压力问题的最自然有效的方式。如果家长必须外出工作，就要珍惜与孩子在一起的分分秒秒，在游戏中调动孩子的欢乐情绪，拓展他的想象空间，让孩子忘却别离的痛苦。体育活动对大一些的孩子来说更是受益无穷。

当然并不是所有离异的父母都能做到这些，有的是经济情况不佳，有的是个人修养不够，也有把孩子藏起来不让对方探视的，也有把孩子当做报复对方的工具的。总之，不管哪个国家，父母离异带给孩子的心灵创痛和阴影都是没有什么灵丹妙药能迅速完全医治的，甚至有些心理疾患是终生不能修复的。有专家提示说离异的父母不要老是争执，在对孩子的养育上意见统一、目标一致会把损失降到最低，问题是他们既然能做到意见统一，目标一致又何必离婚呢？

这里，不得不提及的是美国的自由所引发的难以治愈的顽疾：少女未婚早孕，个人拥有枪支，吸毒……对青少年的成长无不形成潜在威胁。美国《星岛日报》（2012 年 2 月 18 日）曾载：未婚生子已成美国社会常态。单亲家庭越来越多，婚姻已经成为奢侈品。据说，"原先只在贫困女性和少数族裔女性中普遍存在的未婚生子现象，现在已深深根植美国"。华盛顿调研组织"儿童趋势"（Child Trends）分析全国卫生统计数据中心 2009 年的数字发现，过去 20 年以来，该现象增长最快的群体当属二十几岁，接受过一些大学教育但没有取得本科学位的白人女性。报告发现，大约 73% 的非裔儿童出生时母亲未婚，相比之下拉丁裔为 53%，白人为 29%。目前只有一个群体坚持传统生育趋势，那就是从大学毕业的较高学历的女性，她们中有 92% 选择先结婚后生育。

几乎所有的新增非婚生儿童都来自同居家庭，但美国同居家庭解体的概率约为已婚家庭的两倍多。

这种趋势同父母离婚伤害儿童的成长并无区别。一直有研究指出，美国非婚生儿童面临较高的贫困、辍学、罹患心理疾病和行为疾患（吸毒、早期性行为、攻击性强）的风险。

美国总统奥巴马在他的自传中也说，核心家庭（包括父母与子女）已经到了崩溃的边缘。黑人妇女的结婚率从 20 世纪 50 年代的 62% 跌到了 36%，54% 的非裔儿童生活在单亲家庭，同等状况的白人儿童约占 23%。他痛心疾首地说："这些变化对孩子而言可不是什么好事。许多单亲妈妈——包括我的妈妈——为孩子所做的努力的确为人称道。然而，与单亲妈妈生活的孩子贫穷的几率是双亲子女的 5 倍。即便不考虑收入因素，单亲家庭的孩子也更可能辍学或成为未成年父母。有证据表明，和亲生父母生活的孩子要比在继父母家庭或同居家庭中生活的孩子表现得更加出色。"

但是，他又说："和大多数美国人一样，我认为性、婚姻、离婚和生育孩子等都是相当私人的问题，它们是我们个人自由体系的核心。如果这些个人决定给别人带来重大伤害，比如说虐待儿童、乱伦、重婚、家庭暴力、无法支付抚养金等，社会有义务干涉。除了这些，我并不希望看到总统、国会或者任何一个政府机构对美国人卧室里的行为发号施令。"因此，总的来说，他"并不赞同重树性道德观应该依靠政府的看法"（从根子上说，总统不愿意放弃这一颇大群体的选票）。这就难怪美国单亲家庭成倍地增长了。单亲家庭中成长的孩子最容易成为未成年父母（得不到关爱的少男少女更需要寻求情感慰藉），未成年父母当然又极易离散分手，又变成了单亲家庭……美国式自由引发的这种顽疾，实在是循环反复难以遏阻。

　　那么是不是说美国的社会就一团糟了呢？否。一是因美国社会是法治社会，不管是什么家庭，孩子们从小就从社会大环境中接受着法律意识的熏陶。尽管个别青少年打扮怪异、发型古怪，看上去放浪形骸，但他们的行为都在法律许可的范围内。二是有主流社会的引导。美国家庭收入达到中产阶级以上的婚姻比较巩固，很少有动不动闹离婚的现象。这些家庭是孩子们健康成长的基石。三是美国的小学教育不是单一重视文化课，同样也关注孩子的童心童趣和心理健康。四是美国的基督教、天主教等教会也承担着怜贫扶弱、爱心救助和启发孩童确立良善价值观的作用。五是美国人注重到心理医生处咨询。孩子一旦显露出压力胁迫的征兆，比如失眠、精力无法集中，在校惹麻烦等，那就会被认为有情绪上和健康上的困扰，一般会得到及时治疗。

　　另外，美国的孩子（即使是家庭结构稳定的）从小就有与家人分离和应对人事的锻炼。比如一个名叫维特儿的小孩，双亲白天都有工作，孩子上私立幼儿园。因父母上班时间早，每天早晨他都被托付给一户邻居。邻居家有人去学校时，便在9点前捎带他去。到傍晚这过程又重演一遍。这孩子从4岁开始就必须适应一个个不同的人和地方，必须花许多精力去应对人事。我的两个外孙，大的上小学一年级时，小的上幼儿园。所去的地方方向相反，女儿顾不上两个都送时，也常常托朋友捎带老大或老二。老大上幼儿园时，老二还小，女儿曾轮换请过好几位保姆。美国生活节奏快，孩子们也得应对分离和困扰，从一位照顾者手里再转到另一位手里。像成年人一样，孩子如果能承受这种压力，压力会变成动力。如果压力超出他们可承受的负荷，就会出现疲惫和紧张，甚至产生发呆和爱哭等毛病。家长可以及时到心理医生处检查孩子的压力积分，以确定是否有心理疾患。一般来说，从小经受了与家人离离合合的锻炼的孩子，心理承受能力会比一直由家人呵护的孩子强些。

当然，父母的分居或离婚带给孩子的伤害和过重的情感负担与以上所讲的离合不能等同。但多数美国人认为那是成长中的正常部分，他们不会为了孩子而迁就不满意的婚姻。

重组家庭中孩子的成长

///

孩子是独立的、应受到尊重的生命个体，他会由出自母胎的"生物我"转化为社会角色的组合而变成"社会我"，最终发展为"心理我"。教育观念和教育方法适当常常能使继父母和继子女情感融洽，互帮互助，取得双赢。

///

由于离婚率的飙升，出现了不少重新组合的家庭。有人说在重组家庭中如果男方没有孩子，女方带了孩子过来，这种亲子关系要简单得多，相对好处一些。事实远非如此。我曾亲眼所见，某中学一位戴过"右派"帽子的男老师，一直没有成过家，改革开放后随着政治气候的宽松有了成家的想法，经人介绍娶了一位已有身孕的女子。有人曾奚落他："时来了运来了，娶下老婆带了肚来了。"他大义凛然地说："同是天涯沦落人，何必计较许多！"那女子的前夫不知因何锒铛入狱，这老师大有怜惜落难母女之意，很是令人感动。谁知三五年后，随着自己的孩子的降生，这老师对那小女孩左看左不顺眼，右看右不顺眼，动不动与妻子吵嘴争斗。恰恰相反，同是在这所中学就职的某女老师，女儿5岁时被丈夫抛弃，找了一位管道工，这工人带着个5岁的儿子，为了婚姻关系牢固，他们俩又生了个女儿。按说这种关系比前者复杂许多，但一家五口却和和气气，夫妻相敬如宾。

如今，两个大孩子已经都大学毕业，有了工作，常常寄钱寄物问候父母和小妹妹……

人们说在重新组合的家庭中，如果男方没有孩子而女方带了孩子来，关系单纯，比较容易相处，意思无非是说男人整天在外面为生计奔波，眼界宽广，比较大度，不像女人整天围着锅台转，凡事较真又小心眼儿，好在孩子身上动心思。这是过去的传统观念，根本不能当成规律来看待。如今男女受同等的教育，同工同酬，都有各自的社会角色，视野宽了，心胸当然也开阔了。但是，怎样的重组家庭对孩子的成长有利，难道真没有规律可循吗？还是有的。做继父母的本身素质高，对孩子的健康成长就有利。尤其是担当了教育重任后，要有与时俱进的教育素质。

一般来说，父母的教育素质包括教育观念、教育方式和教育能力三大要素。具体可归纳为五点：

1. 现代教育观念。

2. 科学的教育方法。

3. 健康的心理。

4. 良好的生活方式。

5. 平等和谐的家庭氛围。

也许有人会说，关键还是继父母与继子女隔着血脉，看着孩子不亲，怎么能有耐心呢？

所谓"血脉"、"儿要自养，谷要自种"等都是陈旧的观念了。现代教育观念包括现代亲子观、现代儿童观、现代人才观等。现代亲子观与传统亲子观有很大的区别。过去父母将孩子看成自己的一部分，当成家族血脉的延续，希望孩子子承父业或者完成父母未实现的理想，所以从骨子里认定长辈至上，放不下家长的尊严，孩子必须听父母的话，做乖乖宝。现代的父母应怎样看待自己与孩子的关系呢？孩子是独立的、应受到尊重的生命个体，他会由出自母胎的"生物我"转化为社会角色的组合而变成"社会我"，最终发展为"心理我"。"心理我"就是孩子到了青年期，要开始建立属于自己的信念、理想与行为标准，从"社会我"的被动接受规则发展到具有概括性的行为标准和是非观念，从外表的标准发展到内省的控制，换句话说，人必须发展一套属于自己的准则，以便自如地进行自我评价。更具体地说，个人必须发展出自己的良知，不仅知道正确的行为途径，也促使自身做错事时会产生罪恶感。而父母在这一系列的转化中要充当良师益友，与孩子互相学习，共同成长。

现代教育观念是父母教育素质的核心，对家庭教育的目标、方向以及父母的教育行为起着制约和指导的作用，也是影响家庭教育质量的决定性因素，比如现代人才观，就是父母对人才价值的理解。如果你认为当医生能赚钱，强迫孩子去学医，而孩子的性格却是情绪化的，那就很不科学。选择最适合孩子兴趣和性格的专业才是成功的根本。人才价值并非只拿金钱一把尺子来衡量，而是要让人才的生命力彻底地释放，为社会和人类作出独创性贡献。

当然在重组家庭中，家长对孩子的培养目标要一致，批评或表扬，口径要统一。对待双方的孩子要公平公正，让他们都能体会到我是这个家庭的小主人。另外，孩子们生活在感觉的世界里，家长的言谈举止、一举一动都要让他感觉到关心和爱护。就前面所举的那位女教师与管道工人家庭教育成功的案例来说，首先女教师素质就高，她说："我既然悦纳丈夫，就要悦纳他的儿子。"那男孩初来到她身边时缺乏安全感，拘谨而没有笑容，她就引逗她的女儿和哥哥一起玩，买孩子的用品都一买两个，吃什么都各人一份儿。孩子们入学以后，她经常接送两个孩子，并出席家长会，关注两个孩子在校的表现。久而久之，那男孩就与她再没有距离……

　　平等不仅仅是指两个孩子的待遇要平等，孩子与家长的关系也要平等。没有平等，培养不出现代儿童；没有民主，建设不成和谐家庭。在美国更不乏这样的案例。来自中国的Y女士与国内的丈夫离婚多年，自己带着儿子。她因怕儿子受继父的冷遇一直不敢再婚。儿子即将进入青春期时，她在教会遇到一位退役军人，两人由相识到相知、相恋，后来就组成了家庭。按说进入青春反叛期的孩子与美国继父相处，难度是很大的。但是这两代人竟然处成了忘年交式的父子情。这就不能不提到前面所说的现代教育观念和科学的教育方法。人和人隔着血脉，性格肯定有差别。孩子小时候生长在中国，生父和母亲都是中国人，肯定也带着中国人的习惯，可美国继父完全能包容。现代教子观就是你要充当孩子的监护人，你就要承担教育责任。教育孩子首先要了解孩子，尊重孩子，允许孩子有个性，鼓励孩子质疑、探索和反省。尽管他们后来又有了女儿，但这位美国父亲一如既往地关爱儿子，邻居们常常看到他领着儿子练橄榄球，培养孩子的进攻意识和拼搏精神。不论在体育上还是在学习功课上，孩子每次取得好成绩时，他都会由衷地感叹："爸爸简直不能相信！我不配有这么好的儿子！"他曾因与前妻离婚而一度颓废潦倒，饮酒成瘾。自从重组家庭后，反而在 Y 女士与儿子的监督和鞭策下戒了酒。教育观念和教育方法适当常常能使继父母和继子女情感融洽，互帮互助，取得双赢。那孩子在上中学时就积极参与社团活动，后来上的是麻省理工学院，而且是全额奖学金。

中国的不少青少年缺乏个性，没有质疑、探索和反省精神，这与父母亲的教育素质有极大关系。我曾遇到一位放弃了对养子管教的母亲，她说："千万别抱别人的孩子来养，天性与咱们大不相同，说不到一块儿去。"我估计这母亲就是按传统观念教养孩子，不能包容孩子的质疑和发难，还是喜欢过去的乖乖宝模式。看来在重组家庭中要当好父母的角色，必须加强自身的修养，多读些现代教育学、心理学以及有关教养孩子的书籍。

微笑是永远的课题

"为你得到的感恩，不为没得到的抱怨"，能让孩子有这种心态，他在人际关系中才会表现出好的情绪和涵养。

微笑是永远的课题

——让孩子成为受欢迎的人

//

"为你得到的感恩，不为没得到的抱怨"，能让孩子有这种心态，他在人际关系中才会表现出好的情绪和涵养。

//

在美国看孩子，常去两个地方：一个是有秋千、滑梯等娱乐设施的游乐场；一个是有书看、有故事听的图书馆。接触了不少美国的孩子，对孩子们彼此间的交往观察得多了，我逐渐发现了一种令人担忧的现象：中国的孩子似乎不如美国的孩子会"来事儿"，得人缘儿。在游乐场，有孩子坐在秋千架上，正玩到兴头上，另外跑来几个孩子，看上去也想玩秋千。只见这几个孩子面带微笑，自觉在秋千架的后面排起了队，看架上的孩子玩。这时，会有家长过来劝架上的孩子下来，让别的小朋友玩。那架上的孩子往往也会让位，愉快地下来再玩别的。四五岁的孩子能这样平和处事真惹人喜爱。这种有礼有序的人际关系叫人由衷地舒服。那从秋千上下来的孩子玩什么呢？家长就陪她玩跷跷板儿。但家长重孩子轻，玩起来显然不协调。这时会有小朋友主动上来说："我来陪她玩，可以吗？"家长当然说"OK"了，于是两个孩子又其乐融融地玩了起来。在图书馆也常看到美国小朋友像小大人一般，面带微笑，见了人还"Hi"一声主动打个招呼。

　　我的小孙子一岁多，玩腻自己的玩具想抢人家的，被我们制止时，对方小朋友还会主动让出自己的玩具引导小弟弟玩。三四岁的孩子能这样礼让并关心弱小也叫人感动不已。

　　当然，我并不是说美国的孩子就都是这样（也有顽皮无礼讨人嫌的），也并不是说中国的孩子就都不会微笑，都不会礼让。我是从大体概率上来谈这件事情。咱们中国的孩子（尤其是祖父母辈带出来的）一般会缺乏安全感。他们不是贴在大人腿侧，就是藏在家长身后，想玩什么叫家长出面交涉，比较内敛和怯懦。个别胆子大的，则是进攻性比较强，总是抢别人手里的玩具，甚至推搡比自己年龄小的孩子，不遵守游戏规则。

　　其实，从孩子走出家门的那一天起，不管是领他到图书馆、游乐场，还是带他到公园或幼儿园，就已开始了他的人际交往。如果在与小朋友的相处中，孩子不是处于防备的心态就是处于攻击状态，怎么会有发自内心的微笑呢？其实，人际交往中的心态，人际关系中的互动和语言的表达，乃至肢体情感的配合等能力也需要从小培养。否则，长大以后恐怕就缺乏亲和力和感召力。

　　仔细想想，这种差异的形成有其社会背景的因素。在国内，常见家长们这样教唆孩子："别人不惹咱，咱也不惹人家。别人要招惹咱，咱决不能当软柿子让人捏。"甚至还说："别怕，捅下娄子爸妈给你兜着。"这种教育方法看起来是怕孩子出了门吃亏，其实是在孩子的人际交往中设置心理障碍。家长是一种与人对立的斗争心态，孩子步入社会的心理也绝不会平和到哪里去。

　　美国的主流社会信奉基督教。他们认为尘世的万物都是上帝所造，不管贫富，世上的人都是上帝的子民，都是兄弟姐妹。既是兄弟姐妹，就要相亲相爱，平等互助。他们尤其把宽和容众、关心弱小、热心公益事业视为美德。所以家长一般会把汽车不能停在残疾人的停车位上、野兔进了院子不可以打（保护动物）、雨后爬出蜗牛不可以踩死（维持生态）等法规性的东西告诉孩子。很多孩子从小就随妈妈去教堂做礼拜，成长在教会，从而慢慢养成了心态平和、关心弱小的习惯。

中国的一胎化，往往导致一个孩子六个人宠。爸妈自不必说，到了爷爷奶奶家，祖父母疼，到了姥姥姥爷家，外祖父母宠。尤其有的年轻父母以自己的父母"会亲"他的孩子为荣，说"我妈那亲孩子真是无比周到。娃爱吃鱼，每周买鱼。怕刺扎着，一根一根挑了自己嘴里抿过，再给娃吃。孩子上了幼儿园，还陪着去给擦屁股。上了初中每周去看，给孩子送零食、送饮料。娃娃需要什么，只要朝她哼吱一声，马上就给买来。"殊不知这样宠下的孩子必然是饥忍不得，苦受不得，多干不得，少睡不得，只能听奉承好话，不能听逆耳忠言；成人后一般有自恋的毛病，唯我独尊，总是琢磨别人对自己够不够关心，够不够体贴，别人的需要却不在其考虑的范围。在家里以自我为中心惯了，步入社会后自然特别容易失衡，当然也极容易受挫伤。这样的孩子总是处于郁闷的心态中，怎么会笑得出来呢？同时，由于他对别人的期望值很高，预期心理往往得不到满足，因而幸福感短暂，失落感长存。所以，与其说这是"会亲"还不如说是"会害"呢。

不管在什么时代，在哪个国家，无原则地惯孩子总是没有益处的。越是聪明的孩子，越不能无原则地迁就他。比如我的二外孙丁丁，在他转学之后（从加州迁到伊利诺伊州）有一次女儿领他去商店，他看到一双鞋，便念叨说："我加州的好朋友某某，有这样一双鞋，如果妈妈给我也买一双，我穿着它就不至于太想念某某了。"当时女儿想：一个七八岁的孩子离开自己的母校，离开熟悉的朋友，来到一个陌生的地方，也确实有情感上的不适应，就满足他的要求吧。不料，一会儿他又看好一只帽子，说这只帽子又像他某个好友的，买了这帽子他心情会更好受些。原来这小家伙是以此做筹码，满足自己的物质追求。女儿就严肃地告诉他说："生活中离离合合是常有的事，希望你能克制一下，在新的学校找到像某某一样的好朋友，这才是新的挑战呢。"让孩子失落一下，他就知道现实中并不是什么都能如愿以偿，向别人提要求也得把握个分寸。

谈到孩子的人际交往，美国的父母们特别看重在体育锻炼中塑造孩子的健全人格。他们认为参加体育活动不仅能强身健体，锻炼意志和耐力，而且也能培养人际交往中的公平、公正和乐观的良好心态，提高人际交往的能力。我女儿的两个儿子牛牛和丁丁从会走路开始就学习游泳，后来又报名参加速滑、滑雪、跆拳道、篮球等训练班。女儿说，她知道自家孩子个头不高，参加这些体育运动并不是想让他们成为哪个项目的明星，主要是体育比赛中的好多要素，能给孩子们人生启迪。比如比赛规则就让孩子懂得哪些是能做的，哪些是违规的，你必须掌握分寸，进退有度。再比如篮球比赛中的团队精神，你得到球必须传给投篮好的射手才能得分，如果想独领风骚便会满盘皆输。再比如好的机遇的把握、队友间的协作与默契、别人进了球你去拥抱一下以示鼓励，这些都属于人际交往的范畴。

另外，体育比赛的魅力还在于出人意料的变数。丁丁有一次在速滑中拿了第二名，原因是一个孩子摔倒了，后面的孩子碰上去摔成一堆。丁丁滑过去没有摔倒，反而被撞得转了向，他爸妈在场外喊："丁丁，转过来，朝前滑！"丁丁绕过倒地的人堆，向前滑去，结果得了第二名。这很意外，当领了银牌爸妈向他表示祝贺时，丁丁若无其事地说："得个第二名还是因为人家高手摔倒了。"言外之意，这没什么可喜可贺的。只见他跑到小朋友那儿，关切地问："怎么回事儿？伤了没有？"我们从这孩子得了银牌而心态平和上可以看出他在人际关系方面的成长。

参加体育锻炼会使孩子终生受益。小时候摸爬滚打惯了，长大了皮实，心胸开阔，与人为善。心态平和，发出的微笑亦是自然的、由衷的。我在美国工作的女儿、儿子、儿媳都有这样的体会：参加工作后，单位里的新同事们聊起来，一提某项体育运动，热衷者马上就喜形于色，下班后相邀了一起去玩。如果你什么都不会，与别人没有共同的话题就显得落寞和孤独。

"为你得到的感恩，不为没得到的抱怨"，能让孩子有这种心态，他在人际关系中才会表现出好的情绪和涵养。

谈到中美两国孩子在人际交往中的表现，有一件事令我女儿大为震撼。她说在一周的时间内刚接触了一位来自中国的孩子，又意外与一位美国孩子有过交往，两相比较，更希望自己的孩子成为后者。前一位功课很好，脑子也绝顶聪明。一天小学生放假，他爸妈都上班，委托我女儿带了这孩子一天。女儿领着他和牛牛、丁丁去参加了一个孩子们的集体活动。这孩子一眼就看中屋子里的一把很特别的椅子，坐上去再不让别的孩子靠近。玩到忘情时，他离开椅子去参加别的游戏。一旦意识到有人将要坐那把椅子，他就又火速跑过去占住它。有一个孩子嘟囔着想坐，他不仅不让，还连讥带讽地嘲笑那孩子……女儿看到这情况心里很不舒服，说了他几句，他还很不高兴。当他妈妈来接他回家时，女儿又如实地把情景复述了一次，那妈妈竟不以为意。几天后，女儿又带着牛牛、丁丁去看牙医，一位差不多同样大的小男孩的举动却令她感动不已。牙医在内室给丁丁看牙，女儿陪伴着。牛牛在外间等候。外间一个容器里放着送给孩子的各种小玩具，每个孩子可任选一件。牛牛取了个小塑料球玩。玩了一会，他丢下玩具跑进去看弟弟，再出去时，见一个新到的美国孩子拿着球。他就进内室拉妈妈的衣襟说他的玩具被另一个孩子拿走了。女儿对牛牛说："你确定那是你的，那你就对那个孩子说明。"牛牛不敢大声讨要，但有妈妈在旁壮胆，还是说了句："那是我的！"那孩子一听，说："啊，你想玩？"就把手中的球给了牛牛。过了一会儿，牛牛发现自己的那个球在沙发下面，原来是认错了，就不好意思地把那美国孩子的球还给他。那孩子竟微笑着说："哦，对不起，我把你搞糊涂了。"看那男孩小绅士一般态度平和，笑容可掬，对牛牛表现出的是一脸的友善和真诚。我女儿当时既为此感到震惊又深感自惭。当她看到那孩子的妈妈时，就忙向人家讨教是怎样教育孩子的，那妈妈谦和地笑笑说："我们只是想让他成为一个受欢迎的人。"这个目标听起来简单，实际做起来并不容易。

有时生活中的突发事故，对孩子和家长也是考验。有一天中午，女儿正在家中炒菜，丁丁跑进来说："迈克玩滑板摔倒了，胳膊受了伤。可他的父母出了远门儿。"女儿急忙关了火随儿子出去，只见几个孩子正围着迈克一筹莫展。迈克脸色苍白，疼得鼻尖上直渗冷汗，用一只手护着受了伤的胳膊，一动不动。女儿摸了摸迈克的头说："迈克，疼你就喊出来，这事发生在任何人身上都会喊的。"看情况不妙，我女儿第一反应就是想去医院给他看急诊。她猜想迈克的父母一定给孩子买了医疗保险，最好还能有一位迈克的亲属作为监护人来陪同。女儿问迈克家中还有谁在，迈克说姥姥在。到了迈克家，与迈克的姥姥商量此事，可老太太是波兰人，对英语半通不通。好不容易问清迈克父母的电话，两人又都在外地的学术交流大会上，手机没开。让迈克的姥姥找迈克的医疗保险资料，老太太哆哆嗦嗦找不到。无奈之下我女儿只好带了姥姥、迈克、丁丁赶往医院，说好话求院方通融。我女儿说她生平从来没有那样狼狈，当时正身怀六甲，和10岁的丁丁扶着9岁的迈克，还得不时安慰一下迈克年迈的姥姥。他们一行临产的、老的、小的、伤的，不断招来好奇的目光。还好，总算没有耽搁太久，迈克摔折的胳膊做了复位固定，得到了及时的救治。

在这件事情上，丁丁跑前跑后如小大人一般。这之后不仅他与迈克结成了亲兄弟一般的情谊（两个孩子经常在对方家里过夜），连两家大人也交往更深，而且，丁丁在小朋友中更有凝聚力和感召力了。

写到这里，我想卖个关子请读者猜猜：这摔断胳膊的迈克痊愈后还玩不玩滑板？照玩不误！他爸妈回来后不仅没有责备他，反而说："你很坚强，表现不错，我们为你骄傲。"他爸爸说："爸爸小时候也摔折过胳膊。"他妈妈说："你舅舅摔折过三次呢！"他们的理念是爱惜生命就要彰显生命的方方面面，挑战极限；经历就是知识，经历方显成长，丰富的人生经历才能体现生命的灿烂。

体育锻炼确实能使孩子皮实坚强。迈克从始至终没有流一滴眼泪。我女儿说她一再让迈克喊出来，想哭就哭。孩子只是自言自语说："糟糕，一定是摔断了。"迈克的表现同样也在小伙伴中赢得了威信。

咱们家乡老百姓常说的一句话叫"三岁看大，七岁看老"，这句话不无道理。像迈克这样刚强的孩子，长大可以上西点军校。当然，他各方面都很优秀，将来有广阔的发展空间。我想一个人人格魅力的形成不是三天两个月可以速成的，儿童时期的家庭教养至关重要。

保持愉快是一种生存能力

///

我的孩子不一定要万众瞩目，也不一定要成为世界首富，但他一定要快乐。希望他不管身处顺境还是逆境，都有保持快乐的能力和智慧。

///

能否保持好心情，对一个人的学习、工作至关重要。心情好了，学起来轻松，工作起来愉快，周围关系也和谐，效率就高，成功率也大。心烦意乱，往往把能做好的事情也弄得一团糟，甚至干脆甩手不干，就谈不上成功率了。尤其是做父母的，你的心情总是处于急躁或抑郁的状态，必然要影响到孩子。其实，调节自己的心态，培养孩子保持愉快的能力，既是一种修养，也是一种明哲人的智慧。

在加州大学的家属院带外孙时，曾遇到不少美国父母，他们问孩子话时，总是以极夸张的姿态表示欣赏和赞同："噢，你看上去很愉快。赢球了吗？""你感觉怎么样？妈咪觉得你今天的琴弹得棒极了！"也曾遇到过个别中国母亲，她们问孩子的话，还没有改掉审视和逼问的口气："完成作业了没有？为什么这么晚了才回家？和谁玩了，男生还是女生？"给兴冲冲回家的孩子当头浇上一盆冷水。做妈妈的为什么不能平平和和地听听孩子干了些什么，体味一下孩子的童心，沉浸在他们无忧无虑的精神世界中，与孩子同乐呢？

两相对比，我才发觉自己在这方面亦有很多该检讨的地方，比如对儿子小帆，总嫌他上进心不强，考了80多分，我会说："人家某某考99还为那丢掉的一分哭呢！"小帆说话幽默，富于哲理，我则批评他："不会做桌子，只会对缝子。"好像总想弄得孩子不愉快似的。说到底这还是"望子成龙"的心理在作怪。因为对孩子期望值太高，中国的父母们无时无刻不在担心孩子荒废了学业。往往分不清自己的急躁和关心之间的界限（急躁仅仅是自己的一种心理状态，并不等于是有效的关心），而常常使两代人的沟通形成障碍。父母的这种急躁和担心对孩子只会起负面效应，心平气和地沟通才会达到正面效果。

一位英国母亲的话对我很有启发，她说："我的孩子不一定要万众瞩目，也不一定要成为世界首富，但他一定要快乐。希望他不管身处顺境还是逆境，都有保持快乐的能力和智慧。"天才神童们固然有常人享受不到的光芒，但美丽光环背后还有不为人知的痛苦。一项令人忧伤的研究表明，天才儿童一般要经历至少4到6年的孤独期，高级天才要经历20年的孤独期。一是因为天才很难找到志趣相同的伙伴，二是因为天才缺乏对别人的耐心和容忍。这样在孤独中长大的孤独者往往定型为偏执和畸形的人格品质。性格的缺陷也会影响他们成人之后的发展。国内改革开放之初的少年大学生，如今发展的不尽如人意，便是证明。那么，孩子的快乐和孩子的"成功"到底哪一个更重要呢？没有快乐或不懂得快乐的成功，到底算不算成功呢？这都值得我们深思。我想，我宁愿自己的孩子做一个普普通通的懂得快乐的人。或许这更能使两代人和睦、幸福和成功。什么叫成功？自己对自己的作为满意，社会也认同，这就叫成功。

据统计，中国的所谓成功人士，大企业家、银行家、歌星、体坛明星等拿了博士学位的为数寥寥。他们之所以成功，正在于他们找到自己人生的兴趣后大胆开掘，自信、自强而乐此不疲。所以说孩子们保持快乐的智慧和能力远比其考试得第一名、考级过了多少级更有意义。

近日听说某大商厦老总的女儿在北京的一著名高校就读，因不堪沉重的课业压力，惧怕将来不能像父亲一样辉煌，选择了跳楼结束生命。在中国，大学生选择自戕轻生的事情随处可闻。人常说大学生风华正茂、朝气蓬勃，是天之骄子，可他们却往往缺乏调整自己的心态，使自己快乐起来的能力。

在美国，让孩子心情愉快是最要紧的事，考试成绩和功名成就往往搁在其后。首先，做父母的要愉快地享受亲子互动过程。孩子的好奇心理、探索精神、天真无邪、坦率真诚、热爱自然，是我们成人社会的一面镜子。每个孩子都可以被视为未被开掘的宝藏，父母的任务就是扩大孩子的发展空间，做一个优秀的掘宝人。孩子演算习题慢，你别草率断言他脑子慢，推理能力不是他的强项，也许他记日记写文章行，那就开发他的感悟能力；画图画、听音乐缺乏想象力，恰恰可能在体育运动上有天赋；体育方面不爱打球，或许会偏爱游泳、溜冰呢……教育是什么，教育就是开发孩子潜在能量的过程。中国父母和美国父母所不同的是，往往把这一过程当做沉重的负担和难以推卸的责任，而不是轻松愉快地享受其过程。

　　说到此，我想起在第十五届多哈亚运会上夺冠的 20 岁小将丁俊晖。他从小性格内向、好强，是个外柔内刚的孩子，非常喜好玩台球，够不到台球案，爸妈就让他踩着小凳子玩。父母发现他在这方面有兴趣、有潜力，就带着他寻高手拜师学艺，最终成为世界级的斯诺克名将。丁俊晖感激地把 2006 年亚运会上取得的三枚金牌都献给了母亲。母亲则骄傲地向电视观众宣布她儿子已被上海交大录取为大学生。如果在孩童时代父母压抑了他的这种爱好，强迫他学习功课，就不会有今日了。

　　中国的父母之所以不能把养育孩子当做享受，还在于功利心重，像搞投资一样，想在将来捞回更大的回报，也就是中国传统观念中所说的"养儿防老，养女防后"，这就难免患得患失。尤其是在独生子女政策的背景下，父母把希望都寄托在一个孩子身上，对孩子形成很大的压力。

　　还有的父母本身很平庸，却拒绝平庸。他们总是说：我们要不是遇上"三年困难时期"，我们如果不是赶上"文化大革命"，我早是大学生，或者在某某研究单位做研究员了。一心想让孩子圆自己未圆的梦，这是种不尊重生命个体，不尊重孩子人权的做法。再说了，即便"三年困难时期"挨了饿，"文化大革命"中荒废了学业，改革开放已经三四十年了，天时地利人和都有，你为什么自己不能圆自己的梦，要把难题留给孩子呢？不要把责任全推给客观条件，要承认人与人之间的个体差异，愉快地接受自己，愉快地接受你的孩子。

能够接受平庸也是种哲人式的明智选择。我妹夫有个妹妹，自己没多少文化，人却非常聪明。她从来不给子女们设定太高的标准。孩子们上学时，她总是这样宽慰他们："爸妈是普通人，不可能生养下上清华、北大的尖子生，那是独木桥，不好过。普通大学数不胜数，就是咱普通人选择的对象。"结果她的大儿子连普通大学也没有考上，她又说："你比爸妈强多了，还上了高中。上大学的就业机会比博士多，高中毕业的就业机会比大学还多呢。当裁缝、当厨师、当司机，世上赚钱的路子多着呢。"父母给儿子营造了和谐愉快的发展空间，她的大儿子选择了做蛋糕的行当。由于经营得法，这孩子在县城开了几家连锁店，买了房，也买了车，日子过得既滋润又红火。这位母亲说："人比人，气死人。要是与那考上名牌大学的较劲儿，懊丧的理由有的是，痛苦的机会多的是，咱为什么自己要与自己过不去呢？人家坐轿咱骑驴，路上还有步行的人呢。"

事实上无论你多么平庸，社会上总有比你更平庸的人，退一步海阔天空。要偷着乐，机会也有的是。

调整心态，也得有学养、有智慧。我遇到的一对夫妻，是通过跨国婚姻组成了家庭，中国女孩嫁了一位美国青年。夫妻俩都是博士生，特别喜欢孩子。结婚两年一直没有怀孕，到医院一查，女方子宫畸形。按说，女方有问题使男方无法拥有后代，应该是那公婆不高兴吧？可不，恰恰是女方的爸妈像遭到了灭顶之灾，焦虑不已。他们今天打电话叫女儿回国复查，明天打电话劝女儿回国做手术，搅得那闺女不得安生。倒是那美国的公婆安慰媳妇道："这也许正是上帝的美意呢。第一，你们的学业还未完成，不必为生孩子耽误功课；第二，不必受怀胎之累、生育之苦；第三，托你爸妈从中国抱养一个，咱要男要女、要胖要高都能自己选择。"在美国待久了，我发现美国人最不喜欢的就是自己折磨自己，自己和自己过不去。遇到突发事件，他们常常归之于上帝的考验，从而排解了心头不快，然后想出补救的法子来。大家都能保持心境平和，让自己愉快起来，这也是种生存能力。

一个乐观的人、心胸开阔的人，无论遇到什么灾难、置身于什么环境，总会找出高兴的理由。由这样的人组成的家庭必然是阳光灿烂、风调雨顺，这样的家庭中成长起来的孩子性格也特别坚韧。在《微笑是永远的课题》一文中，我曾提到一个玩滑板摔折胳膊的美国小孩迈克。这个 9 岁的孩子遭遇了父母在外地开会、自己摔折胳膊的意外，但却咬着嘴唇没掉一滴眼泪、没叫一声疼，终于依靠小朋友和邻居的帮助得到及时的救治。起初，我女儿很为迈克的坚强而惊奇。后来，当他爸妈回来后，看到一家人满怀庆幸的乐观态度，才知道迈克坚强的原因。他母亲说："迈克，你多幸运啊！有奥斯丁和他妈妈及时帮忙，在第一时间就得到急救复位。而且你很勇敢，积极配合了医生的治疗，这是多棒的体验！"他父亲则说："爸爸小时候也摔折过胳膊，这正是人们生活中的一部分。值得高兴的是你摔的是胳膊而不是腿，仍然可以坐校车，爸妈不必专车接送；胳膊还是左胳膊，不影响你写字做题……"言外之意是迈克摔得巧，摔得妙，摔得恰到好处。他母亲还笑着说："你舅舅摔折过三回呢！没留下任何残疾。唯一的后遗症就是越来越皮实、顽强！"看他们一家人谈笑风生、欢天喜地的样子，倒仿佛遇到了什么意外的惊喜。这便是迈克发生意外时处变不惊、没有哭天抹泪的原因。

灾难能摧毁一个人，也能成就一个人。"因玩滑板摔折胳膊，多不值当，再别玩了！"有的妈妈会这样说。而迈克的父母却鼓励他继续坚持自己喜欢的运动。迈克伤好后照滑不误。这种不言放弃、向困难挑战的勇气正是迈克父母的言传身教中开出的精神之花。

2012年，华裔美国人林书豪以一种狂飙式的气势轰动了世界体坛。在两位主力缺席的情况下，他率领纽约尼克斯队过关斩将，出人意料地一周内取得五连胜、十天内取得七连胜，为群星灿烂的NBA历史再谱新篇。前五场首发的比赛中林书豪稳取136分，超过了美国著名篮球飞人迈克·乔丹保持的纪录；尤其是2月14日对阵多伦多猛龙队时，在最后的0.5秒内以三分球入筐，创造了历史上华人球员的第一次绝杀（这是姚明征战沙场多年未能实现的梦想），引发全场雷鸣般的掌声。因为林书豪，美国各大报纸、官网首页异彩纷呈；因为林书豪，一度疏远了NBA赛场的电视观众又回到电视机前。此时此刻，谁还能再怀疑林书豪这颗新星的实力和魅力呢？林书豪对媒体说："在我成长的过程中，我妈妈的一些朋友会告诉她说，让我打篮球是浪费时间。她受到批评，但是还让我打，因为她看到我打篮球时很快乐，她希望我快乐。"因此，快乐地应对一切挑战成了林书豪生活的常态。

须知在去年的选秀会上他还屡遭冷落。虽然勇士队与他签了两年的合约，但其中第二年还不是全额保障。在本赛季前的训练营才开始两天，林书豪正豪情满怀地投入训练时，由于勇士队要清出薪资空间竞标中锋乔丹（DeAndre Jordan），又决定放弃林书豪。

火箭队在让渡名单上"捡"来林书豪，林书豪以为他会在姚明曾效过力、拥有广大华人市场的球队找到机会，但火箭队为了清出名单空间，签下明星中锋戴伦伯特（Samuel Dalembert），他们必须在阵中过多的四名控卫中放弃一名。其他三位都比林书豪名气大，书豪又成为"合理"的放弃对象了。

这里不能不提及的是亚裔面孔不被 NBA 看重是不争的事实。然而林书豪没有气馁。除了家庭的影响外，一位大学时的非裔教练的教诲对他影响也极深。那教练说自己也受到过歧视，要把不良情绪转化成动力，而不是愤怒。从此，他更认定了自己的生活态度。他说："我的目标是快乐生活，拓展机会，追逐梦想，发展自己最热爱的兴趣。"在他率领尼克斯队一路顺风、连胜三场时，有人说："下一战（2 月 10 日）迎战名将布莱恩特领军的湖人队，挑战才正式开始。"因为前三场中有两场爵士队与魔术队的防守有缺陷，让尼克斯队钻了空子。人们对小将林书豪与尼克斯能否战胜湖人打上了问号。当记者采访林书豪问他有无压力时，林书豪说："我每次上场都全神贯注，不会去想那些外在压力。"当他们问他没有安东尼和斯塔德迈尔助阵（两队友受伤缺席），胜算有多大时，他说："没有他俩，每个上场的队员会更加努力。"

　　乐观地应战，全神贯注于自己的事情，林书豪赢就赢在永不气馁的良好心态上。主帅的良好心态必然感染全队队友，人人释放出超常的能量，怎能不胜呢？

　　在这一点上我们应该向美国父母们学习。中国的父母们在不经意间就将"烦躁"和"抱怨"塞给了孩子。真是烦你没商量。比如看到孩子玩得忘乎所以时，妈妈们会说："瞧你疯的！玩，玩，就知道贪玩！"母子看电视，孩子为电视中的超级少年鼓掌时，妈妈会说："哼，没心没肺，瞧瞧人家，再瞧瞧你自己！"假若林书豪也遇到这样的母亲，他又怎么会"快乐生活，拓展机会"呢？遇到突发事件，有的母亲更是出言不逊、口没遮拦。去年秋天，在某生活区一商场外遇到的一件事一直让我难以释怀。那是位肩扛面袋的母亲，一手还拖着个四五岁的男孩。这时天公不作美，下起了小雨。这位母亲就将一系列责难朝孩子发泄开来："快走！快走！叫你在家里待着，你偏不！瞧瞧这磨磨蹭蹭，是不是累赘……"直到将孩子骂哭了她还不罢休："哭！哭！祈雨呢？雨再大些，淋成落汤鸡你就如意了……"我当时就想：这本来是鼓励孩子勇敢地迎接风雨考验、母子共渡难关的极好情境啊。为什么要搞得既狼狈又凄惶呢？不就是个小雨吗？

　　如何调节自己的心态，如何培养孩子保持愉快的能力，确实应该成为中国父母们必修的课程。

鼓励孩子的自助行为

//

　　美国的父母们认为：孩子的自主意识和社会责任感也得靠平日的训练和培养，这种能力不是靠父母的金钱能买到的，也不是课堂上能获取的。

//

　　2000年的万圣节前，有两个10岁大的孩子到我家中推销巧克力糖。在万圣节那天，美国孩子们会穿上奇装异服，到各家去讨要糖果，所以各家各户在此之前必须有充足的准备。由于语言障碍，我听不懂他们说的是什么意思，就一口回绝了。这时，女儿听到孩子们的说话声，从里屋走出来说："再买两份吧，应该支持孩子们的自助活动。"原来这两个孩子为商家推销糖果是为了赚班费。孩子们收了钱，在登记表上认真做了记录，道谢后就转到邻居家推销去了。

　　美国的家长们往往是这样：舍得花大价钱让孩子参加小铁人三项赛，舍得花钱让孩子们游迪斯尼乐园，舍得花钱买昂贵的玩具。但诸如交班费、公益捐赠，或者孩子们自己提出要参加某一夏令营活动时，父母常常建议他们经济自助，靠推销些小商品或打工积攒自己所需要的经费。

　　有个叫迈克的孩子，想参加暑期的夏令营活动，他爸爸就建议他想法儿自己赚钱，实现梦想。这孩子曾到面包店问过，看店主需不需要他帮忙推销面包。人家取笑他说："等你几时能一口气吃下三个大面包，就聘任你！"因为迈克才 12 岁，个子又不算高大，所以他有点儿泄气。他爸爸就鼓励他说："你可以打电话问问附近邻居哪家需要手工洗地毯，爸爸帮你开车去拉回家洗。只要你能联系成这笔交易，就算你成功！"

于是，迈克尽量克服自己奶声奶气的不成熟的声调，尽量使自己的声音表现出诚恳、有亲和力，他一连打了 20 多个电话，才终于联系下一家主顾。这时，在清洁公司工作过的爸爸就急忙帮迈克拉回了地毯，购置了清洗用具，认真清洗并晾干后，再给主顾送回去。有了这第一次的成功，就有了接踵而来的业务。人们口口相传，口口称颂，迈克在爸爸的帮助下还真赚够了自己参加夏令营活动的钱。

当然，美国的父母们看重的绝不是孩子拿到手的这一丁点儿劳务费。他们这样做的目的旨在培养孩子的自主意识和责任心。因为孩子步入社会、取得处世经验是个循序渐进的漫长过程，而不是长到 18 岁时，突然将他推向社会，说："好了，你长大了，自立去吧。"孩子的自主意识和社会责任感也得靠平日的训练和培养。这种能力不是靠父母的金钱能买到的，也不是课堂上能获取的。

让孩子直面生活的真相

让孩子直面生活的真相，是通过不公平的待遇给他阅历，给他历练，使他坚强，让他掌握一种泰然的处世之道，而不是叫他逃避现实或止步不前。

社会上的不正之风常常侵蚀到我们的校园。前几年考大学前省级重点中学常有保送名额，然而在一些地方，捷足先登者往往不是班内德、智、体最优秀的学生，而是个别领导干部的子弟。这种做法，伤害的不仅仅是班主任和学校领导形象，还有莘莘学子对社会风气和官员品德的评价。我也曾经为此愤愤不平。后来接触到一位品学兼优的农民子弟，让我改变了自己的心态。他是班上的优秀学生干部，班主任曾许诺只要有保送名额，就非他莫属。结果在美梦成真的关键时刻，名额却被旁人顶替。这孩子不仅没有怨天尤人，更没有放弃奋发努力，后来反而考上了更好的大学。他怎么能做到心态平和，处变不惊呢？据说他的日记本中记着妈妈的教导："人家有权犯错误，我们不要因为别人的错误而耽误了自己。"这位农村妇女质朴的教子箴言让我自愧弗如，感慨万千。

如何让孩子直面生活的真相，这也是一门功课。国内许多父母为了让孩子更轻松、更快乐地度过童年，往往隐藏了生活的真实，这对孩子心理的健康成长并没有好处。生活本来就不公平，我们必须让孩子懂得与别人的错误一起生活是生活的一部分。对于爱参加体育运动的孩子，美国的家长事前就告诉孩子，运动场上会出现碰撞和不公平。比如竞技场上裁判常常有误判的时候，你若因他的误判而与他争辩，或者耿耿于怀，不仅于事无补，反而更加吸引他的眼球，你得到的只会是黄牌甚至红牌。你的体育教练认为你跑得不好，叫你再跑五圈时，即使你知道他不对，你也得跑完这五圈，因为这时的辩解可能会使你跑更多的圈数。如果一位权威人士举止不合情理，你没有责任宽容他或按他的意志办事；但如果他是你的教练、上司、官员或老师，那就闭上你的嘴巴，支持他这个命令的实施。记住，这是他的管辖领地。如果我们因为权威的错误在一时的愤怒中放弃工作或学习，那么就会影响到全局或未来。教孩子弄清什么时候可以发表自己的不同意见，什么时候自己的不同意见会被重视，这也是让他终生受益的处世之道。

另外，关键时刻不钻牛角尖，能宽容能忍让，这也是一种很好的心理素质。我曾听说过这样一件事，某县的职业学校在城区之外，那里的教职员工的孩子到城里去上学要乘专线接送的汽车。本来车上的座位绰绰有余，孩子们上车后从前往后按次序就座，不会发生争执。但其中一个孩子要逞霸道，不管他先上车后上车，总要坐第一个靠窗户的位子。当这个"小霸王"抢占甲的位子时，两人打了一架，甲不仅没有护住自己的位子，还被扯破了衣服。甲的妈妈就教甲说："大马路上还找不到个车辙印子？

瞅住他做错事时，报告老师，让老师好好收拾收拾他。"老师批评了"小霸王"后，虽替甲出了气，但两个孩子结怨更深，彼此间依然摩擦不断。美国的校车上也出现过"小霸王"抢占位子的情形，那受了委屈的孩子虽让了位子却于心不甘，回去也对妈妈抱怨。美国妈妈就开导儿子说："假如你遇到个病人，他非要坐你这个位子不可，你让不让他呢？"孩子说："让。"妈妈就说："你这同学正是有一种偏执的毛病，咱让了他不就结了？咱没病的人和他有病的人计较什么呢？"我听了这件事很佩服这位美国妈妈。

做父母的一听自己的孩子吃了亏，心疼和爱惜之情油然而生，但同时也容易激发出报复心理。比如："你个子比他还高，就不能教训教训他？""打不过他不会告诉老师？"须知针锋相对只会离和谐越来越远。还有的父母会说："惹不起你还躲不起？不看人家爸爸是当什么官的？"这种说教虽然面对现实，但也不好，会让孩子滋生自卑心理。那位美国妈妈聪明就聪明在让孩子居高临下审视别人的毛病，使孩子忍让得很有自尊。

这种宽容和忍让须经过长久的历练和培养。小时候养成唯我独尊的脾性，大了就会自食其果。在美国，我曾遇到一位北大高才生，毕业后到美国读博，结果与导师处不来，中途辍学。在美十年，高不成低不就，一直处境尴尬。美国的研究生和导师之间，也存在某种不公平。学生的研究成果，学生的科技论文，都要署老师的名，而且有的导师还要当第一作者。然而这是约定俗成的游戏规则，研究生的助学金是老师申请来发放的（很多研究生们私下称导师为"老板"），取得学位后找工作，也离不开导师的推荐信。处于弱势的学生只能无条件遵循。对于不可逆转的现实，既不抱怨，更不气馁、放弃，这是一种聪明和智慧，也是明智的选择。

当然，我们让孩子知道生活并不公平，让他直面这种现实，并不是叫他做唯唯诺诺、没有主见的人。正如前面所讲的那位不争保送名额而凭自己的努力考上好大学的同学，长辈可以从另一个角度去激发孩子的上进心。上苍对每个人都是公平的。"小霸王"得到了好座位，却失掉了友爱和人心。美国人中曾流传这样的谚语："上帝在对你关闭了大门时，他必然会为你打开某一扇窗。""肤浅的人相信运气，坚强的人相信因果"，任何事都是有得有失，祸福相生。让孩子直面生活的真相，是通过不公平的待遇给他阅历，给他历练，使他坚强，让他掌握一种泰然的处世之道，而不是叫他逃避现实或止步不前。

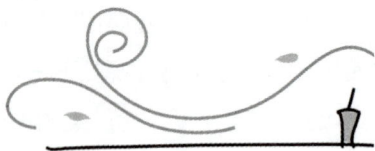

当代孩子的富贵病

中国人珍爱生命，是呵护它，保养它，不让风吹雨打，避免危难环境，追求安逸舒适、延年益寿。美国人珍爱生命是要在有限的人生中扩展生命的张力，尽早地体验生命个体所能达到的极限。

年轻时常听老人们说的一句话是"富不过三代"，当时不明白其中的含义，如今自己也进入了姥姥辈，亲眼目睹了个别家族的由盛到衰，才知道这句话确系警世箴言。大富大贵的家庭环境对下一代子弟确有一种无形的自毁力量。富贵使孩子们衣来伸手，饭来张口，食有肉，出有车。骄奢安逸必然消解其自己动手的能力、公平竞争的能力以及为生存而打拼的能力。如果家长再宠惯有加，或者孩子沾染了坏毛病（诸如吸毒、赌博、涉足成人娱乐场所），大把大把地抛洒银子，可不就"富不过三代"了？

改革开放之后，中国经济出现前所未有的繁荣，不少家庭富起来了，家长们普遍有种穷而乍富的心理：咱小时候吃尽了苦，受尽了屈辱，这种悲剧决不能在孩子们身上重演！还有的人更狂：我非把我的女儿培养成公主不可，让她从小就有种贵族气质，走到华尔街也不被人小瞧。于是，孩子们的富贵病也应运而生。其主要表现形式如下：1. 在吃东西上挑剔，不是偏食就是没有任何胃口。2.懒散，课余时间除了看电视、上网、玩台球，很少参加力所能及的体力劳动和社会活动。3.爱攀比，比谁的身上名牌多，比谁的父母官儿大，比谁出手大方，比谁在异性面前更吸引眼球。4.脆弱，遇到困难和挫折就哭鼻子，向父母讨要应对良策。5.缺乏耐性，大事干不来，小事不屑做；调换工作最勤，却好歹找不到自己乐意干的。6.对别人不宽容，没有合作意识和团队精神……

这富贵病中最让父母头疼的是孩子吃东西挑剔。我常常听见年轻的父母们在一起议论，有的说："我家那小子，见了饭食就皱眉头，就爱喝个果汁、可乐，瘦成了豆芽菜，真拿他没办法。"有的说："我家那闺女才11岁，却是咱成年人的体重。不吃蔬菜，就爱吃长肥膘的汉堡包、炸薯条等洋垃圾食品！"年轻父母们的这种抱怨很难引起我的同情。我常想：都是富足惹的祸！记得我们小时候，也有不爱吃的东西。比如我曾讨厌胡萝卜那种味道，可是遇上"三年困难时期"，举国上下一片饥馑，与草根、树叶相比，胡萝卜都成了美味，哪儿还有不爱吃的东西呢？所以我说：还是不饿！好好饿他几顿，没有咽不下的东西！

有人说这样讲太偏激，难道要让我们退回到"旧社会"吗？可是，孩子挑食（或没胃口）确实是家庭富足所致。肚子里有油水，当然就不饿。要让孩子们肚子空空也不难，可以带他多参加户外活动呀。比如到社区游乐场爬滑梯、爬绳梯、练攀援、荡秋千、打羽毛球、跳蹦床等。这样既锻炼了身体，又能增进他的食欲。

　　说到偏食，要养成好习惯必须从婴幼儿时期抓起。孩子在刚断奶时，其味蕾和大脑神经细胞的连接链上并没有形成爱吃什么、不爱吃什么的固定联系。这时就要让他吃杂食。比如美国超市有婴儿食品专柜。小瓶的香蕉泥、苹果泥、胡萝卜泥、菜花泥等都可以选择，买回去后可以交替给孩子吃。我在美国带外孙和孙子，从他们断奶后就喂他们这些东西。其中西兰花泥、胡萝卜泥味道特别，连大人都感觉不好吃，可孩子照样吃。他从小接触的味道越多，就越容易形成"兼收并蓄"的习惯。孩子若在某一顿饭胃口不好，要寻找原因，看看是否病了，还是因为运动量不够而不饿，不要马上就断定他不爱吃。大人嘴里老念叨说他不爱吃芹菜，就会给孩子一个心理暗示，让他记死了"我不爱吃芹菜"的概念。这或许会弄成心理障碍，使他一生都对芹菜望而生厌。

　　另外，养成一日三餐依时按候的进食习惯也很重要。有的妈妈自己玩得上了瘾，下午两三点才做午饭。孩子这一顿饿极了，猛吃猛撑，下一顿可能就胃口不好了。还有的是问孩子中午吃米还是吃面，这也不太好。孩子又不懂营养搭配。假若孩子偏爱米饭，难道就顿顿吃米吗？与孩子相处也要讲究技巧。对于不爱吃菜的孩子，你可以在主食上简单些，将菜弄得花样多些，然后自己做出吃得非常香的样子，不经意地问他："多盛些烩菜还是多拨些炒菜？"这样，不管他选择什么，吃到肚里的都是菜。

　　这里要特别提醒家长，千万不敢由着孩子的性子喝果汁、可乐等饮料。甜的酸的损害牙齿不说，对果汁等饮料形成依赖后，总是有饱的感觉（任何饮料中都免不了添加剂，分解出的气体容易胀肚子），就不想吃饭了。

谈了吃喝，再谈谈孩子能力的培养。国内的家长们对孩子能力的认识往往有个误区。你一问他的孩子有什么本领，很多父母都会夸孩子如何如何聪明，能识多少字，会背多少诗，玩起电子游戏来能积多少分。可是，假若你问到孩子的自理能力、动手能力时，不少父母就语塞了。殊不知，孩子的能力可不仅仅是指智力呀！

我认识的一对家长就是这样。夫妻俩总夸他们的女儿如何聪明、如何乖巧。可是，都 7 岁的孩子了，却被娇惯得弱不禁风。走路怕累着，吃饭怕噎着。她要画画，有人给拿纸拿笔；她要刷牙，有人给倒水挤牙膏。大便拉完了小屁股一撅，喊人擦屁股。真正一副"小公主"的派头。对大人依赖性这么强，再聪明乖巧，也是畸形发展啊！

其实，这能力那能力，最要紧、最本质的还是生存能力。而懒散就是健康生存、快速发展的大敌。孩子的天性是好动的，聪明的家长引导得法，让孩子的"好动"有了明确的目标，起到积极效果，就养成了勤快的习惯；引导不得法的家长常常会遏阻了"好动"的天性，让孩子由退缩和等待变成了事事依赖大人。

著名科学家斯蒂文·格伦曾介绍过自己两岁时发生的一件小事，他认为这件事对自己的人生起到了至关重要的作用。一天，他试着从冰箱里拿出一瓶牛奶，谁知瓶子太滑，他小手没有握牢，瓶子掉在了地上，厨房的地板上成了牛奶的世界。妈妈来到厨房看到这种情形，没有惊叫，说："哎呀，瞧你这狼狈相！想喝奶不能叫妈妈拿？"也没有呵斥"笨蛋"，或者说"糟糕"之类的泄气话，而是说："你做了多么棒的垃圾！我还从没有见过这么大一摊牛奶呢！既然已经这样了，儿子，你愿意在我们打扫前先在奶河里玩一会吗？"格伦玩了十分钟后，妈妈和蔼地说："要知道，不管怎样，这一团糟你得打扫干净。我们可以用海绵、拖把或者是墩布来收拾干净，你喜欢用哪一种方式呢？"格伦选择了海绵。以孩子为主角，妈妈辅助，母子收拾完地板上的残局后，妈妈又说："今天你做了个失败的尝试，没能让小手抓牢奶瓶。现在我们到院子里，给这个瓶子装满水，看看宝贝儿能不能抓得牢。"格伦很快就发现，只要他两只手紧握住靠瓶嘴儿的地方，瓶子就再不会掉了。

格伦每讲到这件事都会感叹，是妈妈的大胆放手，让他勇于动手；是妈妈的善于引导，让他勤于思考；更重要的是当错误出现的时候，妈妈不急不躁，既不纵容，又不求全责备，而是及时抓住教育契机，把犯错误的环节当成通向未知的大门。所以他认为自己的成功首先要感谢母亲。

这件事也教育我们广大家长，在孩子有自己动手干些事的冲动时，一定要鼓励他，相信他，而不要总是自己抢在前头，盛饭怕孩子烫了手，削苹果怕孩子割了手，洗脸怕洗不干净……久而久之就造成了孩子的倦怠。孩子在成长过程中必然要犯错误，我们要尽量从"犯错"中挖掘其教育价值，就像格伦的妈妈一样。即使我们不能从错误中发现什么，也一定要教孩子学会分析原因，在与他共同解决问题的过程中，使他的能力提高一步。须知孩子的生存能力就是在这样点点滴滴积累的过程中培养起来的。

用"富不过三代"的警世箴言去套美国的富豪，恐怕就不太应验了。几代人生财有道、治家有方的大家族多得是。从根子上说，中美两国人的生命观、价值观有很大的不同。中国人珍爱生命，是呵护它，保养它，不让风吹雨打，避免危难环境，追求安逸舒适、延年益寿。美国人珍爱生命是要在有限的人生中扩展生命的张力，尽早地体验生命个体所能达到的极限。他们认为有价值的生命不仅仅在于活得年代久远，而在于体验了前人未体验的生活，创造了前人未创造的奇迹。因此，美国的家长们鼓励孩子尽早地参与体育锻炼、社会活动。除了观看音乐会、画展，学习游泳、溜冰等活动外，还鼓励孩子去冒险，比如美国和加拿大联合举办过小铁人三项比赛，许多家长都帮孩子踊跃报名。同时，孩子向往的迪斯尼乐园、出国旅游，往往要靠他自己打工来攒足费用。有时，父母还让孩子参与福利募捐或小型商业活动。这样，孩子们从小就开始了生存能力的锻炼。

二外孙丁丁的幼儿园就曾号召孩子们自制果汁喝。有制果汁的工具，却没有水果，老师就启发孩子们自己去募集。老师问："谁能担当此重任呢？"我家丁丁和另一个孩子同时举了手。那一天，女儿去幼儿园接孩子，有位家长就对女儿说："请你做好思想准备吧，你家丁丁要动员你捐水果了。"女儿问："他动员你了吗？"那阿姨说："动员了。丁丁可爱极了。我一进门，他就拉着另一个孩子凑到我面前，很礼貌地说：'阿姨，我们幼儿园要搞个很好玩的活动，自己动手榨果汁，你家妞妞也会喝到的，你能不能捐献些水果呢？'接着另一个孩子已把列出各种名称的水果单摊在我面前。我一看两个小不点儿那恳切的样子，怎么忍心拒绝呢？"果然女儿一进门，丁丁就迎上来说："妈妈，我们要自制果汁，我负责募集水果呢。瞧瞧，妞妞妈都支持我的工作，她要捐草莓，你准备捐什么呢？"女儿认真地看了看那表格，就在梨那一栏里画了个圈儿。

在培养目标和培养手段上，美国的幼儿园和中国的幼儿园也有很多区别。美国的幼儿园自由宽松，主要是让孩子尽情地玩。即使做手工拼装玩具、折纸、画图画，也没有任何条条框框，充分发挥孩子的想象力。倒是请消防队员讲火灾中的自救，买宠物来喂养，自己动手做果汁、冰淇淋时，老师和同学们都很郑重其事（比如买什么宠物还要大家民主讨论）。他们的侧重点在生存能力的培养上。中国的幼儿园则一般把更多的时间用于教孩子认字、写字、背诗和做算术题，侧重于将来的应试。不仅美国如此，西方国家和日本都把生存教育列入能力培养的重中之重。从孩子懂事起就教他们如何自强自立、学会生存。

美国的童子军（类似于中国的少年先锋队员）没有活动经费，孩子们卖爆米花所得就是开展活动的资金来源。每个童子军成员都有这种责任和义务。美国的孩子从小就有推销员的实践，据说做推销员的实践是竞选议员所必不可少的经历，因为两者都需要去说服别人。我的两个外孙第一次上阵时，是我女儿陪着他们在一家超市门前练的摊儿。一开始，比较内向的牛牛（6岁）

喊不出声儿，妈妈就鼓动丁丁（4岁）来喊。丁丁问怎么喊。妈妈说："你就喊'买包爆米花，支持童子军'！"丁丁爱出风头，扯开嗓门就吆喝起来。牛牛见弟弟喊得很有兴头，很有韵调儿，自己忘了羞怯，跟着喊了起来。可是，半天也没有响应者。顾客从超市出来，推着购货车直接去了停车场进了汽车，没人搭理小哥儿俩。这让孩子们很失望。这时，妈妈就鼓励他们要忍耐，要坚持，要换个法儿来推销。丁丁一着急，朝着一位阿姨就叫道："阿姨，选一种爆米花吧，支持一下童子军。"不料，那阿姨说："对不起，我们家也有童子军呢！"这时，弟兄俩就更扫兴了。原来开车来超市购物的叔叔阿姨们差不多都有孩子。然而，女儿还是对孩子们说："即使阿姨不买，你们也要说一声谢谢，毕竟你打扰了人家。要理解他人，要有礼貌。"

那一回，小兄弟俩唇干舌燥地喊了一上午，才卖出六包爆米花。其中一包还是他们的爸爸于心不忍悄悄托别人代买了一包。还有一包是因为丁丁太急切，说溜了嘴，他说成了"买包童子军，支持爆米花"，将一位老者逗乐了，买了一包。我觉得这不太成功的经历对孩子们更有帮助呢。忍耐力、宽容心、适应力、人际关系的处理，常常是在具体事情的磨炼中培养起来的。

后来，妈妈和两个孩子总结了经验教训。他们觉得在超市门口摆摊儿不是最好的选择，就决定上门推销。到双休日，牛牛和丁丁穿了童子军队服，戴了童子军徽章，女儿开车将兄弟俩送到一个住宅小区，然后分配工作，哥哥牛牛提货算账，弟弟丁丁敲门推销，妈妈则在车中观察。可笑丁丁毕竟是不懂世事的孩子，常常说走了嘴。一次，敲开门后看见这一家只有老先生老婆婆两人，认定人家没有童子军成员，准是好买主，话就多起来了。他说："爷爷奶奶一定要支持我，卖够 300 元钱，就可以得到奖励，免费去看一场橄榄球比赛！"这确实是童子军组织的规定，也是丁丁梦寐以求的向往。结果，那老先生不客气地说："想看球赛，让你爸妈打开钱袋支持你吧！"

生活的磨砺是最好的老师，一次次失败后，孩子慢慢儿就知道推销时什么话该讲，什么话不该讲了，同时也知道赚钱的不易。如今兄弟俩已为童子军积累了 700 元。但他们并不满足，因为人家最好的业绩是一千多元呢。孩子们既有成就感，又有赶超目标，也就不会滋生什么比花钱、比阔绰的恶习了。

美国的富豪往往不给子女留太多的遗产，而是把大部分的家业捐给慈善事业。这倒不是说人家的思想觉悟比咱们社会主义国家的高，他们重视的不是后一代的安逸和享受，而是自强自立，超越前辈。

怯场娃娃和霸道宝宝

//

孩子去参加比赛，其意义并非比赛本身，而在于培养孩子的集体意识，让孩子尽早地融入集体生活中，为他将来成为"社会人"打下良好基础。

//

如今，国内教育界十分重视婴幼儿各种能力的早期开发，比如山西电视台举办了"超级少年大赛"，《山西晚报》举办了"健康宝宝大赛"。在我们居住的县城也有这种比赛，我的侄女艳艳曾替她18个月的贝贝报名参加。可就在小选手们要闪亮登场时，贝贝发现妈妈和姥姥突然离开，于是"哇"一声就哭了起来，丢下他手中的玩具哭喊着要妈妈抱。与此同时，旁边一位"霸道宝宝"也放弃了游戏，爬过来就抢了贝贝的气球，掀翻了赛场上的道具……在场的两家家长都十分尴尬，艳艳更是忧心忡忡，觉得自己的孩子是"门槛大王"——在家中活泼乱跳，无所顾忌；一出门就胆小如鼠，上不了正经场合，恐怕将来在社会上没有竞争能力。一旁的"小霸王"的妈妈则是担心她家的孩子将来会有过激行为。因为这孩子从小就没有怕过谁，曾经踩死过生病的小鸡，还将小狗打得汪汪叫。只要他看见稀罕的东西，就要侵占，并大声嚷嚷说："这是我的！"就贝贝的怯场和"小霸王"的霸道，我不仅与侄女作过探讨，同时也征询过在国外生活的女儿的看法。

究其原因，孩子胆小、不合群主要是因为姥姥带他较多，老年人独门独院，与外界交往少，使得孩子见识少、视野窄。再加上艳艳工作忙，性格又内向，很少带朋友来家中，孩子与陌生人交往不多，猛然间到了比赛场地，就容易心情紧张。其实这很正常，在比赛场地，成人都有进入不了比赛状态的情况，更何况是那么小的孩子呢？久经沙场的运动员赛前都要热身，那"热"不仅仅是热技巧，也是热心态。我想，孩子去参加比赛，其意义并非比赛本身，而在于培养孩子的集体意识，让孩子尽早地融入集体生活中，为他将来成为"社会人"打下良好基础。

那么，面对这总是缠着妈妈、姥姥，而不愿意和小朋友玩的宝贝儿时，家长们又该怎么办呢？

自家的孩子自己知底。我们最好是能够准确找出孩子不能进入状态的原因。国内一些由保姆、家中老人带大的孩子，参与游戏少，或者是家长有洁癖阻止了孩子的玩耍欲望，使孩子在与小朋友玩耍时，自己处于旁观或无所事事的状态。还有一种类型是孩子天性胆小，在陌生或嘈杂的环境中失去安全感，总是处于观望和犹豫的情境中。美国的专家们将这种无动于衷的现象称之为"预热慢"，他们告慰家长不必为此担心。这种情形是可以通过一点一点地"加热"来改变的。我在西雅图的绿茵场上就曾看过家长们为这类宝宝"加热"的情形：一群幼儿园的孩子在玩集体游戏，大家围成一个圆圈儿甩着一块床单大小的圆形花布。甲小孩和乙小孩却离群缩首，不愿意加入其中。这时，幼儿园老师与家长绝不会去勉强孩子。只见另两位老师领着孩子们将那花布一会儿当地毯（孩子们坐了上去），一会儿当天幕（孩子们都藏到了花布下），边唱边玩，载歌载舞，玩得极有兴致。这时离群的甲看得十分专注，家长看出孩子渴羡的眼神中有了加入的冲动，便赶忙给予情绪的激励，边鼓掌边问孩子要不要加入进去。甲犹犹豫豫地加入集体游戏后，家长和老师又不时地向他投以鼓励的眼神。当甲的动作与集体大致协调时，家长和老师又以夸张的表情给予赞扬，使甲在成功的感觉中忘掉了紧张和不安，孩子的脸上渐渐露出笑容。乙见甲加入游戏后，也曾试了试，但她自我感觉不适，很快又逃离了集体。家长此时并不抱怨。训练有素的老师忙提示家长让乙为小朋友们充当拉拉队员和"后勤部长"，只见家长鼓动乙一会儿鼓掌，一会儿帮小朋友们拿脱下的外套，让乙感觉自己也是集体中的一员。可见，游戏的目的不在于你热爱不热爱某项活动，主要是让孩子融入集体，进入"社会角色"。

另外，要让孩子融入集体，首先要使他融入家庭。当我们忙着干家务或工作时，不要冷落了孩子，使他游离于家庭成员之外。要给他个"工具"，或分派他一点儿力所能及的活儿。比如，我们擦玻璃时，也给孩子几张餐巾纸，让他一起擦；大人们做馒头或擀面条时，也给孩子一块小面团，让他捏小动物。不要讲求质量和效果，重在培养参与意识。

对于在家庭中很活跃，在众人面前极收敛的孩子，家长要避免一些无意义的赞扬和娇宠，使他减少在集体中的失落感。因为在家中被捧为小皇帝一样的宝宝，到集体中时容易产生自己不如同伴优秀的感觉，从而丧失自信、畏缩不前。这时家长不妨"略施小计"，托别的阿姨或幼儿园老师夸夸他，让别的小朋友主动来邀请他，对他表示好感和赞赏，这样慢慢就会使他感受到与同龄孩子相处的乐趣了。

孩子太内敛不行，太张扬霸道也不行。我在居住的小巷中曾遇到一个小女孩，她将另一个孩子新买的果丹皮抢了去，任她母亲磨破嘴皮也讨不出来。对这种孩子，家长也是既丢面子又头疼。

多数孩子的霸道是缘于家长过分的宠爱，孩子要什么就给什么。这种想要什么就可以得到什么的孩子，头脑中容易产生"我要的就是我能有的"物权概念。这种错误的认识反映到行为上就会认为"别人的东西如果我想要，我也能够得到"，因此就出现了抢占他人东西的举动。美国社会一切以法律为准绳。对别人私有财物的尊重、物权概念的分明，也充分贯彻在日常教育中。比如家长们如果借了图书馆的书（有一种在封面上贴有黄色标签的儿童读物，不需办理出借手续，也不限归还期限），一定会告诉宝宝要爱护图书，因为这是图书馆的，我们看完归还后，别的小朋友还要看。在游乐场的沙坑中，常常丢着小桶、小铲儿，即使孩子再喜欢，也不可以随便玩，必须征得桶儿、铲儿的小主人的同意。

隔代祖父母辈的祖护，也是造成孩子霸道的重要原因之一。比起爸爸妈妈，祖父母辈会更加纵容孩子的一切行为。而且多个教养者的意见不统一也容易引起孩子对正确、错误概念的混淆，

133

比如孩子要买某种玩具，父母不同意购买，祖父母却很爽快地答应了。久而久之，会造成孩子观念混淆。前文提到的"霸道宝宝"家在要不要给孩子买一只小狗的问题上就有分歧。父母不同意买，爷爷却给买了。结果那孩子抱了小狗在父母面前显出大获全胜的骄傲姿态。

此外，有的孩子属于胆汁质体质，容易在困难和挫折面前表现出鲁莽、冲动及易怒的情绪，而这种情绪也容易导致孩子霸道行为的产生。他们耐不得寂寞，非常希望有朋友来陪自己玩，但却常常因为自己的霸道而引发矛盾和冲突，有时候则是为了引起家长的注意，故意做出些出格的举动。对这种孩子，家长们尤其感觉头疼。

对这类孩子的管教，首先要做到家庭成员观点一致，即祖父母、父母对一些问题的抉择要一致。不能因为孩子的短暂哭闹、要挟等行为，改变已作出的决定。就某件事，父母可以事先与孩子商定原则，取得孩子的认同，执行之时，决不妥协。这样孩子就逐渐会懂得什么是对的，什么是错的。而对错概念一旦在他们的小脑袋中形成，就会提高孩子对自己的约束力。

家长要认识到，霸道行为的产生也是个循序渐进的过程。当孩子第一次出现霸道行为时，家长因为当时心情特别好，迁就了他，孩子接着就可能出现第二次、第三次这样的举动。纠正孩子这类行为，也需要采取循序渐进的方式。我在美国的游乐场也见过这类"小霸王"。当孩子出现霸道行为时，其父母会把他抱到一个安静无人的区域中（但要在家长视线之内，确保安全），不理会他的任何哭闹，等他的情绪渐渐稳定之后，再耐心与其沟通，慢慢地讲述不可以霸道的理由。这种方法对遏制孩子的霸道行为效果不错。但这也只是一种不让他得逞的短期手段，要彻底改变这种行为，重在父母的言传身教。家长平时要多带孩子参加社区活动，或者与其他家庭保持密切联系，让孩子有更多的机会与小伙伴做游戏，在玩耍中贯彻公平、公正的原则，发扬共享玩具、团结互助的精神，当孩子明白抢夺不是达到目的的最佳方式后，霸道行为的发生率会逐步下降。

同时，家长也可以通过游戏的方式来给宝宝灌输些自我约束的内容，比如教宝宝唱关于手的儿歌："饭前饭后要洗手，花儿好看不动手。"也可以请奶奶扮成"白兔奶奶"，妈妈领着宝宝去"兔奶奶"家做客，演示如何问候、招待等，用形象的方法加强孩子的记忆力和模仿力，帮助宝宝尽早地以社会规范的行为来与人交往。

全职妈妈与独生女儿

//

在健全人格的发展中，个体清楚地知道自己和他人（包括
亲人）的责任和权利范围，既保护自己的个人空间不受侵犯，
又尊重和不侵犯他人的个人空间，也就是自我界限非常明确。

//

我到外地开了四天会，发现一位会友每到晚上都要乘车回
家，第二天早上又风尘仆仆地赶来。她家距开会的地方有一百多
里，我十分奇怪她何必这么辛苦，后来得知是家中小女儿离不开
她。我以为她的女儿不足一周岁，很同情这女子平衡事业与家庭
两方面的不易。没想到这会友的孩子已是三年级学生，家中还有
姥姥陪伴，如此恋母实在有些不可思议。谈论起来，这位会友无
奈地说："没办法，这孩子是我一手带大的，恋我恋得不行。一
到天黑，见不到妈妈的面，就要掉眼泪。更好笑的是有一次单位
给我订了去香港的机票，当孩子知道这一消息后，一边吃饭一边
就掉起了眼泪。问她为什么哭，她说她想起妈妈不在家时自己
没着没落的情形就伤心得不行……"这位会友感慨道："没办法，
谁叫咱是妈妈呢！"

回家后仔细琢磨这位会友的言谈，我发觉她在谈及女儿对她
的依恋时，无奈中还掺杂着几分欣慰呢。母女情深，带给她精神
上的慰悦；自己不在家孩子的心理失去归属的情景又使她感觉到

自己的人生价值，这更带给她骄傲和满足。然而这种割不断的纠缠对孩子独立性的培养和个体人格的成长显然是不利的。

在美国带孩子久了，亲眼目睹美国家长是怎样培养孩子"小大人"一般的独立意识，也从人的潜意识层面理解了中国母子过分依恋是出于什么情结。

从心理学的角度讲，这种情形叫"划不清自我界限"。胎儿在母亲体内时，与母亲是连为一体的。母亲为胎儿提供营养，母子血肉相连，胎儿是母亲的一部分。出生以后，孩子肉体上与母亲分离了，但在心理上仍把自己想象成母亲的一部分，这叫"母子共生状态"，这样孩子才有安全感。因此孩子对妈妈有依赖是很正常的。

事实上，孩子成长的过程，也就是与母亲心理上分离的过程。随着孩子的逐渐长大，母子的心理距离也就越来越远。在健全人格的发展中，个体清楚地知道自己和他人（包括亲人）的责任和权利范围，既保护自己的个人空间不受侵犯，又尊重和不侵犯他人的个人空间，也就是自我界限非常明确。遗憾的是，好多孩子在成长过程中会形成一种与母亲一部分分开，另一部分还交织在一起的状况，也就是说他的自我与母亲之间界限不清楚。这是一种不完全的成长。

我发现国内好多家长形式上是希望孩子长大，希望孩子出了门不想家，可是孩子一旦上了大学真不想家了，大人们又会有一种失落感。有的家长甚至说："唉，电话也不打了，和咱离心离德，还不如不长大可爱呢。"

　　全职妈妈自己一手带大的孩子，最容易出现这种情况。孩子从出生到蹒跚学步，只要有不安全因素，便习惯性地求助于妈妈，比如看到有猫儿狗儿过来，赶紧转身抱住妈妈的腿；雨来了赶紧钻到妈妈伞下……在孩子的心中，只要与妈妈融为一体，心里就踏实了。做妈妈的也是这样，特别希望孩子的活动天地在自己的视线范围内。母子在相互依恋中得到情感上的愉悦和满足。如果不能理智当先，不有意识地培养孩子的独立性，不着意塑造其自主意识，这种心理会持续到成年。一个在心理上没有充分成长的成年人，他会下意识地依附另一个人（与人交友希望好得如同一个人，无所不谈），自我界限就在这样的过程中变得模糊不清。这种界限不清的状况折射到人际关系中，一方面，他会过度地依赖他人，希望他人在本该自己作决定的时候代替自己作出决定；另一方面，他又会过多地想了解别人的内心世界，以便获得与别人融为一体的感觉，甚至还想让别人依赖自己，希望参与别人即使是很私人化的决定。与这种人做朋友，会使对方觉得十分疲累。

　　记得我小时候的一位女友，就是总想"控制"我们几个小女生。她封我为"孙悟空"，另一个为"八戒"，还有一个为"沙僧"，自己则自称是"唐僧"。我们几个一切都得围绕着她转，有了零食先供她，谁买了漂亮衣服她都得先穿几天。起初我们觉得这不过是游戏，后来就感觉到如同戴了紧箍咒一样不自在，最终导致关系破裂。现在想起来，她的家庭状况便是这样，由于父亲亡故早，她哥哥长她十来岁，妈妈对她宠爱有加。那时学校让我们积肥，她妈妈让我与她组成一个组，怕我们完不成任务甚至还叫我们到她家粪堆上去铲呢。这种关爱就太过分了，亲得让孩子失去了自己。我体会所谓的自我界限清楚，就是要把安全感、责任感和成就感建立在自己的能力上，而不是靠他人的支持和帮助……

在这一点上，美国的父母特别注重孩子的独立性的培养，从孩子一出生就让其睡自己的小床、自己的房间。他们认为这是对孩子独立人格的尊重。有人会问：孩子踢腾了被褥怎么办呢？他们会在孩子的小床前安放一个监视器，发现有需要时及时赶到孩子身边。一般情况下，到孩子十八九岁去上大学以及毕业后就会自动离开父母，在外租房过自己的生活。自我界限清楚的人，勇于承担自己的责任和义务，这并不是说他不需要别人来帮助，也不是说在任何情形下他都独当一面，拒绝别人在情感上和行动上的支持；而是说他与别人的接近，没有近到失去自己的程度，也没有近到他把别人当成了自己一部分的程度。既不要离亲友太远，远到彼此疏离，又不要太近，近到成为彼此的负担；既要有帮人的能力，又要有呼唤别人帮助的感召力。这种人格魅力的形成，也要从孩提时就打下基础呢。

我觉得众人带大的孩子比妈妈一手带大的孩子在这方面要成熟得早。在美国，父母一般都不为子女带孩子（他们认为享受个体生命的独立和自由是最重要的）。因此夫妻双方都有工作的不是请保姆就是趁早把孩子送进幼儿园。离开父母羽翼较早的孩子，也会成熟早一些。我建议前面提到的那位会友，孩子已是三年级学生，就可以与她讲清：妈妈既属于家庭，也属于社会，开会、出差是妈妈的职责，爱岗敬业是一个人的本分，妈妈不止属于你一个人。孩子对家庭、对社会也要承担责任，要让孩子在支持妈妈、帮助妈妈中体会到快乐和自豪感。更主要的是，做妈妈的要意识到她这样娇宠孩子可能带来的严重后果。当然，要在心理上划清母女的界限，非一日之功，需要长久不懈的努力。有时，理智上到位，不一定情感能到位。最好是利用寒暑假让孩子在姥姥或奶奶家住上一段时间，给母女俩留下反思的空间。理一理自己在哪些想法、哪些情感、哪些行为上替代了孩子，然后一条一条地将那些不清楚的地方画上清楚的界限。这样做在初始阶段母女难免都有痛苦，但不久也许会享受到成功的喜悦。

关注孩子的负面情绪

如果用一条线来表示人的情绪，从容淡定时是白色，沮丧时是灰白色，沮丧加深是灰色，再遭受挫折是深灰色，一旦陷入黑色就得了忧郁症了。

在美国女儿家时，女儿的一位朋友带了儿子来家中叙旧，起初那孩子还乖乖地自个儿玩，后来就打哈欠，闷闷地不开心，再后来竟然摔起了玩具。只见那家长温柔地抚摸着孩子的头，问："你感觉无聊吗？怎样才能让你愉快起来呢？"孩子说想去游乐场玩，那家长就很快结束了谈话，领孩子去了附近的游乐场。这使我想起我们小时候跟大人出门，事先大人就会叮嘱："去了别人家，一定要乖乖的，要不然就不领你去！"在大人们谈兴正浓时，一旦表现出不自在，大人就会呵斥道："瞧瞧，不耐烦了吧，出门时吩咐你什么来着！"抚今思昔，我不禁感叹："怪不得人们说美国是儿童的天堂。有这样的父母，孩子们多么享福啊！"

听了我的感叹，女儿说："传统的中国父母只是关心孩子生理的疾患，往往忽略了心理的毛病。人的情绪有正有负，比如开心、激动、充实、满怀信心、有成就感等属于正面情绪；郁闷、不开心、失望、忧愁、烦躁、反感、孤独等属于负面情绪。孩子的情绪本没有对错，不管是正面情绪还是负面情绪父母都应包容。可是我发现中国的父母多半不太理会孩子为什么产生负面情绪（或者对孩子的负面情绪很反感），从而造成孩子成人后也不善于合理表达自己不愉快的感觉。记得我们小时候跟着妈妈去串门，也是待在那儿傻听大人们的絮叨，无论怎样不耐烦，也不敢说出来。'你开心吗？是不是感到无聊？'爸妈从没有问过我们这样的问题。所以成家后，我也不会诉说自己受到的委屈，而是将不开心压抑着，到某天突然遇到一个偶然事件，实在压抑不住就爆发出无名怒火，让孩子爸感到莫名其妙。后来在美国生活久了，看到美国孩子随时会表达，'我很生气！这让我受不了！'，我才慢慢发现自己的病根儿在哪里。"

说来惭愧，我们确实没给过三个孩子表达负面情绪的机会。对我们那代从"三年困难时期"过来的父母们来说，大家普遍认为让孩子们吃饱穿暖、能上学读书就是合格父母了。哪儿懂得这些？

随时关注孩子的负面情绪，孩子就不容易得心理疾患。我一位女学生的儿子上初中时，被同宿舍的高大男生讥讽过，这孩子很不开心，有时表现得毫无自信。可做母亲的因工作忙，没有觉察。后来孩子的考试成绩节节下降，这位母亲就拿了成绩单找孩子谈心，当孩子痛哭流涕正要把自己不开心的原因告诉妈妈时，电话铃突然响了，是妈妈最好的朋友要来拜访。这位母亲没有把儿子的事放在首位，对孩子说："阿姨要来了，我得收拾收拾，咱改天再谈吧。"之后妈妈又忙这忙那，把孩子的事忘在了脑后。日积月累，孩子患上了忧郁症。后来经过心理医生的治疗，孩子才开口说出自己的感觉。他说："自己被人看不起，连妈妈都觉得我不重要（是她的朋友重要）。"我们中国的家长十分爱面子，有朋友来访事先要收拾客厅，准备招待，还尽量不让孩子流露负面情绪，这对孩子是不公平的。美国心理医生把人的情绪形象化，说如果用一条线来表示人的情绪，从容淡定时是白色，沮丧时是灰白色，沮丧加深是灰色，再遭受挫折是深灰色。如果孩子处于这种状态，父母应及时发现并加以疏导和鼓励，因为这已经处于疾患的预警点上了，一旦陷入黑色就得了忧郁症了。

也许有人会说，这样惯下的孩子也太脆弱了吧，难道为了他们有好心情，家长就要时时处处迁就孩子吗？

我在商场购物，就看到过这样的情形，一个小女孩非要吃棒棒糖，妈妈不给买，说："不行，老吃棒棒糖伤牙。"小女孩不依不饶，一边尖叫一边要从购物车上倒栽下来，那妈妈面对来往的人群，实在难耐尴尬，就给她买了棒棒糖，换得安宁。

其实，关注孩子的负面情绪并不是娇纵放任，无原则地迁就，而是要让孩子把他的感觉说出来，使不良情绪得到宣泄。等孩子心情好了再把该讲的正面道理讲给他听。

说到这里，我想起一个很好的例子。女儿家请过一位钟点工保姆名叫吉蒂。她除了照看别人的孩子外，常开车去学校接她的外孙。美国的小学放学早，吉蒂家离学校近，她接了外孙先回自己家忙家务，等她女儿下班后再来接走孩子。有一天吉蒂接上孩

143

子回家时，孩子提出要直接回自己家。吉蒂先让孩子上车，系好安全带。当汽车驶出停车场要拐弯儿时，孩子发现姥姥并没听他的话，仍是先去姥姥家，于是提出抗议。吉蒂不慌不忙地一边开自己的车，一边说明要先回姥姥家的理由。孩子听不进去，说不按他的话做，他就要大哭大闹。姥姥心平气和地说："我想你在学校待了一天，一定疲累了，发泄发泄也好。"那孩子哭了几声，也就没事儿了。

负面情绪也有类别，有外在因素引发的负面情绪，也有娇惯成性自发的负面情绪。外来的打击比如运动场上被球打了一下，遭受了风雨的袭击，乘公车坐过了站，受了小朋友的逼迫、讥讽等，这样引起的负面情绪，父母要给以足够的同情和支持。而前面所举的棒棒糖事例就属于自发的娇纵和要挟，对这类情绪，父母是绝对不可以妥协的。

那位妥协的妈妈虽然用棒棒糖换得了暂时的安宁，但孩子从中学到了什么呢？第一，妈妈说不行的时候，并非真正不行，它毫无意义；第二，妈妈还暗示孩子要如何吵闹——当然她本意并不希望这样，但女儿从实践中尝到了大闹的甜头；第三，只要一次比一次更强烈地坚持负面行为，就会无往而不胜。有些父母以为顺从孩子的要求，是让孩子停止吵闹的唯一方法，这实在是大错特错。一朝屈服在孩子的大吵大闹下，就会一而再、再而三地重复遇到这种大吵大闹的要挟。

制止这种无理取闹也有办法（通常在外面闹腾的孩子在家中发生这类行为的情况更为频繁）。美国的父母一般是把孩子抱到一个安全的卧室里任他发泄，决不满足他的无理要求。等他平静下来后问："你心情好些了吗？"然后再慢慢阐述吃糖多了会坏牙的道理。一旦孩子有好的表现，他们会抓住契机，及时表扬。只要家长不放弃原则，往正确的、对孩子成长有益的轨道上引导，相信儿童的可塑性是很大的。

关注孩子心理的"伤风感冒"

当代社会竞争的复杂和激烈正对人们的心理承受能力提出新的挑战，因此，为培养孩子的健康人格，提高其适应能力和应变能力，您必须及早关注孩子的心理，不断给他提供心理的营养品和保健良方。

为了孩子的身体健康，不少家长煞费苦心地调节饮食，今日大鱼大肉，明日蔬菜水果，外加形形色色的营养补品。但很少有人像重视身体健康那样重视孩子的心理健康。就我所见，几乎没有哪位家长为孩子买心理健康、心理卫生和防治心理疾病的科普读物的。不少家长看到孩子流鼻涕、听到孩子打喷嚏就着急，又要摸孩子的头，又要量体温，怕孩子患伤风感冒，却很少有家长把研究孩子心理健康状况提上议事日程，看需要供给孩子怎样的营养品，怎样来增强孩子的心理素养。

其实，心理失衡、心理障碍人人会有，如同伤风感冒人人会得一样。一个人在一年中很少有不患一两次感冒的。同样，一个人在一年中心理也不会总是处于最佳状态。尤其是孩子，他们的心理承受能力相对较弱，遇到挫折或特殊的刺激，其情绪的波动幅度会很大，很难避免进入误区。

心理的"伤风感冒"与身体的伤风感冒同样不能忽视。有时，心理的疾患带来的恶果甚至比生理疾患带来的恶果更为严重。心理状态良好的人，心胸豁达，心情愉快，处事宽容大度，即使他身体染上了疾病，恢复得也比较快。反之，如果一个人心胸狭窄，抑郁偏执，遇事患得患失，小疾也会气成大病。一个人的心理健康和身体健康是相辅相成、互为因果的。

我的一位朋友讲过一名 2002 年入学的大学生与同学们格格不入的事例，正是我上述论断的证据。该女生宿舍的一位同学扭了脚，室友们帮伤者找来了红花油，涂到患处，很见效。大家都为这伤者高兴。偏偏该女生满腹惆怅，因为她闻不惯这红花油的味道。她怀疑这讨厌的味道一再侵犯自己的鼻腔，会发生过敏，于是赌气搬到了阳台上去睡觉。结果耐不住九月秋夜的凄寒，半夜冻醒，打着喷嚏又回到宿舍。回到宿舍又没法抗拒那恼人的味道，弄得她辗转反侧，难以成眠。休息不好，又加上中了秋寒，果真就患了感冒。结果既影响了白天的学习，又得不到同学的同情，弄得她心情越来越糟，认为同学们都以她为敌……所幸这孩子还及时给家中去了信，诉说了心中的烦恼。家长重视其心理的"感冒"比重视其身体的感冒还急切，一个个电话、一封封家书，像一剂剂良药，疏解了她心中的郁结，使她与同学们和好如初。倘若她不给家中写信呢？情形肯定会更糟。

事实上，孩子因心理的"伤风感冒"没得到救治而酿成大祸的例子比比皆是。就我亲眼所见，身旁已有三个孩子不堪学习压力患了疾病。其中一个品学兼优的女生至今未能彻底痊愈，真叫人痛惜。该女生初入高中时考了重点班第一名，于是其父母就过高地估计了她的能力。父母的期望影响了孩子，使孩子也立下了清华北大的志向。结果到高二高三时，考试成绩不断滑坡。其实，如果在这时，她的父母能理解孩子的失意，耐心做思想工作，重点班的中等学生考一般大学还是能考上的。或者说"你才十七八岁，有的是机会，今年考不上重点大学，明年再考"，也会松一松孩子绷得过紧的弦。不想她好强的父亲竟然雪上加霜，常对她说："你原地踏步也罢，怎么就往后滑呢！我都替你丢人！"这女生本来就要强，恨自己不争气，于是昼夜加班，首先是患了失眠的毛病。这时，父母还没有引起注意。接着这女孩又患了"幻听"的疾病，老是说这个说她是笨蛋，那个又说她大踏步后退等。这时，其父母还没有引起高度重视。一直发展到孩子恨自己不争气，举起菜刀砍自己的右手，父母这才焦急地把孩子送进精神病院……

亲爱的家长，孩子在很小的时候，我们就带他们到防疫站进行预防接种，以防小儿麻痹、天花、结核、甲肝等疾病的发生，可孩子一旦有脾气暴躁、摔盘子、摔碗的现象时，我们却常常忽视了这是心理疾病，摆出家长的威严来压服。这实在是一种不科学的表现。

美国的家长们一般不是这样，他们重视孩子的心态胜于一切。哪怕孩子的想法十分古怪，家长们也从不谴责，而是通过适当的渠道疏通开来。曾经听过这样一个故事：在郊游时，一位少女喝了河里的水，回到家里就感觉肚子胀。这位少女固执地认为是青蛙钻到了肚里。她的父母怎样给她解释都不管用，只得给心理医生打电话，说明女儿的病因。结果在就诊时，那心理医生就让那少女闭了眼张大嘴使劲儿吐。心理医生嘴里说着："好，好，就要吐出来了！"父母也帮着加油。心理医生"啊呀"一声，那少女一睁眼，医生的手里果然接住了她吐出的青蛙（其实，那青蛙是心理医生事先准备好的）。这位少女立即就感到肚里轻松了许多。可是，当一家三口道过谢，就要与医生告别时，这少女肚里又不好受了，她怀疑那青蛙在她肚里生了小蝌蚪——如果我是其母亲，也会为女儿的多疑感到厌烦。可她的父母不这样，他们立即郑重请求心理医生鉴定一下那只青蛙的性别，看它能否生育。结果，心理医生当着那少女的面，将青蛙放到放大镜下仔细观察，然后告诉少女这只青蛙是雄性，没有产卵能力。这时，少女的疾病才彻底痊愈。

多疑、偏执和缺乏安全感等心理疾病，往往会发生在妙龄少女身上。这大概与她们的性发育成熟、月经即将来潮有关系。在这一点上，我们应该向美国的家长学习，尊重科学、重视孩子的成长规律，对于他们的"心理感冒"，要审时度势、认真观察、耐心开导，帮助其顺利渡过难关；而不是埋怨她们"毛病多"、"疑心重"、"发神经"。

如果说上一个例子含有偶然性，不足为凭的话，最近女儿在电话中讲给我听的一则事例确实叫人叹服。加州大学家属院的一个小女孩，刚到上幼儿园的年龄，每天早上要换好几次衣服才行，因为每换一件衣服她都说痒痒。就因为她的换衣服，搞得爸妈十分狼狈。有时，本来已经上了汽车，小女孩却一件件地脱着上衣，说身上痒痒。爸妈不得不返回来再给她找一身，因此动不动就迟到。尽管如此，爸妈却没有呵斥孩子，这不由让人佩服他们对待孩子的修养。他们认为，痒痒是孩子的感受，有这种感受不是过错。后来，他们向幼儿教师讨教，向心理医生咨询，众人给这对父母出主意说：最好是把这个难题向孩子摊开来，说明爸爸妈妈总是迟到，已受到老板的批评，看孩子能不能出个主意帮帮爸妈。这一招果然灵验，孩子认真思考半天，说："那么这样吧，我头一天就穿好第二天要穿的衣服，睡一夜看看痒不痒。"爸妈也赞成说："好主意。这一夜不痒痒，第二天当然不痒了。"就这样，孩子和衣睡了一两个月。后来，大约是小女孩感到穿着重重叠叠的衣服睡觉不舒服，不等进入梦乡就自己起来换上了睡衣。第二天再穿头一天穿过的衣服时，她也就不觉得痒痒了。

解决上述问题，也许不必这样麻烦。父母绷紧了脸，恶声恶气地说："就你事儿多！忍着点儿！不能换！"三句话两巴掌就能奏效。但那痒痒的感觉却会时时萦绕在心头，再加上父母不把她当回事的沮丧情绪，一旦这些失败情绪的总和郁结于孩子的心灵深处，她就会觉得事事不尽如人意。以后若有什么不愉快、生气的感觉，也不会告诉父母，从而独吞苦果。久而久之，孩子与父母就有了隔阂，再不易沟通。反之，这对父母看起来小题大做，事实上不仅解决了孩子的痒痒问题，也增进了她替父母排难解忧的责任感。

我们中国人一般是愿意承认身体疾患（人常讲但凡吃五谷杂粮的，谁不生病），而不愿意公开心理疾患。一听心理疾患就要与"精神病"等同。这也是概念上的模糊不清。就比如上呼吸道感染了，患者有咳嗽吐痰的现象，你能说他患了肺脓肿吗？

那么，怎样诊断孩子是否患了心理"感冒"呢？细心的家长总会发现孩子有时心情闷闷不乐，不论怎样开导他，就是高兴不起来；或者是莫名其妙地焦虑不安、心神不定、脾气暴躁；有时突然爆发一种不可言状的无名火；看谁都不顺眼，人际关系紧张；厌学、自卑，甚至想逃课，等等。如果您实在对付不了这种状况，就不妨学习美国家长，勇敢地去找心理医生。这同身体感冒了去找医生诊治一样，没有什么见不得人的地方。

其实更为科学的做法是定期做心理健康测试（就像常规的身体健康检查一样）。中学生的心理健康测试一般有如下十个项目：

1. 有无强迫症状（不能自控的想法和行为，并为此烦恼）。

2. 是否偏执（多疑、不信任别人）。

3. 有无敌对情绪（易怒、不友好）。

4. 人际关系是否太敏感（人际交往紧张、不自然）。

5. 是否抑郁不安（心情郁闷、情绪低落）。

6. 焦虑状况（担心、焦急）。

7. 学习压力感强（学业带来的心理压力过重）。

8. 适应性状况良好与否（对学校生活不适应）。

9. 情绪波动性大不大（情绪不稳）。

10. 心理平衡与否（不服气、嫉妒）等。

心理医生会根据心理专家编制的标准化心理测量表，给家长以明确的答复。一般中学生的心理健康如有问题，也是轻度的，家长注意调节，就会自行恢复。

当代社会竞争的复杂和激烈正对人们的心理承受力提出新的挑战，因此，为培养孩子的健康人格，提高其适应能力和应变能力，您必须及早关注孩子的心理，不断给他提供心理的营养品和保健良方。

美国的幼儿心理素质教育

美国人重视培养幼儿的自我价值感。孩子认为自己是优秀儿童，值得别人尊重，他就会朝着目标中的"更优秀"发展。

多少年的教育实践证明，我们的"德、智、体"全面发展的教育方针，其实并不"全面"。记得上世纪 80 年代初，我在某重点中学接手重点班的语文课，班主任给我介绍了一位每年都被评为"三好学生"的女同学，印象最深的是他说这女生特要强，即使考了 99 分，也要为丢掉的那一分懊恼、哭泣。我当时立即就联想到自家的孩子不争气，考上 80 多分就心满意足，于是以该女生为榜样，把自家的孩子狠狠训了一顿。后来语文课上，我果然感受到了这女生的厉害，你要求到什么高度，她都要攀上这高峰。人人都说她是考清华、北大的苗子。谁知那一年高考中的理科数学试题特别难，从考场上下来，那女生简直哭得唤不起斗志，班主任连哄带劝，好不容易才将她送上考场继续考试。就在那时，老师们就强烈地意识到我们的学生在关键时刻"差一点什么"（这就是现在所说的心理承受力）。当然，这不是学生的过错。随着教育改革的深入，素质教育已成为共识。老师和家长的教育观念也发生了很大转变。但从应试教育往素质教育过渡，似乎还缺乏科学、有效的桥梁。到底该怎样做？我们不妨借鉴一下

153

美国的素质教育。

美国的素质教育是从幼儿抓起的。一般认为幼儿的素质教育应包括以下几个方面：身体素质、心理素质、智能素质、品德素质、法规素质、劳动素质、审美素质。在这一系列素质中，美国人尤其重视心理素质的教育。如果把幼儿比喻成一棵树，那么心理素质的几要素：情感、意志、个性和健全的人格等就仿佛是这棵树的根系。假若一棵树的根系不顽强、不健全，不能和谐地在"社会"沃土中滋生旺长，这棵树就很难顶天立地，成为栋梁。

自尊和自信，被美国人视为良好心理素质的基础。也就是根系中扎得最深的主干。因此，美国人培养幼儿良好的心理素质是从培养其自尊心和自信心开始的。不过他们不是靠说教，抽象地教孩子要自信、自爱、自强，而是把家长对孩子的尊重既作为营养大餐，又作为独具特色的小零食，随时随地、毫不吝啬地送给他们。

美国人碰了面，遇到家长带着孩子，一般是先与孩子打招呼，而且特别讲究对孩子说话的口气和方式。大人不但要认真倾听孩子的话，还常常蹲下来同孩子对话，使孩子感到你在尊重他，避免他产生"低一等"的感觉。如果孩子画兔子画成了老鼠，便夸他有想象力，让他享受成功，而不是感到沮丧。带孩子外出做客，主人若拿食物或玩具给孩子，家长不去代替孩子回答"不吃"、"不要"之类的话，也不会在孩子想要或想吃时呵斥他，而是尊重孩子选择的权利、自主的权利。孩子如果做错了事，家长也不会横加训斥，而是根据当时当地的情况作出引导和说明，或者在另一个场合，孩子在同样的情况下又表现良好时，加以表扬和鼓励。美国人更反对人前教子。如果你当着别人的面斥责自己的孩子"不争气"、"笨蛋"、"没出息"，会被人看做是没教养的表现，是父母的"犯罪"，因为这会深深伤害孩子的自尊心。

由于教育理念的不同，中国的奶奶、姥姥们到美国带孩子，常常感到不适应。比如，我的大外孙玩着一个别人刚送的新玩具，小外孙也想要。当姥姥的往往是袒护小的，随口就命令："牛牛，让弟弟先玩一会儿。"牛牛如果不肯，我会正色教育他："你是当哥哥的，要让着弟弟！"如果他还在兴头上仍然不肯，我就难免会"强制执行"。其实，即使不"强制执行"，也是从开头就犯了错误。家长不能命令孩子让步，让他做不情愿做的事，这是对儿童的不尊重。那么两个外孙发生争执时该怎么办呢？女儿教给我一个办法，每逢这时，就给他们定个"规则"，比如数数。规定数到 20，这玩具的主人就得换一换。孩子的着眼点转移到数数（遵守规则）上，也就不存在强行剥夺他权利的意味了。

相反，表扬和鼓励的话美国的父母们却常常挂在嘴边。他们认为，孩子在享受成功中会增强进取心，取得更大的成功。只要孩子表现出优点和长处，家长就以积极的、正面的赞赏来肯定他的行为。像"真棒"、"真聪明"、"真能干"、"真漂亮"这类话，可以说是孩子们的"家常小菜"了。

美国的家长们这样尊重孩子，不仅仅是因为孩子年龄小，需要爱护、关心和培养，还在于他们的独立观念，他们认为孩子从出生就是独立的个体，有自己独立的意愿和个性，而不是父母的附属品。因此，无论父母、老师都没有特权去随意支配或限制他们的行为。作为"人"，就要让孩子感受到自己是自己的主人。

美国人重视培养幼儿的自我价值感。孩子认为自己是优秀儿童，值得别人尊重，他就会朝着目标中的"更优秀"发展。而这时，成人的评价在很大程度上影响着幼儿的自我评价。伟大的教育家洛克说过："父母越不宣扬子女的过错，则子女对自己的名誉就越看重，因而会更小心地维护别人对自己的好评。"

美国人还特别重视培养幼儿的自立意识和自主性。也就是遇到难题自己思考、自己判断并力求自己解决的行为方式。有一则发生在我外孙所在的幼儿园的故事，让人很受触动。一个小男孩和一个小女孩在玩滑梯时，小男孩挤了小女孩的手。小女孩就恼恼地嘟了嘴。这时，老师并没有像"裁判"一样评判谁是谁非，也不说"玩时要当心，谁也别碰了谁"，而是和蔼地问那小男孩："你知不知道她为什么不开心？"小男孩沮丧地说："因为我挤了她的手。"老师就笑着说："噢，原来是这样。那么，你试试用个什么好办法，让她愉快起来。"那男孩想了想，就走到那小女孩面前，说："对不起，我不是故意的。原谅我吧。"那小女孩不吭声，但脸色好多了。老师便蹲下来，问那女孩："你感觉好些了吗？"小女孩提出自己的要求，说："我觉得用凉水洗洗手会好些。"老师就赶紧表示赞成，并启发那小男孩陪小女孩去洗手间洗手。不一会儿，两个孩子就手牵着手从洗手间出来了。小男孩高兴地报告老师："她感觉好多了。"于是，两个小朋友和好如初。这件小事之所以引起我的触动，是因为我曾当过12年中学语文教师和班主任，也曾经历过学生中的诸多摩擦，但多数情况下我是充当了"裁判"的角色，评判谁是谁非，而没有想到这正是培养他们自己解决纠纷的实践机会。

还有一则故事是发生在美国家庭中的。有一家四个男孩之间发生了争执，老大、老三、老四似乎真理在握，他们唇枪舌剑面向老二。老二明知势单力薄，但毫不示弱，激愤到唾沫飞溅、比手踩脚。这时，他们的父亲上前把两手搭成个"T"字，意思是"Time-out"（暂停）。他鼓励并诱导四个孩子来看他做一个实验。父亲首先点燃了酒精灯，然后把一个盛了冷水的玻璃器皿放在灯上，让孩子们观察那水是怎样地滚沸。当水中有了动静，开始出现上升的水泡时，父亲就对孩子们说，你们刚才的情形与这烧水相似，如果你想让对方接受自己的观点，就要冷静，尽量不用激烈的言辞，因为那等于升火加温。现在，你们双方都已经接近沸点，就同这开水一样咕嘟嘟地蒸腾，怎能听得进对方的观点呢？最好的办法是出去玩一会儿，把这件事晾一晾，彼此都冷静下来再说。尽管父亲没有介入他们的话题，也没有评判谁是谁非，但是几天之后，兄弟们的意见趋于一致，他们化干戈为玉帛了。

美国家长、学校在教育问题上采取民主的态度，放权给孩子，有助于孩子独立性、自主意识的发展。这是孩子走出家门面向社会的必备能力，即个体社会化的必由之路。这种自立、自主的早期教育，会减少孩子对父母的依恋和依赖，对我国在优越环境中成长的独生子女尤其重要。

另外，良好的幼儿心理素质教育还包括平等竞争的意识、面对挫折的心理承受力和良好的社交能力。别以为中国学生从小考到大，就具备了平等竞争的意识。这种能力的培养，远非那么简单。本文开篇提及的那位"三好学生"，除了不会享受成功，心理上太患得患失外，也恰恰没有"平等竞争的意识"，不能理智地正视挫折。事实上，她感觉数学题难，别人会更难，因为考题对大家来说是平等的；而她的功夫却比同学们扎实得多。她后来虽然也去了重点大学，但她的心态要是放松些、平和些，结果会更好。

西方教育和心理卫生专家普遍认为，对待挫折的良好心态是从童年时不断受挫折和解决困难中学来的。在美国，一种旨在提高孩子对挫折的心理承受能力的教育正逐渐兴起。比如家长支持并鼓励孩子参加棒球赛、"小铁人三项赛"等活动，激发他们与强者抗衡的勇气和信心。即使家长明白自己的孩子拿不到名次，但他们认为胆略和顽强并不总来源于胜利，"心态决定一切"。培养孩子自强不息的意识和超越自我的精神是最重要的，锻炼孩子在困境和挫折面前不低头的坚强意志和性格是最重要的。

我在匹兹堡时，经常看到公共运动场的篮球架下、旱冰场里孩子们自发的比赛。他们尽管年龄大小不齐、技术水准差异也很大，但都态度积极、遵守规则，互相表现得很宽容、很配合。一次，打半场篮球中出现了三对二的格局，那两个孩子尽管非常努力，可总也难以扭转比分落后的局面。我因中学时在校篮球队练过球，一时技痒，就提议加入他们的行列。五个孩子很友好地接纳了我。那两个小孩积极为我助攻，使我的三步上篮连连得手，一下使他们反败为胜，两个小队友便不停地跑过来与我击掌，以示鼓励。起初，我还担心对方那三位小朋友不高兴，提出异议，因为孩子们比赛（后来才知道他们年龄最大的 12 岁，小的才 8 岁），大人加入本身就不公平，况且人家都是男孩子，我一个外乡女人加入也显得不伦不类，所以玩了几个回合，我就要退出。不料，是对方三个孩子不愿让我走。他们的意思是他们把比分再扳回来，才同意我离开。只见他们像旋风般拼命地跑，又拦又堵，嘴里还念念有词，说："怎么突然来了个'女乔丹'呢!"结果我这边一位 9 岁的叫皮特的小队友认真地说："什么'女乔丹'，是我们合作成功!"孩子们在运动场上表现出的不屈不挠、积极进取的精神不能不叫人在心底折服。后来我才知道那小皮特父母离异，他是跟着单身父亲生活。可从他的举动上一点儿也看不出这种变故给他造成的心理阴影。

当然，这些活动还能培养孩子宽和容众的协作精神，锻炼幼儿的社交能力。

在美国的幼儿心理教育中，人际交往和应变能力也被列入重中之重。因为未来社会的许多工作需要众人通过协作来完成，儿童从小就习惯了与他人态度平和地相处、协调地配合，长大才不会产生心理障碍。但这种交往不是无原则的迁就，也不是屈从。在美国家庭中，家长们经常倾听孩子的建议，让孩子在家庭决策中起一定作用，但不能胡来，孩子对自己的行为和选择要负一定责任。我在洛杉矶时，曾听一位从杭州去探亲的老奶奶讲了这样一段经历，很为那小孙女的应变能力吃惊。有一次，她与在美国的孙女发生了争执，因为是刚从中国去的，奶奶不适应美国的教育方式，孙女不适应奶奶的强硬语气，孙女就哭了起来。这老奶奶一见孙女哭就慌了，本来是劝慰她，但越急，说话的调门儿就越高。邻居听到后，以为是老奶奶体罚幼女，就打电话报了警（在美国打骂孩子是违法的）。不一会儿，警笛声大作，警察来敲门。老奶奶一开门，莫名其妙，根本不知道警察的来由。结果那小孙女反倒不哭了，立即明白了事态的严重性。警察问："你奶奶打你了？"小女孩摇摇头，说："奶奶没有打我。"警察又问："那么，她骂你了？"小女孩又摇摇头，说："她很爱我，不舍得骂。"警察看了看懵懵怔怔的老太太，接着问："那你为什么要哭呢？"小女孩说："我很烦，可奶奶总想让我好起来。"警察还不放弃，继续追问："你为什么烦呢？"小女孩反问道："我烦需要理由吗？"警察只好耸耸肩，说"对不起，打扰了"，然后自讨没趣地离开。这老奶奶每每讲起这故事，都会夸耀说："如果孩子说我与她争吵，或者说对她不好，警察就会带走孩子，甚至通过法律剥夺家长的监护权。瞧我孙女多聪明！"在关键时刻，这个小女孩态度从容，懂得负责任，不仅知道自己的立场应站到哪一方，而且能随机应变，反守为攻，让见多识广的警察也无言以对。从这一件小事上，也可以看出在美国长大的孩子处变不惊的心态和强大的应变能力。

将儿送去幼儿园，家长应该做什么

新入园的孩子对新环境感到陌生，表现出紧张、害怕和缺乏安全感，从而更加依恋自己的亲人。这时，家长要想方设法缓解孩子这种心理。

有专家说："掉队的学生们并非 16 岁（考高中时）才掉队，他们 6 岁时就掉队了。"这话的意思是父母和社会往往忽略了孩子的早期发展，而当他十五六岁落伍时，大人们才开始大惊小怪。

美国哈佛大学教授波顿·L·怀特说，孩子从开始走路到 2 岁的那段时期是特别重要的，四种基础教育中的每一种——语言发展、好奇心、智能和社会化发展，在 8 个月至 2 岁的那段时期处于关键时期。

因此，也可以这样说，孩子的落伍往往起源于家庭教育的落伍。

怀特教授直率地指出："我们的社会没有训练人怎样抚养孩子。"他为此而痛心疾首，"这件事或许是个悲剧。在西方教育史中，从来没有一种社会认识到早期教育的重要性，或发起对家庭或其他机构系统的准备和帮助，以引导儿童的早期发展。"

在美国，持这种认识的专家与日俱增，他们的分歧或许仅仅是有人认为 2~4 岁是早期教育的最关键时期，而有人认为 3~6 岁最为关键。但在社会应为育婴的父母和家庭提供培训和帮助这一点上，却达成了共识。

在众多有识之士的倡导和身体力行下，众多"妇幼保健站"、"父母培训中心"、"父母教育计划"之类的家长学校应运而生。有一项对 3~6 岁儿童的发展教育做出优异成绩、以家庭为基础的教育指导计划，到目前为止已经运行于 20 个国家和地区。在美国，由于它在阿肯色州的成功和前总统克林顿及其夫人希拉里的支持，不仅使孩子们大获教益，也使其父母们的阅读和书写能力相应提高。

但是，对于忙忙碌碌的上班族父母来说，他们没有时间去接受这种培训。更多的父母还是买几本"育婴指南"类的书籍，选择送儿去上幼儿园。

专家认为，"大人的主要工作是向孩子提供尽可能多的良机，无论是文化的、科学的、艺术的、音乐的、数学的或语言的——提供足够多与年龄适应并不断发展的良机"。

这种"良机"，在比较规范的幼儿园里就容易获得。

在美国，凡是比较规范的幼儿园，教育设施都配套齐全。供孩子们玩耍的设施简直是应有尽有：荡的有秋千，晃的有下面带弹簧的木马、木羊，攀的有绳梯，跳的有沙坑，滑的有滑梯、滑竿儿，藏的有塑料城堡，转的有转椅、转盘……供孩子们动脑筋的玩具也品种繁多，比如拼图、简易电子琴、带磁的书画板、串了珠子的弯曲线路等。这还不够，有时幼儿园还专门买来小动物让孩子们喂养，观察它们的成长状况。此外，令我感兴趣的是幼儿园的儿童发展评估表。各个年龄段的儿童的发展状况，都要在儿童评估表中体现出来。比如 1996 年修订的 3~6 岁的儿童发展评估表，就列出了 90 个项目（见附表，来自洛杉矶加州大学附属幼儿园）。此表内容的详尽，令人叹服。

此表开宗明义，说"这份表是针对 3~6 岁的儿童制定的，用来核对儿童现阶段的技能和表现"；"表中的项目按照儿童发展的领域归为下列几类：人际交往和情感、动作技能、语言、识别和卫生 / 自助"。在每一类中，各项目又按发展顺序排列。根据儿童的具体特征和表现，请家长配合，认真填写。

接着此表还诚恳地提醒家长："任何人都不会比你更了解你孩子的发展状况。针对核对表提供的话题，希望你能与教师一起讨论，在一年中的不同时期去评价儿童的发展状况。如果你能经常补充自己的看法并给我们信息，这非常重要，将有利于我们构思孩子个性发展的教育体验。"

然后是填表说明：1. 如果这个特征（或表现）一直未出现，就不要画核对记号。2. 如果此特征或表现有时出现但并不经常，不是稳固地被孩子掌握，就在"偶然出现栏"画钩。3. 如果此特征或表现被充分掌握并持续发展，已成为孩子的常态，就要在"始终出现栏"画钩。如果是老师评估，还要求具体描述孩子的表现。填写此表的依据是对日常游戏和活动的观察，需要时可以设置特别的"考察情景"以便观察孩子的表现。

我们从表中可以看出，他们列出的项目非常翔实。其意图就是为了帮助教师在各个领域观察并了解孩子的成长状况和发展变化，并以此作为工具，让教师和家长能够更好地明白孩子的个别需要，从而计划孩子下一步的教育目标和发展体验。

幼儿园的这种举措对初为人父母者起到了辅导、培训的作用。

此表就像一个幼儿教育纲领一样，便于父母估量自己的孩子。同时，也根据孩子的特征和表现来丈量自己，看看家长们为幼儿提供了多少发展良机，有没有针对性。

一般情况下，美国家长会配合幼儿园做如下的工作：

第一，先帮助幼儿渡过入园关。新入园的孩子会对新环境感到陌生，表现出紧张、害怕和缺乏安全感，从而更加依恋自己的亲人。这时，家长就要想方设法缓解孩子这种心理。入园前，家长应常与孩子谈论幼儿园的情况，让幼儿对新环境有初步的了解。同时，他们还会带幼儿一起购置入园时必需的用品，以轻松的语调鼓励幼儿做好心理准备。然后，他们会让孩子学会遵守一些规则，比如按时就寝、按时用餐，养成良好习惯以适应幼儿园的集体生活。入园后，美国家长会准时接送孩子。假如孩子不停地哭泣，不愿家长离开，他们亦不会责骂孩子，而是尽量安抚，说明爸妈明白孩子的感受，并告诉他，父母的离开仅仅是暂时的，老师也会同样地爱他。纵使自己有舍不得的感觉，也不让幼儿知道，以免孩子更加依恋自己。对初入园的孩子，他们忌讳急切地追问园内的活动情况和孩子完成学业的情况，以免幼儿感觉到压力和负担。

第二，孩子渡过入园关之后，对幼儿园发生的一切表现出了兴趣，当父母的要认真听他们讲话。比如：他叙述幼儿园要买一只小动物，要孩子们民主讨论买什么好。父母就要表现出"洗耳恭听"的浓厚兴趣，问问他："你主张买什么？"过几天还要再问问孩子到底买了什么。如果买的刚巧是孩子提议买的蜥蜴，就要对他表示祝贺，并要以此为话题，经常问问他那只蜥蜴吃什么，长得怎么样，等等。与孩子时常对话不仅能发展他的语言表述能力，而且会增强亲人间的情谊。如果大人听不进孩子的话，小孩也就渐渐不讲了，两代人之间容易产生隔阂。

第三，孩子带回图画或简单手工制作，父母要表示关注，并给予恰当的评价。如果他的握笔姿势不对，要及时纠正。

第四，让孩子"充分体验"，促其自立。现代社会，不能自立的小孩在增多。其中一个重要原因是孩子自己思考、自己解决问题的机会在减少。比如在玩具缺乏的年代，儿童将身边的东西无意中转化为玩具（骑个小凳子当木马，树上系了绳子荡秋千，脚踩铁锹做高跷），这一过程本身就融入了技巧和创造性思维，也可以看做儿童能力的锻炼和提高。现在的美国，各种玩具应有尽有，集声、光、电于一身的高智能玩具处处可见，真正体现儿童的劳动和参与的却很少。这种玩具的负面效应正引起儿童心理专家的重视。因此，美国的家长们在日常生活中鼓励孩子去观察、体验和思考。比如：进入电梯间让儿童摁电钮，购物时让儿童选自己喜欢的食品或健身器械。有时，孩子玩腻的玩具，家长还鼓励他自己去卖掉。

第五，鼓励孩子交朋友，学习与他人相处的本领，并在与人交往中学习对话、辩论和议论，积极表达自己的心声，从而慢慢掌握社会原则。

第六，节假日时带子女到外面游玩，通过户外活动，增强孩子的体质。

第七，培养孩子的文明礼貌。早上起来问 "Good morning"，睡前要彼此说 "Good night"。通过打招呼能温暖人的心情，增进人与人之间的感情。

第八，培养孩子的学习兴趣，逗引孩子进入"乐学"的境界。比如从动物园归来，就可以取出动物图书，让孩子回忆他在动物园看到了什么。告诉孩子长颈鹿、斑马、犀牛、象等是吃草的动物，而老虎、豹子、狮子是吃肉的动物。还可以让孩子回忆什么是会跑的，什么是会爬的，什么又是会飞的。听音乐磁带时，与孩子一起拍手掌握节拍，背诵儿歌。看童话书时，绘声绘色地给孩子讲故事等。

总而言之，将儿送去幼儿园后，并不意味着家庭教育的终结，恰恰是一个崭新阶段的开始。

[附录：3~6 岁幼儿评估表（1996 年修订）]

一、人际交往和情感

表现情绪以及同他人的交流。这包括：表现和控制情绪、同他人合作、显示特殊的意愿、与父母的关系及与一般成人的关系。

1. 辨认身体的部分。按要求指到脸、臂、腿或脚。

2. 显示情绪。微笑和显示其他恰当的情感反应。

3.离开父母。能否欣然离开父母。

4.联系成人。能否叫出两个工作人员的名字，积极地与成人联系但不过分依赖。

5.与同伴的交流。同其他儿童自在地讲话。

6.寻找新体验。渴望并寻找新的活动和体验；表现出好奇心。

7.保持兴趣。在游戏活动中保持兴趣不需要成人的鼓励。

8.游戏的合作。同三四个儿童合作游戏。

9.调节声音。当接到指示或参加唱歌和语言比赛时，能控制说话的音量。

10.持续作业。持续专注于一个喜欢的作业，直到完成或超过15分钟。

11.显示自尊。显示对成绩或产生创造的自尊；显示用自己的能力完成简单作业的信心。

12.显示特殊的意愿。显示意愿并注意其他儿童的愿望。

13.自我保护。敢于为自己的权利站出来讲话，并且不允许其他儿童经常地取得不合理的优势。

14.关心公平。与其他儿童相处有公平的意识。

15.责任感。对自己的行为遵守竞赛和活动规则，尽心尽责。

16.意识到后果。行为带有预见行为后果的意识。

17.显示创造性。在游戏和手工制作中表现出新颖的想法并显示灵活性。

18.显示恰当的尊重。考虑其他人的心情和感受并自我约束。

二、语言的发展和传播技能：如听、遵随指令、记忆、自我表达，以及阅读。

19.遵随指令（Ⅰ）。遵随一个简单的指令（"坐下"、"跳"、"拍手"等）。

20.扩展听力。注意一个简短的故事，直接读出来或耐心听录音。

21.遵随指令（Ⅱ）。按顺序遵随三个或更多的接连的指令。

22.辨别单词。辨认口头给出的五对单词中的类似或不同。

23.标示物体。说出周围物体的名称。

24.非正式地讲话。在简短交谈中有效地讲话并回答问题。

25.发起交谈。在开始交谈时起引导作用。

26.讲话的再扩展。把握一次交谈，或分担一个报告，超过一两分钟。

27.问问题。在所处情景中问恰当的问题。

28.使用介词。用介词描述一物与他物的关系。

29.使用形容词。知道并正确地使用形容词和反义词。

30.显示听觉记忆。按记忆重复唱歌或做手指动作。

31.按顺序复述。按顺序复述一个简单的故事。

32.显示阅读兴趣。专注地看一本图画故事书。

33.知道阅读的顺序。知道并显示恰当的阅读顺序，由左到右，由上到下。

34.认识字母表。认出并读出表中的字母。

35.使用想象力。能使用想象力创造一个简单的故事并带有某种逻辑顺序。

36.扮演角色。游戏中主动扮演另外的熟悉的人（如：我是救火员、我是护士等）。

三、识别中获得并使用信息。由此促成思考（想一想），并应用记忆和想象，解决问题。

37.带颜色的视觉辨别力。区分四个简单形状的物体，注意按颜色区分。

38.区分形状。区分以下形状：圆、正方形、矩形和三角形。

39.将物体分类（Ⅰ）。依照颜色、形状或大小将物体归类。

40.了解数的概念（Ⅰ）。了解数"1"的概念，由符号认出并读出数"1"。

41.知道五种感觉。能说出躯体和五官名称，同时与五种感觉联系：如"我用我的眼看。"

42.画一个人（Ⅰ）。画一个人的图，要求有头、身、臂、腿。

43.比较长度。在两个小棒中选出较长的。

44.比较大小。在四个大小不等的球中选出最大的和最小的。

45.了解数（Ⅱ）。了解数的概念到5。

46.发现模式。依据一个模式按颜色、大小或形状串珠或堆块。

47.了解相对的属性。以实例表明某些对应词语的相对属性，如重与轻、热与冷、快与慢。

48.了解数（Ⅲ）。了解数的概念到10。

49.认识季节。认识一年四季以及与节假日关联的一些大事（如"夏季不到学校的时候最多"，"复活节和逾越节在春季"）。

50.画人（Ⅱ）。画人的图，出现细节（手指、脚趾、手、耳等）。

51.将物体分类（Ⅱ）。按需要将物体归类。

52.识别幻想。能区分幻想与实际。

53.认识原因与结果。知道原因与结果的关系。

54.预知结果。能预料简单行为的后果。

四、动作技能。能够控制和有效地使用身体。如用剪刀剪、用笔描，以及大的行动技能如跑、平衡和跳。

55.用脚趾着地走。能用脚趾着地走四到五步。

56.走平衡木。平衡木6英寸宽，离地3英寸高（1英寸折合2.54厘米）。

57.由凳子上跳下。由12英寸高的地方跳下不跌倒。

58.单脚跳。单脚连续跳超过三次（3岁）。

59.接住球（Ⅰ）。用臂搂住反弹起的球（直径12英寸）。

60.抛球（Ⅰ）。向任何预期的方向抛出3英寸的球。

61.单脚平衡。单脚平衡慢数到三。

62.拼图（Ⅰ）。能放好三块拼图。

63.临摹一个圆和一个十字。临摹圆，画一条线并返回起始点。临摹一个十字。

64.快跑。持续快跑力所能及的最大距离（4岁）。

65.跳舞。跳舞带节奏感。

66.探索周围空间。分别向前后左右几个方向活动，探索周围空间。

67.拼图（Ⅱ）。能成功地装配简单的五块拼图。

68.使用剪刀。顺畅地使用剪刀并适度控制；按画的线剪开纸。

69.临摹字母。临摹大的大写字母。

70.跳跃。连续跳跃一个确定的距离（5~6岁）。

71.接球（Ⅱ）。接直径为3英寸到4英寸的抛过来的球，只使用手。

72.倒走。能倒走于指定的地方，不发生碰撞。

五、卫生/自助。在意自身的健康需要。包括知道自己需要什么，并能在自助中照顾到安全因素。

73.上厕所。报告教师，并能控制到便池。

74.自己穿衣服（Ⅰ）。穿上衣、裤子、袜子不需成人帮助。

75.掌握本人的资料。知道自己的名和姓、年龄和性别。

76.使用勺子和叉子。按照不同的食物选用勺子或叉子进食。

77.放好物品。按指令放好物品。

78.收拾洒落的东西。按大人的指令收拾洒落的东西。

79.活跃地玩。在游戏场活跃地玩，不需要教师经常地照顾。

80.使用卫生间设施。依照常规使用卫生间设施。

81.自己穿衣服（Ⅱ）。能操作纽扣、拉链和其他扣件，能系鞋带。

82. 准备活动。帮助把计划的用具摆放到桌上。

83. 照管玩具。会照管玩具和用具。

84. 照管自己的物品。显示对个人物品的责任。

85. 品尝新食物。能接受新食物的味道。

86. 辨认食物。把食物分成四种基本类型。

87. 表明判断力。表现适当的审慎并知道主要的安全隐患。

88. 认识天气。了解天气概念，选择适合天气状况的游戏活动，按天气穿适宜的衣服。

89. 了解进程。早上教室内没有完成的活动，午后接着做，明白过程的连续性。

90. 知道住址和电话号码。知道家庭住址或说出家庭所在地的标示；知道家庭或家长的电话号码。

把握人生的道德罗盘

品德决定一生的命运。做孩子的道德教师，没有人比孩子的父母更合适、更称职。

把握人生的道德罗盘

我们在重视"智商"、"情商"的培养和提高的同时，还应该把视角深入到道德领域。事实上孩子们最后的较量是品德的较量，品德决定一生的命运。

在我们中国家长刚刚推崇把孩子智商的检测转向"情商"的培育和提高之际，从事多年教育工作并因成绩卓著被授予"全美优秀教育工作者奖章"，现为国际知名咨询专家和教育家的教育学博士米歇尔·博芭女士，就第一次提出了"德商"的概念。她认为，对一个人一生的品行和前途影响最大的正是这个"商"。

何为德商？简言之，德商就是正确行事的七大人类美德。一有同情心，二具良心，三能自控，四懂尊重，五为善良，六要宽容，七求公正。

在《如何培养孩子的德商》一书的引言中，米歇尔·博芭博士较详细地介绍了构成德商的七大基本美德。她认为：同情是道德情感的核心，这种美德能帮助孩子对别人的需要和感情更加敏感，更有可能帮助那些受到伤害和遇到困难的人们，更能热情友好地对待别人。

良心则是一种内在的强烈声音。它能帮助孩子分辨是非，不偏离道德的轨道，一旦偏离就会感到内疚。这种美德能增强孩子抵御与善行背道而驰的力量，使得他即使面对诱惑也能正确行事。这是培育诚实、责任心和正直等重要美德的基石（而非"害人之心不可有，防人之心不可无"）。

自控是安装在孩子身上的制动闸。它能帮助孩子约束冲动，学会三思而行。有了自控系统的把关，孩子因匆忙作出选择而导致危险后果的可能性就会大大降低（而非"该出手时就出手"）。

尊重能鼓励孩子看重别人的权利，使他们懂得：用需要别人对待自己的方式来对待别人。如果他能关注别人的权利、别人的感情，这就奠定了避免暴力、不公正和仇恨的基础。尊重别人，自己也将获得尊重（而非"维人千条路，惹人一堵墙"）。

善良这种美德，能使孩子体恤他人、舍己为人，关注他人的痛苦和受到的伤害，主动帮助有困难的人们（而非"各人自扫门前雪，不管他人瓦上霜"）。

宽容能帮助孩子意识到别人不同的特点，对新的观点和信念采取开放的态度，尊重别人，并不在乎种族、性别、外貌、文化、信念、能力等各方面的差异（而非"物以类聚，人以群分"）。

公正在法治社会是相当重要的。它能让孩子光明正大、不偏不倚地对待别人。具备了这种美德，就可能按规则游戏，依法办事，公平竞争，在作出判断之前倾听各方面的意见。这种美德能增强孩子的道德敏感性，他将有勇气替遭受到不公正待遇的人伸张正义，谋求人人平等（而非"逢人只说三句话，未可轻抛一片心"）。

在这部书中，博芭博士还详尽地讲了如何评估孩子身上已有的美德，以及培养七种美德的种种方法。

据说，米歇尔·博芭关于教育孩子的书行市十分不错，她的《孩子的差异来源于父母》一书被美国《孩子》杂志评为"年度最杰出的父母图书"。她的教育观念正被教育实践者和理论家广泛引用。她所举办的教育讲座吸引了数百万美国人。

为什么会出现这样的效果？

因为她切中了令人头疼的时代通病的脉搏——高度物质文明与良好道德流失互相呼应。

首先，在美国，许多重要的培养道德品格的社会渠道正在土崩瓦解，孩子们缺乏道德上的监控：

1. 几代同堂的家庭越来越稀少，离婚涉及半数的美国家庭。谁来充当孩子道德选择的监护人呢？

2. 对于夫妻双双上班的工薪阶层来说，疲于奔命的工作、生活节奏，使得好多父母把孩子托给保姆完事，自己没有精力和时间与孩子作情感的沟通和道德方面的探讨。

3. 社区支持系统瘫痪，使得大量青少年丧失了有意义的与别人交际联系的来源。美国是世界上人口流动性最大的国家。这就意味着许多孩子不知道隔壁邻居是谁，也就谈不上发展社区联系，从中获得道德支持了。

4. 缺乏道德行为的榜样。美国人信仰自由，各人推崇各人的，很难由政府推举一个像雷锋一样的榜样。

其次，太多的不健康信息没有经过成年看护人的过滤就直接来到孩子们面前：

1. 在美国，1 400 万十几岁的孩子有 40% 在上互联网。洛杉矶市西蒙·威森塞尔中心的研究人员定期在网上搜寻含有仇恨内容的东西，目前至少有 1 400 多个种族主义的、白人至上主义的、反犹太人的网站，其中包括新纳粹分子和三 K 党的组织。对尚未养成扎实道德价值观的孩子来说，这些网站提供的内容是具有很强诱惑力和渗透性的。

2. 有害影响在美国的文化中铺天盖地，电视、电影、电子游戏、流行音乐，还有各种广告……孩子们要从这些信息中获得玩世不恭、犯上不敬、物质至上、放荡纵乐、粗俗下流以及崇尚暴力的不健康内容，不费吹灰之力。

正是在这种社会大背景下，在这种为未来担忧的忧患意识下，米歇尔·博芭提出了拯救孩子道德生命的希望——重视对德商的培养和提高。这无疑是救世箴言。

中国和美国的国情不同。就孩子们的道德监控系统来讲，中国的优势是不必细言的。我们有四世同堂的传统家庭，讲究妻贤子孝；我们的离婚率也远不及他们高，而且绝大多数父母是非常尽职的；我们有左邻右舍的大爷大娘、叔叔阿姨的影响和关照，有助人为乐的雷锋式的正面榜样，等等。尽管如此，笔者认为谈谈美国专家提出的德商概念，谈谈这七大行事美德的具体内容，对中国家长还是大有裨益的。首先提醒家长们注意，我们在重视"智商"、"情商"的培养和提高的同时，还应该把视角深入到道德的领域。事实上孩子们最后的较量是品德的较量，品德决定了一个人一生的命运。其次，米歇尔·博芭提倡的七大行事美德与中国传统美德，似乎有细微的区别。比如他们的"同情"中的体察别人的感觉、"宽容"中的包容各种差别、"公正"中的遵从游戏规则等，似乎更具有开放性。如果细心的家长能从差异中找到其精华，拿来为我所用，或许会点石成金，使我们的子女更具有适应力和亲和力。

总而言之，如果我们要在道德文化的发展和重建上取得成功，就必须从家庭做起。因为德商的提高必须靠有意识的仿效和精心培养。做孩子的道德教师，没有人比孩子的父母更合适、更称职。

培养为别人着想的同情心

美国的教育专家认为，理解别人的感情、关注别人的需要和感受、富有同情心是良好道德感情的核心。所以，不论幼儿园老师还是家长，都把培养孩子体察他人情感的敏感性放在了首要地位。

在美国大学附属幼儿园教室里挂着一块书写板，上面写着四条箴言：1. 认可孩子的感觉。2. 弄清楚孩子为什么这样。3. 启发孩子自己解决问题。4. 帮助孩子心情好起来。这既是幼儿老师自己的座右铭，也是写给家长和孩子的。培养为别人着想的同情心，似乎是美国德育教育的重要内容。

首先，幼儿园的老师就堪称这方面的楷模。比如：女儿送丁丁去幼儿园时，他不愿意妈妈离开。因为周六、周日与妈妈黏糊了两天，周一的早晨，妈妈把他从热被窝里喊起来，就急急忙忙地把他送到幼儿园，他觉得很难适应。妈妈匆匆离开后，丁丁不能自已，哭了起来。遇到这种情况，幼儿园的老师从来没表现过不耐烦，或者说："你是大孩子了，不应该这么缠妈妈。"她们总是蹲下身来，一边帮丁丁擦眼泪，一边温柔地对他说："我们知道你很爱妈妈，离开妈妈对你是件困难的事情。不过，我们可不可以换一种方法来表达你的爱呢？我们可以给妈妈写信，告诉她你是怎样地爱她……"

老师起身拿出纸和笔来，替丁丁写了"亲爱的妈妈"，然后问他还想说什么。丁丁就说："我很爱你，也爱爸爸……"这样不知不觉就转移了孩子的注意力。当老师将写好的信交给丁丁，让他放学回家后送给妈妈时，他的心情已经变得开朗起来。

美国的教育专家认为，理解别人的感情、关注别人的需要和感受、富有同情心是良好道德感情的核心。所以，不论幼儿园老师还是家长，都把培养孩子体察他人情感的敏感性放在了首要地位。

事实上丁丁在这方面进步很大。在他 4 岁的生日聚会上，女儿给小朋友们切生日蛋糕。孩子们排着队，手里拿着盘子耐心地等着。轮到丁丁时，女儿注意到他双手各拿着一个盘子，便问："自己的生日，要吃双份吗？"丁丁回答："不。我想给艾米丽带一块儿。"女儿一转身，看到第一次参加这种聚会的小姑娘艾米丽怯生生地一个人坐在那儿，远不如其他小朋友开心，便又问："是她让你带一块给她吗？"丁丁低声说："不，她好像不开心，有朋友帮帮她，也许好受些。"女儿对丁丁的敏感和同情心感到惊喜，这件事后又大大地表扬了他一番。

为了培养孩子们这种宽厚仁爱之心，家长们也有必要作出关心别人的榜样。一旦做错了，就要诚恳虚心地接受孩子的批评。

女儿在这方面就有愧对孩子的教训。一次，她很不经意地把丁丁从幼儿园带回来的图画丢进了垃圾桶内，结果被丁丁发现，向她提出抗议，说："那是我的艺术呀！"女儿诚恳地接受了丁丁的批评，并将孩子以后带回来的作品（哪怕是几片树叶）都保管好，或是贴到墙上。

　　能让孩子公平公正、不偏不倚地对待人和事，大人必须不偏不倚、公平公正地对待孩子。人与人之间不管种族、文化、信仰都能平等相待的美好理想目标，正是贯穿在日常家庭教育的生活点滴中的。

悦纳残疾孩子

与其为孩子先天丧失的能力而忧愁、难过，何不为他现存的能力而庆幸、高兴呢？与其说他这不行、那完了，何不指出他哪点行、哪方面是强项呢？

在美国时曾听美国朋友讲了这样一件事情，不禁让我对这样一对父母产生了深深的敬意。

罗伯特夫妇，男士是大学教授，女士是社区工作者，生有一子。这儿子英俊聪明，很有音乐天赋。孩子提议爸妈再给他生个漂亮的妹妹，于是罗伯特夫人又怀了二胎。但是，当医生从育婴室抱来他们的"二胎"时，不仅事与愿违，不是他们盼望的漂亮女婴，而且这男孩睁开眼睛时只有白眼球，没有黑色的瞳仁。医生不得不告诉他们一个残酷的现实：这孩子有先天残疾，终生失明。罗伯特夫人怀抱着这样一个"肉团"，简直不相信这是自己生出的孩子，接连问医生是不是医院搞错了。尽管医生一再说千真万确是他们的孩子，罗伯特夫人仍不情愿将那发胀的奶头送进孩子的嘴里。她说她当时差点儿被这不幸击昏了……

这时，产妇的妈妈听说了这件事，就来医院劝慰女儿："不管怎么说，是你十月怀胎孕育了他。他既是你生出的，你就有责任和义务哺育他、教养他，因为他是咱们家的孩子！悦纳孩子是父母的天职！"

于是，罗伯特夫人含着泪把自己的奶头送进那张嗷嗷待哺的小嘴里。

回到家里，这对可怜的父母又耐心地做儿子的工作，让他善待有残疾的弟弟。他们对儿子说：因为弟弟没有视力，我们更要关心他、体贴他，给他讲述外面的缤纷世界，扩展他的听力和想象力。此后，罗伯特夫人就一边喂奶一边给儿子唱童谣、讲故事，哥哥也常常为弟弟弹奏钢琴曲子。当这残疾儿以微微的笑意表示回应时，他们就以热烈的赞许声、鼓掌声来鼓励他。

然而，两年之后，又一个残酷的现实摆在这对父母面前：他们发现这孩子没有语言能力。但是，这一次这对父母却默默承受了这个打击。罗伯特夫人首先认定的是孩子具有良好的感知能力和惊人的记忆力，因为她发现自己在给他重复以前讲过的故事时，孩子会预先就表达会心的微笑。有时那故事的紧张情节会引发孩子的肢体语言，他全身紧张，连小手都会握得紧紧的。他们这样想：与其为孩子先天丧失的能力而忧愁、难过，何不为他现存的能力而庆幸、高兴呢？与其说他这不行、那完了，何不指出他哪点儿行、哪方面是强项呢？

于是，罗伯特夫人日复一日地给他读书、讲故事。每晚在孩子们入睡前，她都坐在他们的床边，绘声绘色地给他们读上一段书。有时，她会特意不念出一个句子中的某两个字，问他们：

"下面的意思你们能补上吗？"她故意对大儿子眨眨眼，等着看二儿子的反应。当二儿子急得红头涨脸，用手比画着想补上什么时，妈妈就握握他的手，夸他聪明，表示自己已理解了他的意思。看残疾儿子有了求知的欲望，他们还特地请了盲文教师，来教儿子认字。

同时，当大儿子的钢琴老师来教钢琴曲时，他们总是把二儿子也抱到旁边，让他一起聆听。

久而久之，奇迹出现了。当残疾儿子长到 12 岁时，有一天罗伯特夫人外出回来，听到屋内传来悦耳的琴声。她很吃惊，因为大儿子已住了寄宿学校，这琴声来自谁之手呢？她小心翼翼地趴到窗口张望，原来弹奏者正是二儿子。罗伯特夫人冲进屋去，与二儿子紧紧拥抱在一起。她惭愧地说："对不起，妈妈实在是低估了你的能力。"她原以为盲人儿子会找不到琴键呢。

后来，她为儿子请了最好的钢琴老师。在全美残疾人钢琴演奏会上，他们的二儿子夺了第一。他的音准、乐感甚至超过了身体健全的哥哥。

其实，美国父母悦纳残疾孩子，上面所述不是特例。大家熟知的盲聋作家、教育家海伦·凯勒就是她的父母成功家庭教育的杰作。

两岁那年，正当海伦咿呀学语的时候，一场致命的疾病夺去了她的视觉和听觉。海伦的父亲对妻子说："作为孩子的父母，我们没有理由歧视她、厌弃她，而应千方百计，把她培养成有用的人。"

对一个没有视觉和听觉的孩子来说，与大人交流是何等困难。然而，海伦的父母却想尽了一切法子，要让她掌握更多的知识。每一次有客人来访，父母总是叫孩子一起来陪客。说话的时候，母亲不顾有客在旁的尴尬，耐着性子把女儿的手伸到自己嘴里，让女儿用手指感知她说每个字母和每句话时舌头的位置和动作，然后，叫海伦移动双唇、转动舌头来模仿。

知道孩子有学习的欲望，海伦的父母还为她请了盲文家庭教师。那位名叫安妮·沙利文的教师原来也是盲童。14岁时，一次成功的手术使她重见光明。六年的盲童学校生涯使她积累了一定经验，海伦在安妮的帮助下终于开启了蒙昧的心扉。父母、教师一起教海伦说话、识字、写文章。海伦终于由上盲童学校转而上女校、女子学院，后来成为世界上第一个接受大学教育的盲聋人毕业生。

大学毕业后，海伦从事写作和讲演。她决心以父母和老师赋予的力量，来拯救那些和自己一样生活在黑暗和孤独中的人们。她几乎跑遍了美国所有的地方，还曾到过许多国家讲演。她的《冲出黑暗》等许多著作被翻译、介绍到世界各地。她把挣得的钱捐献给各国政府和慈善事业，为人类的进步和福利事业作出了巨大的贡献。美国作家马克·吐温认为，19世纪的两个伟人一个是拿破仑，另一个就是海伦·凯勒。美国政府对这位象征教育界奇迹的学者也十分推崇，经常邀请她去白宫做客。政府希望通过海伦的事迹，促动更多的父母把自己的孩子培养成有用的人。

　　我几次赴美所到之处，美国家长们推着轮椅、带着残疾孩子出游的情景随处可见。他们对残疾孩子的关爱和耐心，堪称我们的楷模。

把宽容作为培养德商的重要内容

//

　　宽容是人类的美德。教孩子正确行事的宽容教育应该是不分国界的。对个别爱显摆自己优越性的家长来说，首先应该自己接受宽容的教育。

//

　　到美国去探亲，看到中国人就特别亲切，总觉得我们是来自黄土地上的同胞兄弟姐妹。但因为方言的差异、地域的差别，也常常感觉出种种难堪来。比如来自某大城市的一位大姐，一开口就说："噢，你们那地方可不怎么样，不是刚刚出过假酒案吗？对，黑煤倒是挺多……"弄得人不知怎样应对她才好。仔细琢磨，不少同胞都有这种习气。大城市的看不起小城市的，城里的看不起乡村的。在我读中学时，不是也奚落过山里娃没见过火车，以为火车轮子是橡胶的吗？相反，和我们头发、肤色相异的美国人知道我们来自中国时，倒常常表现出赞许与尊重来，他们总是说："中国是个古老而文明的国家，我们很向往那个美丽的地方。"

　　后来才发现，美国家庭把消除偏执和歧视，倡导宽容、尊重和理解当成一项强大的道德力量来感染孩子、教育孩子。能否做到宽容和克制是德育教育的重要内容。

　　《养育好孩子》一书的作者托马斯·利考纳解释说，作为道

187

德美德的宽容有两个方面：第一个方面是尊重，尊重所有人基本的人类尊严和不可剥夺的人类权利，包括他们作出道德选择的良心自由，只要他们不侵犯其他人的权利，尽管我们不认同来自不同地域的人的习俗或信仰，但宽容这种美德让我们不将自己的观点强加于别人，或不公正地限制他人的自由。宽容的第二个方面是欣赏，欣赏人类丰富的差异，欣赏来自于各种背景、人种、宗教、国家和文化的人们的许多正面品质和贡献。我们要想让孩子们在家庭里、学校或社会上能理解各种有趣的、有用的和有益的思维方法和生活方式，并且从中得到教益，最起码得让孩子承认差异、接受差异，认识到每个人都是独一无二的。在这个意义上，宽容就是要在所有人身上找到美好的东西。

在美国家庭的具体操作上，一般是遵循这样五种做法：

第一，树立宽容的榜样，消除自己的偏见。美国印第安人有一句谚语："你的行动非常雄辩，所以我听不见你说的话了。"意思即道德行为既是言语教会的，也是（大人的行动）让孩子看会的。所以向孩子们传达"宽容"这一强烈信念时，家长们必须身体力行。有一位家长这样说："要帮助孩子变得宽容大度，第一步是检查自己，照镜子消除自己的偏见。"他认为有些偏见与陈规根深蒂固，我们会在无意识中就传达给孩子。他列举了自己意识里来自一位亲戚的偏见：认为无家可归的人全是懒鬼，把纳税人捐助他们的钱全买酒喝了。因为这位亲戚反复这样说，这种偏见就在他脑海里扎下了根。当他做了父亲后，在无意识中又把这种观念传给了孩子们。当他与孩子们路遇一个无家可归的人时，他会情不自禁地对孩子们说："别给他钱，因为这些钱绝不会被他正当花掉！"结果是他的儿子们教育了他。当儿子们长到十几岁时，结交了一位每个星期六站在教堂外乞讨的无家可归者。他发现孩子们在每个星期日进教堂前，都给那人一些零钱。冬天，他们还带多余的毯子和旧衣服给他御寒。后来，他发现那人与他的孩子们一起走进了教堂，当为穷人募捐的篮子传到他面前时，那位乞讨者把孩子们给的零钱都投到了篮子里。

这位家长以此为借鉴，认真思考：自己的长辈究竟传给自己什么偏见？哪些偏见至今还残存在自己脑海里？并且他把自己的反思告诉给孩子们，与孩子们一起讨论，力求用宽和容众的观点来感染孩子，教育孩子。

第二，父母要承担养育有宽容心的孩子的责任。要防止孩子接触互联网上煽动仇恨的网站，防止他们听充满种族歧视内容的音乐，引导他们拒绝看有种族歧视的电视。要明白地告诉孩子自己希望他们理解和尊重差异，并决心培养他们的宽容心。孩子一旦明白了父母的期望，就有可能接纳父母的原则。

第三，在家庭里，不允许有歧视性的评论。比如孩子们回了家后会信口这样说："中国的孩子是绝顶聪明的怪物、学习机器。""他当然会加入篮球队，黑人就有那优势，真不公平！"合格的父母们听到这种评论时，会直截了当地表达自己的观点："这是种带有偏见性的评论，我们不爱听！"

第四，提供各种正面形象。从孩子很小的时候，就为他们提供有各种差异的正面形象——包括玩具、音乐、文学、电子产品和公众人物的榜样。孩子所接纳的各种各样的差异榜样越多，视野越宽，宽容度也就越大。

第五，鼓励参与多元化的活动。无论孩子年纪多么小，都鼓励他接触不同种族、宗教、文化、性别、能力和信仰的人。在幼儿园、学校、社区或夏令营里，鼓励孩子与不同的人坦诚相待，遵从规则，平等竞争。

美国人为什么这样重视宽容美德的倡导呢？我想，这与它是世界上最大的移民国家分不开。在美国的社区游乐场所，经常听到法语、俄语、日语、汉语、越南语、西班牙语等世界各地的语言。据 1998 年统计，在美国 2.7 亿人口中，白人占 83.4%，黑人占 12.4%，亚裔人占 3.3%。信奉基督教新教的占 57%，信奉天主教的占 28%，信奉犹太教的占 2%，其他教占 4%，不属于任何教派的占 9%。美国已经变成一个文化上相当多元的国家。如果不提倡宽容，很难设想会有如今相对安定的局面。要让孩子们和谐地生活在这样的多种族的国度里，他们就必须学会接受相互间的差异，从小接受良好的宽容教育。尽管如此，美国校园的枪杀案还是时有发生。1999 年科罗拉多州哥伦拜因中学发生一起大屠杀案，致使 1 名教师、12 名学生丧命，23 名学生受伤，然后两个凶犯自杀身亡。2000 年 3 月 4 日，警方又搜到一名学生的仇恨日记。该生是皇家棕榈海滩中学的初中生，名叫德里克·莱曼。在日记里，他声称要千方百计招募同伙帮助他杀死那些曾嘲笑过他的同学。他在一本作文练习簿里画满了德国纳粹党的党徽，还有一张学校地图，上面标明执行死刑的地点。莱曼写道："我的仇恨是无条件的。我敬仰像希特勒这样的人，看着埃里克·哈里斯和迪伦·克莱泊尔德的谋杀和自杀，我发出狞笑。"这个初中生所提到的后面两个人，正是发生在上述大屠杀案中的两名凶犯。他竟然视他们为英雄和榜样——所以，美国重视宽容教育既是历史的必然，也是现实的当务之急。

从主流社会来讲，这种教育的成果还是显著的。美国人一般兼容性很强。在公众场合，他们不会因为某人的种族、身材、残疾或奇装异服而注目或窃窃私议。与人谈话时，他们往往注意的是别人正面的特点，而不是他们的差异。这种宽和容众的做派，体现在他们生活的方方面面。不管是在日本的饭店还是在韩国的烧烤店或是中国餐馆，都可以看到大量美国人，他们的饮食习惯也是兼收并蓄的。在公园里，可以看到美国人学习中国太极拳和武术，还有热衷于中国京剧的。他们仿佛对各个民族优秀的东西都有好奇心，并充满兴趣。

讲了半天美国人的宽容教育，是不是与中国的国情大相径庭，没什么现实意义呢？我认为不仅是有现实意义，而且有深远的历史意义。因为在我们的文化传统里，我们的文化祖师爷就教给我们"君君，臣臣，父父，子子"这样等级森严的尊卑观，而且明确指出"唯女子与小人难养也"，这种根深蒂固的等级观念发展到"文化大革命"中又变成了以家庭出身论尊卑，在商品社会的今天，则又以权力大小、挣钱多少，呈现差异……

我们常常在电影院里、公共汽车上看到这样的争执：

甲说："眼睛长到后脑勺上了，不看路光踩人？"

乙说："哟，嫌挤包场子去（坐小车去）！"

甲不宽容，乙更尖刻。言外之意是你我同属一个等级，没资格嚷嚷。

在每年的新生入学时，学生宿舍中常见抢占好铺位的纠纷。为了避免争执，老师们事先就在床位上编了号，名字与编号一一对应。但就有那个别家长会揭了号调换位置。在他们的意识里，孩子四年能睡个好位子，心里就舒坦，也体现了优越感。殊不知他们在孩子同学眼中呈现的是特殊、是差异。而一旦自己的孩子失掉宽容心，他便会自寻烦恼。

宽容是人类的美德。教孩子正确行事的宽容教育应该是不分国界的。对个别爱显摆自己优越性的家长来说，首先应该自己接受宽容的教育。

攀比是自信心和自控力弱的表现

与美国的家长相比，中国的父母对孩子在物质方面的呵护太多，而知识领域的开掘、能力方面的训练又太少。这就使孩子的目光总盯在"别人有什么，我没有什么"上。

现在的中国社会有一种攀比风气，大到比住房的宽敞、汽车的名贵，小到比衣着的时髦、化妆的新潮。这种风气正在中小学生中悄然滋生。更叫人吃惊的是幼儿园的小朋友也这样，据我熟知的平阿姨讲，她的女儿萌萌今年才3岁，就会要挟她买这买那了。她刚刚给萌萌买了蝴蝶结发卡，没几天孩子就又闹着要买有金色发辫的头套。萌萌的理由是她们班的好几个小朋友都有，她也非要不可。不给她买，她就不去幼儿园。平阿姨说满足她一回两回的要挟倒无所谓，最令人担心的是孩子的攀比之心若随着年龄增长，那可怎么办呢？

如果拿物质条件的优越、豪华与别人比，从而达到心理的满足、精神的愉悦，这种攀比是没有积极意义的。它是自信心不强，自控力较弱的表现。

相对于中国的孩子而言，美国的孩子中这种风气似乎要弱些。他们从小接受的熏陶是"你是最棒的"，"你是如此特别"，一个个都特别自信。而且一般家庭从孩子3岁到6岁期间已经展开了绘画、音乐、溜冰、营销等方面的训练，比谁画得棒，比谁弹奏得好，比谁滑得快，比谁营销业绩高等集中了孩子大部分注意力，这样他们一般就不会把目光聚焦在别人的衣着打扮和个人消费上了。在美国的幼儿园里，环境保护、动物保护、热爱自然，都是重中之重，这就扩充了他们幼小心灵的人文关怀的含量和精神范畴的内容，所以也就不会在意物质上的攀比了。

与美国的家长相比，中国的父母对孩子在物质方面的呵护太多，而知识领域的开掘、能力方面的训练又太少。这就使孩子的目光总盯在"别人有什么、我没有什么"上。

最近我在报纸上看到一则消息，说英国的中小学生将上"气候课"。英国教育大臣艾伦·约翰逊认为，告诉孩子们气候变暖危害无穷是至关重要的事。他说："当今的孩子扮演着消费者和影响消费者的双重角色。让他们明白为赶时髦买一双运动鞋会有什么影响，同教育他们向父母施压、劝阻父母购买耗油汽车一样重要。"这则消息让人感触良深。它体现了西方世界的一种教育理念：让孩子开阔视野，从小就有保护地球的意识，并理解自己作为消费者的责任。这种人权意义上的对孩子的重视和尊重，体现了教育者的远见卓识。

初来美国时，我就常常感到美国的孩子们有一种小大人式的气概：勇敢、有责任心。这完全是西式教育的结果。美国的家长鼓励孩子们从小就自立自强，一般情况下他们想要什么，要靠自己打工赚来的钱去购买，比如在海滩上卖热狗、冷饮，到饭店端盘子，或者给人看孩子，等等。美国的家长把孩子推到现实生活中去锻炼，除了打工之外还鼓励孩子做义工，即做不要报酬的服务于社会的志愿者。前者使孩子学会对自己负责，后者培养孩子对社会负责的意识。研究表明，打工越早的孩子，一生的总收入越多。因为打工是孩子事业的第一步，事业开始早，将来在社会竞争中必然先声夺人。在美国，由打工仔变成大公司老板的例子不胜枚举。名列世界五百强的沃尔玛零售公司，4 000多家连锁店布满世界各地。可谁曾想到这大公司的老板是"以一扇门改变了命运"的呢？沃尔顿原来是一名油漆工的孩子。他不仅读书刻苦用功，假日也常跟着父亲出门打工。这一年，沃尔顿考上了美国著名的耶鲁大学，但没有足够的学费。凭着精湛的油漆技术，他得到了一项活计，负责油漆一栋房子的门窗。就在他支起已刷完最后一遍油漆的门时，门倒在了一面墙上，雪白的墙上划出一道漆痕。沃尔顿细心地刮去漆痕，再用涂料修补了墙壁。可补上的涂料与整面墙仍有轻微的不协调。于是他再买来涂料，将整面墙重刷了一遍。可这面墙似乎与整个房子不协调，他就又将全部内墙粉刷了一遍。最后他向主人说明情况，并表示涂料钱从他的工钱里扣。主人非常欣赏沃尔顿认真负责的精神。原来房子的主人是位老板，他不仅资助沃尔顿读完了大学，还将女儿嫁给了这位诚实的小伙子。十年后，这位老板又将公司交给沃尔顿经营。正是沃尔顿接手公司后，将其连锁店发展到了4 000多家。这个故事听起来像个童话，然而却是美国孩子自强自主、敢于负责的精神的真实写照。

要自强自主，要勇敢诚实。这些道理中国的孩子也都懂，但要真正做到却非常困难。这里面还有个抵制诱惑、自我控制的问题。美国心理学家曾作过这样一项研究，让一些 4 岁小孩在实验室完成一个简单的任务，比如将散落一地的玩具收拾在一个大箱子中，并对他们说："如果你能把玩具收拾好，我就奖你一块糖。"当孩子们完成任务每人得到一块糖后，实验员又拿出一块巧克力给孩子们看，并说："现在你手里的糖你可以吃也可以不吃，如果谁能忍耐到我回来，我就再奖他一块巧克力。"实验发现，大多数小孩等不到实验员回来就把糖吃掉了，只有少数孩子能耐心等待。研究人员同时测试了他们的智商，然后对他们进行跟踪研究。等这些孩子长大成人后，研究者统计了他们的社会地位、经济收入、家庭和谐程度等指标，发现孩子们小时候的智商与他们长大之后的生活没有太显著的关系。但是，通过他们当初在实验室能否忍耐、能否抗拒诱惑，却能预测他们长大后的社会地位和生活状况。当初能忍耐的孩子，多数有较好的社会地位，接受了良好的教育，经济收入较高，家庭关系也和谐。而当初不能忍耐的孩子，情况比较复杂，有好点儿的，也有差的。但是这些人的社会地位、经济收入和家庭生活的平均水平明显不如那些从小善于自律、善于抵制诱惑的孩子。

这项研究给我们的启发就是家长不能无限制地满足孩子的要求，助长他的攀比之风，尤其不能满足对孩子没有积极意义的要求。从 3 岁到 6 岁（即上幼儿园的阶段），正是一个人由自然人向社会人发展的关键时期。什么是应该做的，什么是不应该做的，什么是良好的道德标准，和周围人建立什么样的关系，怎样将自己和谐地融入社会群体中，这些都应通过阅读、郊游、做游戏、讲故事的方式教给孩子，从而拓宽孩子的视野，丰富他们的精神世界，淡化其追逐物质享受的攀比心理。

要让孩子没有攀比之心，首先是大人不能攀比。如果要攀比，就与人比知识、比技能、比学养、比创造和发明。

建议家长们通过以下方法改变孩子的不良习惯：

第一，比知识、比技能。比如有孩子给大家讲了故事，口齿清楚、叙述有条有理，家长就要当众表扬。或者孩子画了图画、琴弹得好，父母都可以在不经意间向外人介绍，说明自己为孩子的努力而骄傲，让孩子从中产生成就感。

第二，教育孩子要有是非观念，懂得比什么有意义，比什么没有意义。要比主观努力，而不比客观条件。相貌是天生的咱不比，智商是天生的咱也不比，衣服玩具是家长给买的，零花钱是父母给的，这些都属于不比的内容，要比就比主观努力程度。

第三，等孩子长大一些之后，可以让他有点打工的体验（或者是推销的体验，比如让他去卖自己玩过的旧玩具），让孩子了解金钱来之不易。

第四，利用自己家中孩子最喜爱的玩具，将孩子从追逐的目标中转移出来。比如萌萌喜爱人家的发套，平阿姨可以说明蝴蝶结发卡的好处，蝴蝶结可以作为样本，让孩子去画或用橡皮泥去捏。当孩子完成自己的作品时，家长再给以夸奖和鼓励，进而说明我们自己拥有的东西，不一定就比别人的差。通过这种方法可以教育孩子珍惜自己拥有的东西，并充分发掘其价值。

第五，如果遇到孩子情绪激昂、不可理喻的时候，也可以采取冷落的办法。当他哭闹不休时，暂且不理他。孩子见大人们态度坚决，自然就不会再坚持（需要注意，此时爷爷奶奶和父母态度要相一致）。

千万别替孩子圆谎

父母替孩子圆谎是一种很不好的心理暗示，它使孩子以为错误本身无所谓，能够搪塞过去才是本领。圆谎的更大危害是消解孩子的是非观、责任心。什么错误都让家长给开脱掉了，久而久之，必然养成他不为自己的行为负责任的习惯。

在法制栏目中常常会看到这样的情形：当刑警去犯罪嫌疑人家中实施抓捕时，嫌疑人的父母本来知道儿子的行踪，却装出茫然不知的样子，或者藏东说西，欺骗刑警。这种情形自然激起观众的义愤，最终那儿子难逃法网，父母也因包庇罪受到惩罚。明眼人一看就知道这父母原本是自欺欺人，不会有好下场。可是，日常生活中父母为子女圆谎的情形却常被人认同。有人还将此视为人情练达的机敏举动。这种认识上的误区就为后代道德品质的健康发展埋下了隐患。

记得我上小学二年级的时候，我们班有四五个小女生受一个娃娃头儿控制。一天她说："明天我父母不在家，咱们集体逃课，到我家玩牌。"我胆子最小，既想玩牌，又怕逃课后挨批评。她见我犹豫就教唆我说："你害怕就到刘老师家请个假去，说你家要磨面，你妈叫你帮忙。"班主任刘老师与我们同村。那天，我把书包放到她家，便硬着头皮去找老师请假。在村中十字路口，迎头遇到正要去学校的老师，我刚刚说了推磨的事儿，刘老师还没表示准不准，恰巧我爷爷从另一个方向过来，他老人家当场就呵斥我道："这闺女咋学会了说谎，谁说咱家今天磨面？"那种当场被揭穿的尴尬情形，让我终生难忘。为此，我还挨了刘老师的严厉批评。可是，那娃娃头儿逃课后，反而平安无事。原因是她的母亲替她圆了谎，"证实"她那一天的确肚子疼。那位替女儿解了围的母亲曾笑话过我爷爷，说："没见过那么偏的老头儿。自家往自家娃脸上抹黑！"我当时也觉得委屈，一旦被老师认为是不诚实的孩子，需要很长时间的努力，才能改变老师的看法。但是，随着年龄的增大，我越来越感谢我耿直的爷爷。正是在纠正老师看法这一过程中，使"诚实"这一品德在我的意识中扎了根。

一种良好品德的形成，需要日积月累，如同孩子学写字一样（记得我小时候常在"步"字右下方加一点、"染"字上部加一点，老师曾反复纠正），需要反复纠正错误，才能学会明辨是非。幼儿对道德规范的认识，往往是从肤浅的具体事情开始的，经过他们亲历的一件件具体事情后，通过家长的不断雕琢后，才能逐步完成本质的飞跃，从而达到社会认可的标准。据说 2 岁到 6 岁是一个人品德、个性形成的重要时期。在这个时期，孩子的大脑神经活动具有高度的可塑性，容易接受外界的各种刺激，形成一定内在的固定联系。这时形成的一切习性都非常地牢固，并将作为"第二天性"呈现出来。因此，父母替孩子圆谎是一种很不好的心理暗示，它使孩子以为错误本身无所谓，能够搪塞过去才是本领。

圆谎的更大危害是消解孩子的是非观、责任心。什么错误都让家长给开脱掉了，久而久之，必然养成他不为自己的行为负责任的习惯。我在学校教书时曾遇到过这样的学生。问他为什么迟到了，他会说：闹钟坏了，他妈妈又没有及时唤他起床；问他为什么没有按时完成作业，他会说：某某把他的作业本借走了，没有还回来。他永远有借口为自己开脱，从不承认自己有错。后来，我曾做过家访，与其母亲谈过话。有意思的是，他母亲竟然说："他本来不是这个样子，上中学后交了个朋友，是那孩子把他带坏了……"我一听这做母亲的解释，心中便明白了一大半儿。后来经过进一步了解，果然验证了我的猜想，他母亲堪称圆谎老手。据说他是家中最小的儿子，从小比哥哥姐姐都聪明顽皮。父亲对他如贾政对宝玉一般既寄予厚望，又要求严厉。于是，母亲便对他百般袒护起来。他掉了茶杯，地上一片狼藉，母亲见其父归来，忙说是自己失手打坏的；他撕坏了小人书，其父追问，母亲会说某某小朋友来看书，不小心扯了……为儿子开脱责任几乎成了这位母亲生活的一部分。直到父亲去世，请了有名望的长者来家里商量如何办理后事，还传出母亲为他欲盖弥彰的一幕。父亲壮年早逝，死于不治之症，哥哥姐姐缅怀父亲的一生，感叹唏嘘，悲痛欲绝。可他却如无事人一般，手持电视遥控器不时调换频道，寻找自己爱看的节目。电视不时嗡一声，搅得人心烦意乱。他的兄长一气之下关掉电视，举家长辈侧目而视。母亲却慢悠悠地袒护道："他是关心出殡时的天气，想看看天气预报。"谁知那小子却不领母亲的情，怒冲冲地又开了电视，看起了武打片。举座宾客愕然，哭笑不得。他母子却习以为常，满不在意。试问：似这样生不尽孝，死不尽责，对父母、对家庭毫无责任感的不肖之子，对社会又能有多少贡献呢？

结果可想而知：他高中复读了好几年，学理不成改学文，学文不成改学艺，却始终没有考上大学。几经周折当了工人，后来又停岗待业。试想：有谁乐意接纳不为自己行为负责的员工呢？为自己开脱本来是人性中最原始、最顽固的防卫机制，我们应该理智地掌控它；一旦放任，形成习惯，这个人几乎就难有希望获得成功了。

对不良个性及品德的改造，往往比培养优良的品德要困难得多。

在美国，诚实和尽职尽责是国家任用干部、公司聘用职员的第一标准。当年克林顿总统与女实习生莱温斯基有染，几乎被拉下总统宝座。美国人气愤的并不是男女间的不正当关系，而是在法庭上他手按圣经"信誓旦旦"地撒了谎。美国人的推理是：在这件事情上你不敢认错，对自己的行为逃避责任，那么在处理国家重大事情上你会诚实守信吗？美国公司老板也是这样，给员工安排了工作任务，只问其任务完成的情况，而不听你为没完成任务所作的辩解。一旦你用这理由那理由推卸责任，他们会客客气气地说："这里的活儿不适合您，请去找适合您的工作吧。"

培养孩子诚实守信的品德，说起来容易，做起来是很难的。首先，大人必须身体力行，为孩子做出表率。女儿在送丁丁上幼儿园时，就出现过越规的情形。美国汽车普及，停车位紧张。幼儿园附近的停车位更是有限。有一次找不到空车位，眼看上班要迟到了，女儿心存侥幸地把车停到了画红线的救火车空位上。她急匆匆进了幼儿园还未把孩子交给老师，随后进来的一位家长告诉她出事了，有警察围着她的车转。等女儿出来时，车上已贴上了罚款的黄纸条。晚上接孩子回家时，丁丁问："妈妈，早上发生了什么？"女儿心里咯噔了一下，觉得还是如实地告诉孩子好。大人犯了错向孩子隐瞒，就会给孩子一个心理暗示，他犯了错也可以向家长隐瞒。女儿说："妈妈犯了错误，把车停到了不允许停车的位子，被警察罚了40元钱。"孩子又问："警察批评你了吗？你哭了吗？"女儿说："警察贴了罚款条儿就走了，没有批评我。妈妈也没有哭。人家罚得对，做错了事就要承担责任。"接着女儿又给孩子讲了救火车停车位的标志和残疾人停车位的标志。如果这时她替自己开脱，说妈妈如何忙，如何不得已，就不仅失掉了教育良机，而且还会起负面作用。从这以后，送孩子上学时就只有早起早动身了，自己再紧张也不可以当着孩子的面重复犯错误啊。尤其不可以教给孩子有人监督时遵纪守法，没人监督时就可以钻空子。事实证明，每天早起半个钟头的辛劳还是值得的。后来丁丁就当起了小警察，见了救火车停车位时，他总是很警觉，提醒妈妈别轧了那红线。

人的天性中就有为自己开脱的本能，尤其是聪明的孩子，你不教他，他都会找理由为自己护短、讨大人的欢心。家长必须理智地揭穿他的小把戏，让他明白诚实比机敏更重要。有一次女儿带着两个孩子郊游回来，小弟兄俩都饿了，女儿就先炒了一盘鸡蛋让他们压压饥。她边做饭边观察弟兄俩的吃相。哥哥很实在，吃一口从盘中夹一次，而弟弟丁丁抢着往自己碗里夹了半碗。当妈妈走到他们身旁时，丁丁却说："我觉得应该给爸妈留一些。"女儿尽管为儿子的机敏称奇，但还是严肃地说："把你碗里的倒回去，妈妈不需要留。"此时，如果妈妈一高兴，夸孩子总是惦记爸妈，必然会助长他的文过饰非。女儿对朋友们讲起这件事时，也有友人觉得女儿太过分，让孩子丢了面子。但多数人认为她做得对，如果妈妈当时圆了儿子的脸面，孩子就会从开脱责任和圆谎中找到成就感，进而养成习惯。诚实品德的培养，没有平日生活点滴中的日积月累，单靠说大道理是不能奏效的。一项社会调查显示，如果用问卷考察方法来测试中国的中学生，99%的人能将"五讲四美三热爱"、"八荣八耻"等道德法规性的试题答得井井有条、头头是道。但这仅仅是停留在道德认知的层面，倘若要落实到道德情感、道德意志和道德行为上，即做到"知、情、意、行"的统一，有60%的人都不合格。所以有人说中国的德育流于形式，是一壶烧不开的温吞水。嘴上说一套，行动上是另一套，这种状况一旦形成惯性，后果就可想而知了。

在美国，精英家长们不仅把诚实守信作为教子的第一准则，而且要求孩子"必须为自己的行为负责"。一个十来岁的男孩，在草地上踢球，打碎了一座房子的玻璃。在房子的主人还不知晓这件事时，男孩的父母就鼓励孩子敲开人家的门，赔礼道歉，并赔偿人家的工本钱和安玻璃所付出的劳力损失。对这些，男孩都能接受。令他感到委屈的是父母又给他约定了还钱的期限，即他必须在半年之内还清父母为他抵垫的赔款。父母明白无误地告诉他："你必须为自己的行为负责。一分也不能减免。"这孩子利用节假日辗转打零工，几经波折才在限期内还清那笔借贷。他就是日后当了美国总统的里根。这件事使他刻骨铭心、一生受益，直至他当了总统对人们谈起父母的严格管教时都心怀感恩。

到底是机敏善辩的本领重要，还是诚实守信的品德重要，从世俗功利的角度看也许是前者能占便宜。然而在人生的竞技场上能够经得起时间考验的赢家必然是诚实守信的智者。换句话说，机敏善辩的才干必须建立在诚实守信的基础上才会立于不败之地。法治时代、竞争社会更是如此。

孩子为什么这样自私

///

溺爱的结果是孩子变成了"小皇帝",父母成为"臣仆"。然而,"皇帝"的欲望是无限的,"臣仆"的能力是有限的,如此下去,父母总有满足不了孩子要求的一天。可是父母的顺从已成为孩子头脑中的思维定势,一旦父母表现出违逆其意愿的意思,孩子那不可理喻的自私就冒头了。

///

一位朋友对我说:现在的儿女自私得很,将有钱的父母当取款机使,将没钱的父母当榨汁机用,全然不管大人的甘苦。这位朋友给我列举了无数的事例:一位父母在农村的中学生,不顾念农作物遭灾歉收,今天向爹娘要钱买随身听;明天问爹娘要钱买学习机。他的姥姥说:"你难道就不想想父母赚钱是多么不容易?"这孩子竟回答道:"既知不容易,当初生下我为什么不掐死呢?"在他看来,父母生下他反而欠了他,有了罪过!还有位上了大学的女学生,入学才一年多,就向下岗的父母要钱买笔记本电脑。这父母靠打工为生,供她入学都是勉强维持。于是,他们把目光又盯向了孩子的爷爷奶奶,瞧爷爷奶奶有几个退休金,就三番五次去索讨……爷爷奶奶该治的病不治,该买的药不买,省吃俭用,虽然满足了这位大学生的要求,可是,想到下面还有两儿一女,孙子外孙一大群,倘若他们以后也像这样,这老夫妻俩可怎么应对呢？

究其原因，也不稀奇。中国的大部分家庭，传统的也好，新式的也罢，子女都是家庭生活的中心，是丈夫和妻子情感的纽带，是全家未来的希望。"子女至上"的观念本来就不足为怪，更何况现在的政策又是只生一个，因此难免会出现"溺爱"的情形。子女有什么要求，无论合理不合理，父母都尽力满足。久而久之，就将孩子的欲望惯得没有了边际。据说经济稍宽裕的父母，更是不惜任何代价：买钢琴，请家教，租房陪读，孩子的吃喝起居事事全包，甚至连子女应承担的作业，学校的环境卫生，家长也要代劳。有的母亲为了孩子上学方便甚至辞掉了自己的工作，发展到"一切为了子女"的程度。这样溺爱的结果，必然是孩子变成了"小皇帝"，父母成为"臣仆"。然而，"皇帝"的欲望是无限的，"臣仆"的能力是有限的，如此下去，父母总有满足不了孩子要求的一天。可是父母的顺从已成为孩子头脑中的思维定势，一旦父母表现出违逆其意愿的意思，孩子那不可理喻的自私就冒头了。

再说，孩子们的自私、没责任心也不能全怪父母。这和现代社会科技的发达、物质产品的丰富有极大的关系。在农业社会或者是上一代的贫困家庭，父母也没有刻意地要求孩子怎样无私，但全家老少像一条船上的难友，必须同舟共济、风险共担才能维持生存。每个家庭成员必须全身心投入，才能保证最基本的衣食住行，所以齐心协力、相濡以沫既是生存手段，也是精神慰藉。记得我和妹妹们小时候，生存环境非常简陋。农村没有电、没有自来水。老百姓还是犁耕手种。我们一家三代共八口人，吃的米面全是靠一家老少你拉我推，用石碾、石磨压出来的。全村人的饮用水都来自十字街口的一口深井。农忙时节，大人们在田间劳作，我和妹妹常去抬水。那时我十二三岁，她七八岁。小姐妹俩从没有想过耍滑偷懒。一根枣木棍子，一个大木桶，做姐姐的总是让盛满水的木桶靠自己这边些。如果放到正当中，妹妹承受不了就乱了步子，洒了水还会淋湿她的后襟。我会放稳步子，两人协调好以保证不把水洒出来。我上三年级时，家中为我买了件新绒衣，母亲吩咐我要加倍地爱惜。这是被全家人视为宝贝的"奢侈品"，不能只我一人享用，上学时我穿，走亲戚时妹妹穿，二妹穿了三妹还等着穿呢。这种全家人你中有我、我中有你的协作和依赖，必然形成患难与共的亲情，也在日常生活细节中造就了对彼此负责的团队精神。

　　然而在现代社会里，父母与子女共同为生存努力的状况少多了。即使是城市里的打工族或农村的新型农民，也是做工的做工，务农的务农，子女们大都是一心一意上学。此外，电视机、录影带、电子游戏、网吧的普及，使得个人精神享受的空间太多太广，一家人沟通交流的机会却少了。还有些富裕家庭，送孩子上寄宿学校，除了经济上的依赖外，父母与子女间的协作和交流就少而又少了。再加上人们头脑中固有的"苦谁也不能苦孩子"的传统观念，这就难怪孩子将有钱的父母当取款机使，将没钱的父母当榨汁机用了。

　　物质环境与从前已大相径庭，可咱们的亲子观念还一如传统，不变革显然不行。朝那个方向变呢？我觉得美国人的某些亲子理念还是值得我们借鉴的。美国人不把子女当成私有财产（甚至是"赌注"），望子成龙的心理不那么迫切。作为父母，他们也爱孩子，但一般比较尊重孩子，会放手让孩子体验一个小生命能做的方方面面。比如，不少中国父母不把"做家务"当成家庭教育的一环，甚至对孩子说："家务事不用你做，你的任务是念好书！"可美国的父母不这样，他们重视孩子的亲历亲为，重视孩子的实践能力和团队精神的培养。美国哈佛大学曾做过40年的追踪研究。研究人员选择了456位男孩，其中部分孩子出身于破碎、不完整的家庭，另一部分则来自中等阶层。尽管智力、家庭经济状况、种族背景、文化教育程度都不相同，但却有一个现象是相同的，那就是从小在家中做家务事的孩子比那些完全不做的男孩，拥有更快乐、更有成就感的生活。这个研究用了很长一段时间去追踪成为青年、壮年的这批男士，分别在他们25岁、31岁及47岁的时候去访问他们。在心理学家卫伦特的指导下，一批研究员在完全不知道受试者背景的情况下，比较他们成年后的心理健康与儿童时期的活动有什么关系。凡是有打工经历的，做家务多的，参加过课外活动的，有解决问题能力的都予以加分，他们发现心理健康分数与活动分数成正比，同时也发现孩童时期所参与的活动跟他的为人处世有密切的关系。在孩童时期做家务多、打工多、社会活动多的，在人际关系上胜过比较组2倍，在经济收入上胜过5倍，在不容易失业上胜过16倍。而从小不做家务的孩子，长大后较易犯罪入狱，在心理不健全方面胜过比较组 10 倍，容易死亡率也高出 6 倍。这些结果与他们的智力水平、受教育的多寡、社会地位的高低并没有多大关系。所以，美国有的学校每周都有一节家政课。

从小做家务的孩子，容易体察到父母的辛苦，在分担家务事中若受到父母的夸赞，也会有自豪感和成就感。这不仅会培养孩子的兴趣和能力，也可以养成换位思考的习惯。这样他长大成人后，就比不做家务的人勤快、有亲和力，工作成就感较大，婚姻也更美满。

此外，为了培养孩子的责任心和团队精神，美国的父母还经常利用节假日搞野外露营。因为露营地在野外，一般没有电，有时还会遇到大风大雨等突发变故，生活条件相对艰苦，这时比平常在家里更能考验一个孩子的奉献和牺牲精神。特殊的环境培养特别的个性，此时忍耐、乐观、创新、无私、体谅、协作、迁就、自我肯定等优点都可能得到激发。另外，这也是一家人互相沟通协作的极好机会。从策划活动、打点行装、查看地图到预备干粮、准备菜蔬、分配任务，整个过程都要民主讨论；到达目的地后，选择场地、搭帐篷、生火，整个过程都要团队协作，每个人都全身心地投入……

所以说高度发展的现代物质文明照样可以培养出团结互助，无私奉献的孩子。

[附录：训练孩子做家务时应注意的十条细则]

1. 父母要认识到训练孩子做家务是教给他日后赖以为生的生活技能，这与为他们提供教育、安全保障、疫苗和食物同等重要。一位女儿从小就患有糖尿病的妈妈说，她的女儿很聪明，到五岁时，就能自己给自己注射，自己检验尿样了，这让医生都感到吃惊！但是小朋友们来玩过之后，玩具扔了一地，都是妈妈替她把积木收拾到一个桶里，把机器人和汽车放到另一个桶里。难道给玩具分类的活儿比给自己注射还难吗？不，主要还是大人们对孩子料理家务重视不够。如果我们在观念上能像对待学习功课一样地重视家务劳动，就会将孩子训练得对此游刃有余。

2. 要尊重孩子的行为规律，越早训练越好。其实孩子从一生下来就有想照顾自己的要求。家长们有没有注意到刚刚学步的孩子抓住一把调羹就坚持说："娃娃拿。"大多数两岁的孩子宁愿自己把鞋穿反了，也不让家长给他更正。在两三岁孩子有强烈的帮忙欲望时，家长就应鼓励他给家里每人分一把小勺儿、一块点心。或者给自己扣好扣子、穿好衣服。有位幼儿园老师说："家长们总是觉得孩子太小，忽略了他们在某些方面的'成熟'。周五回家前孩子们本来已经知道了怎样系鞋带、穿外衣、扣扣子，但到了星期一又必须重新教他们这些。因为家长们在周末又包办了一切，让他们退回到蒙昧时代。"

3. 要重视目标而不过分重视过程。孩子们办事难免丢三落四。家长千万不要大惊小怪："瞧你怎么把抹布掉到了地上？洗碗还淋湿了裤子？"以至情急之下就抢过来自己做。切记你的目标是培养孩子的责任心、忍耐力、持久力，帮助他建立自信心、体会成就感。

4. 训练孩子做家务应不分男女。现代家庭再不是男主外女主内的刻板模式。传统的大男子主义者认为赚钱养家比家务工作更重要，所以下班后他们宁肯在办公室翻翻书报，也不愿意回家干家务。他们把自己看做是家庭的供养者，而现在在家庭供养上，夫妻双方基本上是不分彼此的。在料理家务、养儿育女上只有彼此配合、互相支持才能夫妻恩爱、家庭和睦。如果在男孩子头脑中从小就灌输了学习、工作比家务事更重要的观念，就会影响到他成人后婚姻生活的幸福。

5. 做家务先给以示范，不要求孩子十全十美。再多的挑剔也不能使孩子的水平超过我们自己。记得我小时候上房晒面，需要先把房顶扫干净，然后再用筛子把面袋子中的面筛成薄薄的一层。但妈妈没有教给我要一排一排地筛，结果我把自己圈了起来出不去了。妈妈发现后骂我是"笨蛋"、"饭桶"，弄得我既气馁又委屈。后来还是奶奶给我扔了一卷儿纸上去，让我铺了路将自己解救出来。奶奶还表扬我说："瞧瞧娃儿将房顶的边边角角都扫了，扫得多干净！"对待孩子，就算你看到的再不完美，仍可找到鼓励他的地方。切记你让孩子干家务的目标是培养他的自信，而不是使其自卑。

6. 孩子分内应做的事，不应给予金钱的酬劳。家庭是一个团体，每个成员都应有权利和义务共享共尽的意识，都应有团队精神，享受别人温暖、关爱的同时也应奉献自己对别人的关爱和温暖，所以分内事不应取得金钱的酬劳。如果孩子对家庭有重大贡献（比如十来岁的孩子打扫了车库，清洗了汽车，或者修剪了草坪），可以象征性地给一些"工钱"，奖励孩子的劳动。

7.表格检查制度比口头的唠叨更加有效。比如几点是早上倒垃圾、清理个人卫生的时间，几点是放学归来清理庭院、做作业的时间，几点是帮妈妈洗菜、洗碗的时间，将这些制成表格，一目了然，并形成制度，慢慢养成习惯，就省去好多口舌。

8.父母给的任务一定要孩子力所能及。农村的孩子不宜过早地让其喷洒农药、接近深井，要排除一切不安全因素。孩子骨骼没有完全发育定型前，也不宜过早地让其肩扛负重，以免变形。另外最忌任务繁重，弄得孩子力不能及，产生厌恶情绪。

9.在做家务中要鼓励创新精神。比如人总是在一开始打扫时干得最多最快，所以不妨引导孩子先打扫劳动量最大的房间；在熨衣服或收拾房间时听听音乐；干完一件没趣的家务再干一件有趣的……每个家庭成员都有潜在的创意，要及时表扬孩子统筹安排的创意和革新精神。

10.在孩子做家务时要让他领略到发展技能的意义，照顾自己生活的乐趣，作为家庭一员的义务，为他人服务的品质，保持房间整洁的责任，诚实劳动所得的价值以及互相合作的团队精神。大人要启发孩子充分享受成功的感觉，明智的父母应知道：我们是心灵的教练而不是一般的监工。

孩子的报复心为什么如此强烈

///

　　这么多宝贵的生命以这样一种可悲的形式过早地凋零，实在叫人遗憾。究其根本原因，还是我们对未成年人有关尊重生命的教育的缺失所造成的。

///

　　继"婚姻是爱情的坟墓"这句众所周知的名言之后，如今社会上又流传着这样一句话："子女是父母的天敌。"天敌论者的主要依据除了"子女将有钱的父母当取款机使，将无钱的爹娘当榨汁机用"外，还包括了不少女儿用刀砍伤父亲或儿子杀死母亲的案例。

　　一位上大专的女儿，父亲每月供给她 400 元的生活费，她还嫌少，争执中觉得爸爸窝囊无用，砍伤父亲后离家出走。还有一个刚出狱的儿子，在吃饭时与母亲发生了口角，就用刀杀死了母亲。如今的孩子怎么这样狠呢？前不久的《今日说法》栏目上又有这么一则案例：浙江余姚某中学的三位少女服用农药后又跳水自杀。结果是其中一人得救，另两位溺水身亡。问及自杀原因，孩子说是为了报复一位体罚过她们的数学老师。在我所居住的县城也发生过这样的案例：某高中一位男生桀骜不驯，被老师扇了一个耳光，这男生说了句"我会让你后悔的！"，之后服毒自杀。这些孩子怎么就不想想他们的死留给谁的创伤最大呢？父母含辛茹苦养育他们十七八载，这就是他们的回报吗？

这么多宝贵的生命以这样一种可悲的形式过早地凋零，实在叫人遗憾。这个话题虽然涉及母子、父女、师生等关系的问题，但究其根本原因，还是我们对未成年人有关尊重生命的教育的缺失所造成的。美国的教育（无论是家庭教育还是学校教育）总是把生存意识、尊重生命放在第一位。而我们传统观念中的"轻生死、重大义"常常叫孩子们误入歧途。为了对抗老师的鲁莽行为而预谋杀害自己的女生，喝了农药还不算，又用投湖来加害于自身，少女们胸中若不是燃烧着极强的"义愤"，不会有必死的决心。这种"义愤"的升腾中，她们的价值观起着燃料的作用：以惊世骇俗的方式给行为不当的老师以深重的还击，让老师承担法律的、经济的、良心的责罚；以三个年轻生命的消亡，唤醒师生们的觉醒，拯救更多的被体罚者。这种被少女潜意识中"升华"了的价值观造成了她们的舍生取"义"的赴死决心。

古往今来，我们常常是愚忠愚孝大于生命、政治大于生命、义气大于生命！所谓的义气和名节真不知葬送了多少生命。古时候"君叫臣死臣不得不死，父叫子死子不得不死，夫叫妻死妻得不死"的三纲五常自不必说，直到20世纪的六七十年代，为三大斗争（阶级斗争、生产斗争、科学实验）蛮干而死的人亦不在少数。记得那时的拦河造田工程中就曾有"活着就要拼命干，死了埋在大河岸"，"下定决心、不怕牺牲"等不把性命当回事的口号。结果，热血青年中被刺骨的冰河浸泡致残的有之，用劣质炸药放炮取石被炸掉脑袋的有之。直到改革开放后的这么多年，"轻生死、重大义是男儿本色"的歌声仍回荡在国人耳畔，这种生命观、价值观会对青少年产生极大的误导。

如今的网络游戏对青少年的误导更是有过之而无不及。据《中国教育报》报道，在成都十多家大商场都发现了这样的游戏：凡持"强盗卡"和"黑手党卡"的可向对方收取10美元；"亿万富翁"说，通过下此棋可以从一贫如洗成为不可一世的亿万富翁；"游戏世界"称，如发现叔叔的钱夹中有零钱可以全部取走；"整人专家"棋盒上印有"整人绝不手软，整人之后绝不后悔"的字样。

随着商业的发达繁荣，金钱欲和暴力倾向更是侵蚀着幼小的生命。据说湖北省襄樊市有一位杨姓妇女，败在了初中毕业的儿子手下，日子过得如同炼狱般煎熬，实在苦不堪言。孩子中考结束后，便一头扎进网吧。某天晚上9点孩子从网吧回来，问母亲要钱。杨女士知道他得了钱就会返回网吧，便不给他钱。母子僵持到11点，杨女士要去休息，她的儿子竟恶狠狠地说："不给钱，你今晚就别想睡觉。"这小子不仅把卧室的灯打开，把电风扇开到了最大挡，而且还把母亲的枕头抽走，用30瓦的灯泡凑到母亲脸前烤她。杨女士在儿子的百般折磨下终于投降了。拿了钱的儿子竟对母亲说："你管不了我，我离不开网吧。"他还主动写了一份类似宣言书的东西："我在网吧被杀死或烧死与母亲无关，每日给我3元钱，不得拖延。我要钱全为上网，我去打'传奇'（一种网络游戏），包昼包夜，以后我母亲不得干预。我母亲因不给钱，我便百般折磨她。她奋力反抗，最终经过长达5个小时的战斗，我母亲终于让步。乌拉！革命胜利了！这已是第三次了。革命万岁！我还要继续努力！"还有一位三年级的小学生借给同学一元钱，一星期后见同学没有还钱，掏出玩具手铐就将那同学铐在了路边的树上。有人问他为什么这样做，这小学生满不在乎地答道："有仇不报不是大丈夫，电视上的'老大'都这么干！"真是现学现用啊！

尊重生命不是一句空话，它既体现在宪法大纲里，也应当体现在日常生活中。在国内时，我经常看到有的孩子逮到一只蝴蝶就把它大卸八块，抓到一只麻雀后便裹了泥烧烤，而他们的父母从不加以制止，甚至有的父母还会夸奖某孩子好奇心强，某孩子善于爬树捉鸟真有本事，在国内时对这一切我也曾熟视无睹，不为所动。来到美国当我做了两个孩子的姥姥后，发生了一件让我震撼的事。有一天夜里下了雨，第二天院里便道上到处是蜗牛、蚯蚓。一早起来当女儿要送两个孩子去幼儿园时，两个孩子踮起脚跟不能开步的样子让我很受感动，爱叽叽喳喳说话的丁丁不停地告诫哥哥："当心踩死蜗牛！当心踩死蚯蚓！"显然他们在幼儿园已学习了爱护动物、保护生命的功课。在美国，当你漫步在房屋附近的草坪上，或是静谧宜人的树林间时，随时会碰到小松鼠、野兔、小狐狸和"硕鼠"，有时还会有两三只梅花鹿蹿到路上，过往的车辆都要停下来为之让路。保护动物，爱护这些小生命不仅是共识，而且已成为人们的具体行动。

另一个令人感动的现象是对残疾人的尊重。在美国，不论你走到哪一座城市，在人行道上总有残疾人便道；在音乐厅中总有盲人专座（可以携带导盲犬而且是免费的）；在停车场里总有残疾人停车位；在洗手间里总有供残疾人使用的坐便器。作为一个特殊的群体，他们的生命权和生活待遇与普通人没有什么不同。美国的家长们对残疾孩子的关爱和对健康孩子的关爱也没什么不同。他们照样领着残儿玩秋千、游泳，而不是把他们关在家里不让见人。在国内时，我常听说某某是智障者，每逢家中有客人时，父母就把他从客厅推进了厨房。当然，我们不能说中国的父母不爱孩子，可就这一点来说，起码可以叫做不尊重孩子。这就又牵扯到一个爱的理念问题。美国人大都信奉基督，认为世人都是造物主的作品，儿女是上帝的馈赠。父母爱他们，就要接受其本来面目，而不是要求孩子成为自己预先设计好了的模型，更不是为了使他们成为将来可供自己利用的工具。爱的要素中就包含着关心、责任、尊重和了解，如果抛弃了尊重和了解，那便是畸形的爱。畸形的"关爱"，有时会让被爱者受不了，他感受的往往不是爱，而是"关和管"，这就会产生家庭关系的失常变态。

　　这里，我突然联想起我在美国看到过的一本书，叫《爱的艺术》。起初我一看这本书里到处引用《圣经》中的话，便有些排斥。可是当我看到"为什么有的母亲对孩子的影响力不是太高"这段话时，却立刻被吸引住了。它的大意是这样：作为一个称职的母亲，重要的职责是赋予孩子对未来美好生活的向往，而不仅仅是满足他活下来的愿望。《圣经》中有一个很具象征性的故事，同样也表达了这种思想。乐园是上帝所许的土地（这种土地就象征着母体），"既富饶又肥沃"，她像母体一样拥有蜂蜜般的乳汁

（这种本能是动物性的），但能把自己的乳汁注入蜂蜜般甘美的母亲却为数不多。要使自己的乳汁具有蜂蜜般的甘美，就不能让孩子只感觉你是个母亲，而要让孩子感觉你是个愉快的人、博爱的人。这博爱的基础是人与人之间的平等。然而，母子之爱就其本质来说又是不完全平等的。这种不平等主要表现在一个人需要帮助，而另一个人给予帮助的非互助形式。正由于母爱的无私性和无条件性，有史以来，人类一直把母爱看做最高形式的感情和最神圣的爱。但从价值观来看，母爱中最值得赞美的东西还不只是她对婴儿付出的爱，而在于对孩子成长付出的爱。可现实的情况往往是，当孩子幼小的时候，大多数母亲确实很疼爱自己的孩子，为拥有他们而骄傲。因为孩子的诞生给她的生活注入了新的快乐和幸福，她们渴望亲自照料自己的孩子，并从孩子的脸上的微笑、稚气的表情中获得成功的感觉。但母亲的这种爱、这种无私态度主要还是她身为人母的本能，这种本能在动物身上也能找到。而比这种本能对孩子影响更大的则是人的智力因素和心理因素。有了孩子的母亲往往会产生自我陶醉的心理，因此她会把孩子看做自己的一部分，以至把母亲对孩子付出的爱以及那份情缘铺成她自恋的途径。在这种途径中，母亲自觉不自觉地就对孩子滋生出一种莫名的占有欲和支配欲的冲动。一个弱小且无独立意识的孩子正是满足母亲的这种占有欲和支配欲的客体。这样，这种"母爱"就发展成另一种不平等了……

母爱的真正本质在于尊重生命，促成生命的成长，这种关心和爱自然也涵盖着尽早让孩子离开大人的翼羽。争取能独立并早日出人头地，是无数孩子成长的最基本需求。

　　对母亲来说，要做到超越情感、超越自恋，懂得孩子成长的基本需要并不容易。因为人性中的占有欲和支配欲几乎是与生俱来的，这就是《圣经》中所说的人性的恶。恶的本能常以无法察觉的方式影响着我们的心情和行为。再加上"斗争"、"复仇"等文化宣传的诱导，逆反期的孩子与更年期的母亲（这一时期最容易自恋）产生矛盾甚至酿成大祸也就不足为怪了。

　　一旦出现两代人之间的纠纷时，我建议不要让矛盾激化，而应去心理医生处咨询。因为我们自己与面临的矛盾距离太近，情感卷入也太深，谁是谁非，很难及时作出客观的判断。即便你想了又想，也很难跳出自己的情绪基调和一时的逻辑圈子。找心理医生治疗一下，就会由激昂情绪的浪尖落到波谷，失势的理智一旦恢复功能，问题就迎刃而解了。

感恩也是人生功课

与幸福指数息息相关的三种品质是乐观、热情和感恩。一个对周围的人充满感激、对过去的经历觉得幸运的人，与对周围的人满怀抱怨、对过去的经历唉声叹气的人相比，两者的幸福感大相径庭。

美国儿童与文化课

美国小学开设的课程有英文、数学、科学、社会学、美术、音乐和体育。音、体、美也是主课。美国人注重知识在现实生活中的应用和操作，而不主张死记硬背。

在国内，我妹妹的几个外孙才四五岁，嘴里就念叨着考大学、赚大钱。这当然是来自家长的熏陶。记得我小时候，父母给我立的标杆就是向叔叔和舅舅们看齐，我的叔叔是飞行员，舅舅是老八路，立过战功。没有雄心壮志的小孩会被呵斥为没出息。为实现这壮志，孩子从小就背着沉重的书包，压力很大。但是在美国，家长和学校并不刻意引导孩子从小树雄心立大志，而是鼓励他们发展兴趣，今后做自己乐意做的事情。一位学生家长笑着对我讲，她女儿小学毕业时，全年级的学生都写下了今后打算做什么。她浏览了一下，发现今后要当猫医生、狗医生的最多。这是孩子们的真实想法，从爱护宠物的愿望出发的。老师和家长并不认为有什么好笑，同样赞许孩子们的选择"最棒"。事实上，在社会生活中行行出"状元"，社会需要各种各样的优秀人才，会学习、能考高分并不一定就是社会最需要的。中国人大多对于成功的理解比较窄，因此给自己和孩子增添了许多不必要的压力。

　　美国的学校里有意识地不搞分数竞争，学校不公布学生的分数和名次，成绩也只告知个人。我的两个外孙一个上了初中，一个即将小学毕业，可我们从不知道他们在班里是第几名。有时考完试后，我会多嘴地问："你们班还有几个是得 A 的？"他们总是说"不知道"，甚至会补上一句："我们为什么要打听别人的成绩？"美国教育注重的是尊重孩子的人格，要求孩子尽自己最大的努力，但不要求在同学里是最拔尖的。实际上最拔尖的只能有一两个，不会人人拔尖。试想，我们学校排名次的做法对末位几名孩子的自尊心是何等的伤害？

　　从国内转学到美国来读书的儿童，过了语言关后人人都感到美国的课业负担轻松。那么，是不是学校对文化课的要求就比国内的水准低呢？也不尽然。

　　美国小学里的语文（英文）教育着重点在读和写的训练。从一年级教单词开始，每天要求孩子们画图画，要他们把自己所想的描绘在纸上，然后再把自己的画用句子写出来。比如画了汽车（car），就可以写"爸爸开车"、"我和妈妈坐车"等。随着词汇和语句的逐步丰富，孩子们描述的内容会越来越多。我的大外孙酷爱画画，到三年级时，还能以连环画的形式编故事，比如全家人出游，妈妈在人群中走失，被歹徒绑架，最后他和弟弟成功解救了妈妈，等等。这种分章节的惊险故事很是让人忍俊不禁。

　　孩子从上三年级开始，每天一项最基本的家庭作业就是读 20 分钟的课外书。老师要求每个学生制作一个读书记录表，将每天读过的书名、作者姓名和时间记录下来，并要求家长签字。

孩子读什么书，有时是老师有针对性推荐的，更多的是鼓励孩子根据自己的兴趣来选择。通过家长签字形成学校和家庭的互动，起监督促进作用。对自己感兴趣的书，孩子们读起来一点儿也不犯难。比如，在竞选总统期间，学校组织学生模拟投票，二外孙丁丁投了奥巴马的票，奥巴马当选后，他特别高兴。老师又组织了一次"假如我当总统"的演讲活动。丁丁做了番认真准备，老师对他在班上的发言极其满意，给他发言稿的评语是："老师希望你当总统！"我女儿帮丁丁从图书馆借了《奥巴马传》，厚厚的一本书孩子几天就读完了。

这种半强制半鼓励的方法，要求孩子从小养成每天读书的习惯，比单纯教孩子认字（一个字重复写数十遍）和老师统一命题让孩子写作文的效果更好、意义更大。让阅读成为一种习惯，对孩子的一生都有好处。

孩子升至五年级，老师对阅读和写作的要求会相应提高，往往让学生按提纲写读书报告。下面摘录的是丁丁五年级时，老师布置的阅读和写作提纲：

读书报告提要：

选择适合你的年龄和阅读水平的两本书。可以是小说，也可以是真人真事的记载。书中的主人公带有不同于常人的传奇色彩。

开始阅读前，你把书名、作者姓名、出版者和出版日期填入一张表格中交给老师，要取得批准方可阅读。审批表要在 2010 年 7 月 28 日前交来。

每本书的读书报告必须包括以下五项内容，你可以从每项列举的条目中任选一条。

你的第一篇读书报告要在 2010 年 8 月 11 日前完成，第二篇截止日期是 2010 年 9 月 8 日。

一、内容简介

1.摘要：简短说明书的内容、主要人物、故事主线、开始和结尾。

2.制作流程表：精确地用 8 个句子讲故事，每句话都要有概括性，使老师能通过流程表知道故事梗概。

3.突现一个人物：通过典型细节说明在一个你感兴趣的人物身上发生了什么，使老师了解人物的情况和你的感受。

4.你的类似体验：描述书中的一段故事情节，然后联系你自己的一次相似的经历，通过足够的细节让老师了解人物的感受和你的体验。

二、写作

1.挑出你最喜爱的人物或故事片断，解释你的理由。

2.把你自己安排在一个人物的位置，你会做什么、想什么，说明你的理由。

3.设想故事中的一个人物进入一个新的情境，续写其情节的新发展，并解释其合理性。

4.写出这本书中你喜欢的两件事和不喜欢的两件事，并阐述理由。

5.设想你在故事现场，把你的活动描述出来，要有足够的细节，使老师了解你和哪个人物以及哪个情节有什么互动。

6.关于故事中的人物或情景，可以写一首诗，以诗歌形式表达自己的喜好和感受。

7.可以创作一个人物的传记，将他（她）生命中的各阶段连接起来，比如幼年、成人期、受教育情况、工作情况等。

8.给书中的人物或作者写一封信，也可以设想书中人物或作者给你的信，但信的内容必须与你读的书有关联。

三、手工制作

1.微缩景观模型：制作一个表现人物或环境的微缩景观模型，要对它的组成部分加以说明。

2.道具：根据故事情节制作一些道具，解释每件道具与故事的联系。

3.做一个礼物：为人物做一件礼物，设计一张问候卡，说明为什么你要送这件特别的礼物。

4.塑像：制作一个与故事相关的塑像，说明它和故事的关系。

四、美术

1.素描A：画出故事中的一个人物和在场的众人，引用书中内容写出说明。

2.素描B：画出故事中的一个场合或构思一个新的场景，解释你的想法。

3.奖品：给某个人物设计一个奖品，解释你的理由。

4.色调记录：记录关于情节、人物和场合的色调变动，说明你的理由。

5.贴纸：制作一个贴纸图片，引用书中内容写出说明。

6.印花：制作一个与故事有关的印花。

五、杂项

1.宠物：假设你的人物将拥有一个宠物，引用书中内容解释你的选择。

2.游戏或运动节目：创设一个人物喜欢的游戏或运动项目，说明你为什么设计这项活动。

3.脱口秀：创设一个与这本书有关的谈话节目，并加以说明。

4.木偶戏：创设一个与这本书部分内容有关的木偶戏。

5.字谜：创设一个纵横字谜，内容包括本书的情节、场合和人物。

6.幽默短剧：根据这本书的某个片断编写一出幽默短剧。

7.地图：绘制一张地图，依据书中内容写出图中每一处的说明。

8.书签：制作双面书签，依据书中内容写出说明。

9.评价表：为这本书制作一个评价表，并解释你的评价。

你还可以考虑上述没有列出的条目，但任何新加的条目必须先取得老师批准。在每本书阅读报告完成的基础上，你必须在班上介绍你的书，介绍将包括五项内容中的三项，你的选择要使班上同学较好地了解的书，最后要写出对同学的感谢。在班上向同学们介绍之后，你还可以做一个小展示板为你的书继续做宣传。老师将提供展示板的样式。展示板将悬挂在教室里并保留一学年。

如果需要老师提供对课外阅读的帮助，请和老师联系。无论在教室或在家，你都是受欢迎的。老师希望你能从阅读活动中享受乐趣。

老师署名，住宅电话

从以上提要中我们就可以看出美国小学对五年级学生的读写要求是何等水准了。做这样的家庭作业学生感到困难吗？的确有难度，但孩子们非常有兴趣。对训练有素的孩子来说，没有挑战的家庭作业反而激发不出热情。我的外孙丁丁在妈妈的帮助下去图书馆借到钢琴演奏家郎朗的自传（由于孩子也在课余时间学习弹琴，所以对郎朗的成长经历满怀好奇）。

丁丁的阅读报告，在内容简介上选择了制作流程表，以时间为线索用高度概括的8句话说明了郎朗的成长、历练和成功的经历。在写作一项中他选择了给郎朗写一封信，信中首先提起郎朗到伊利诺伊大学音乐厅演奏时，自己在父母的带领下也曾到场聆听，欣赏到钢琴家的美妙琴声，心中满怀钦佩和敬意，对郎朗的成功表示衷心的祝贺。接着说明自己也在练琴，但不希望有郎朗那样枯燥单一的童年。除了练琴还是练琴，每天苦练十多个小时，他会受不了。他自己愿意童年过得更加丰富多彩。在手工制作中，丁丁用电脑为郎朗绘制了一个很有趣的图徽：地球仪上安放了一架长着翅膀的钢琴，旁边围绕着各种音符。孩子的解释是音乐没有国界，郎朗是属于全世界的演奏家。郎朗还被联合国儿童基金会聘为国际亲善大使，他的贡献已超出了演奏本身，是世界和平的使者。在美术一项中他画了一幅素描，选择的场景是郎朗在舞台上演奏完毕后对热情的听众鞠躬道谢，而舞台边幕旁站着他的父亲。意思是郎朗的成功离不开父亲的倾力付出，是两代人共同努力的结果。在杂项中丁丁编了词汇表，按照字母表顺序以26个英文字母为首各选一个单词，概括了全书的情节、场面和人物。

丁丁的读书报告得了满分，老师给了很高的评价。这里特别值得一提的是美国的老师鼓励孩子讲真话、谈真实感受。比如丁丁不喜欢郎朗的童年，老师说他也不喜欢。当我看到老师给丁丁的批语时，不禁想起自己当语文老师的情景，总是教学生写作文时要注重思想内容必须有积极意义，不喜欢吃苦受累便会认为是消极的，决不给高分。我想，用这种标准评价学生作文的绝不止我一个人。在这种标准的操练下，学生们的文章自然大话、空话连篇。

在美国小学开设的主要课程有英文、数学、科学、社会学、美术、音乐和体育等，其中重中之重就是英语的阅读和写作。音、体、美也是主课，科学课包括物理、化学、生物、天文和地球学的简单实用常识，社会学以简单的美国历史为主，包括地理、政治及法律各方面的知识。美国人注重知识在现实生活中的应用和操作，而不主张死记硬背。这里不能不提的是美国小学中的弱项数学，有的五年级学生都背不了《九九乘法表》，直至小学毕业四则运算都磕磕绊绊的。据有的家长分析，美国小学生数学底功薄弱，一个原因是学校对数学课重视不够，第二个原因是美国的小学教育中奉行一个都不能少的原则，即老师在教学中以大多数人的水准为准，迁就不爱学习数学的孩子。由第二个原因派生出的第三个原因即是老师为了让没有数学概念的孩子也提起兴趣，往往为了增强趣味性把简单问题繁琐化，比如把借位减法分解成五六步去做，让一些本来明白的孩子也越绕越糊涂。这使从小就背诵着"学会数理化，走遍天下全不怕"的华裔家长们忧心忡忡，无奈之下只好另外购买数学题册，自己在家给孩子"吃偏饭"。

儿童的职场体验

多给孩子营造些职场体验的氛围，提供足够的社会实践的平台，比给他们充足的牛奶和面包更为重要。因为他们早晚得走向社会大舞台，由家庭的一员转换为社会的一分子。我们为什么不早早搭桥铺路，让这一过程变得从容不迫、水到渠成呢？

我的弟弟曾经在庙会场卖过冷饮，小买卖似乎还做得不错。那时我 7 岁的儿子特别喜欢跟着舅舅去赶场。我问儿子："你舅舅叫卖时你也跟着吆喝吗？"儿子说他并不跟着吆喝，而是拾地上的冰糕棍儿。我不明白拾冰糕棍儿干什么，儿子说卖冰糕的回收冰糕棍儿，拾 50 根冰糕棍儿可以换一块冰糕。我听儿子跟他舅舅去赶场干的竟是这样的脏活儿苦差，就训斥弟弟道："你领着我家孩子去，连瓶饮料也舍不得给，竟让他拾冰糕棍儿，干这乞丐似的勾当！"当时，看儿子乐此不疲的样子，我心里很不是滋味儿，又讥讽孩子没有志向，竟然比卖冰糕的都低一个档次。此后，我严禁孩子跟舅舅去赶场，怕孩子沾染上小商小贩的毛病，就喜欢别人的小恩小惠。

到美国带过几年孩子后，亲眼目睹了美国家长的育子理念，我才明白自己犯了怎样的错误：我剥夺的正是一个孩子职场体验的权利和良机。如果能坚持下去，其舅舅顶着毒日头叫卖的艰辛，孩子自食其力赚冰糕吃的成就感必将在他后来的人生历练中发挥作用。

我们中国的父母在"书中自有黄金屋，书中自有颜如玉"的传统观念的熏陶下，怎么都难以摆脱"万般皆下品、唯有读书高"的价值观，在日常生活里对孩子的培养上重视的只是读书上学，而不是将孩子置身于社会中让其成长。即使在提倡素质教育的今天，我们亦只是在学习文化课外给孩子附加了音乐、美术、体育方面的单兵训练，强迫孩子上各种各样的培训班，而不把儿童的社会实践当回事儿。下面我介绍一下美国的家庭和学校是怎样让孩子从小就融入社会、进入职场的。

在前面的文章中我曾提到美国的童子军（类似中国的少年先锋队）没有固定的经费来源，他们的活动经费完全是靠孩子们推销爆米花来积累。我的两个外孙牛牛和丁丁分别在 6 岁和 4 岁时就开始在超市门口摆地摊儿，同时也常借助妈妈的帮忙（提供运输支持）到一些社区向住户推销。起初，业绩欠佳，当他们反复总结经验教训后（比如注重服装、礼仪，说话要得体等）现在的业绩已逾千元，早实现了免费去看一次橄榄球比赛的愿望（规定业绩累积到 300 美元就可以由童子军组织免费去外地看一场精彩的比赛）。

除了童子军的活动外，美国的学校亦很注重小学生的社会活动，他们的假期作业中就有参加社会实践，写心得体会的内容。孩子们做义工一般是到社区的养老院慰问老人，做一些力所能及的事情。年龄大些的可以到附近的商店、游乐场做服务员。1997

年夏天我们在美国匹兹堡居住时，来自山东的王阿姨曾送过我家一些全麦面包，她告诉我这些面包就是他外孙挣来的。她外孙读初中，假期在一家超市干活儿很卖力，面包就是孩子得到的酬劳。

美国社会重视孩子们的社会实践，绝不局限于商业和服务业。2008 年美国大选，我外孙丁丁（当时 8 岁，在美国伊利诺伊州香槟市读小学三年级）的学校就组织了模拟投票活动，并让孩子们说出自己为什么要选他。奥巴马当选后，老师又给学生布置作业题：写一写如果你是总统，你将做些什么？你将如何改变世界？

丁丁写道："我会降低油价和房价，让人们可以买得起。保证大家都遵纪守法，让人们感到安全。种更多树，建公园让小孩子们有地方玩，让动物们有地方住。我还会建更多学校让孩子们接受更好的教育。另外，我要建很多医院为了更好的健康医疗。我也要保证所有的可口的食物吃起来安全，消防队灭火及时。还有，我要通过一条不许乱丢垃圾的新法律，保证动物们不会（因吃了垃圾）死亡。我要降低污染。"

老师在后面写了这样的评语："我想让你做总统！"

孩子拿了这样的批语兴冲冲地回家对妈妈说："妈妈，你要知道，我们小组只有我得了这样的评语！"我女儿也不把这当成孩子们的游戏来敷衍，表示祝贺后，就作出郑重的神态，提示孩子道："丁丁总统啊，你要办这么多有益于民众的好事、善事，可你清楚那钱从哪里来吗？"看孩子皱起眉头认真起来，她又给孩子借了本《奥巴马传》，鼓励孩子去阅读。女儿说，通过这件事孩子的视野更加开阔，不仅关心公益事业，对自己也能自律了。

美国虽没有"德、智、体"全面发展的提法，但他们的德育培训却常常贯穿于日常的社会活动中。美国的社区（或教会）会经常推出一些"如何使世界变成更好的生活之地"、"使这一天有所改变"这样的节目，让儿童参与，谈自己的感想。这样的活动也常常会引出一段段感人的故事。

有一户姓耐德的人家，当他们在节目中看到在一些大火中有孩子丧生后，全家人都做起志愿者，开始了一个庞大的项目。那些孩子之所以在火灾中丧生，是因为小镇的消防队员没有能够在着火的房子里穿透烟雾发现被困人的特殊相机。于是耐德全家就募集资金为小镇消防队员购买相机。耐德4岁的儿子麦肯也有任务，他的工作是为那些被分发出去的装满信息的信封进行手工着色。麦肯从4岁开始这项工作，一直持续到7岁。

在这样的家庭背景影响下，关注弱势群体、关注困难者渐渐成为麦肯的习惯。在7岁那年他遇到了两个被收养的男孩。这两个人不仅失去了父母和家庭，与兄弟姐妹分离，而且一旦进入美国的收养体系后，物质的供给与有家的孩子也有天壤之别。他们被社会工作者（或领养者）挑出时会领到一个垃圾袋，用来装他们为数很少的几样东西。这个垃圾袋往往是被收养的孩子从这个家庭到另一个家庭的唯一财产。麦肯听到这些后大动同情之心，他决定搞一个更大的募捐活动来帮助这些没有家庭的孩子。父母得知孩子的想法后，全力支持麦肯的项目，鼓励他脚踏实地一步步做起。在指挥者培训班里，麦肯认识了一位乐队的指挥，女指挥的祖母弗雷达得知麦肯的项目后又告诉了她的一位女友艾玛。艾玛为麦肯建立了一个网站。在6个星期内有22 000人访问了麦肯的网站。在网络上，麦肯向愿意提供帮助的人阐述了如何募集手提箱、粗呢包和玩具动物等详细内容……从7岁到9岁，两年的时间里麦肯的募集项目越做越大，在众多媒体的关注下，惊动了总统府，他的项目还被印到了《华盛顿邮报》的封面上。一个小学三年级的学生赢得这么大的声誉，似乎超出儿童职场体验的范畴了，但没有他4岁时为信封着色的体验，哪儿会有今天呢？

我们常常在电视中看到国外的小孩面对媒体时不仅不露怯，而且态度从容、谈吐得体，颇有小大人的风采。那都是因为他们从小就习惯了自己的社会角色。

翻遍家庭教育方面的书籍，教孩子学经济和掌握法律武器的很少。但就我所知，美国的父母们早就在做这方面的尝试。

某银行的部门经理凯瑟琳就尝试在现实生活中向4岁的儿子阿里破译复杂而又令人头痛的经济学理论。她把经济学深入浅出地划为几大类别：劳动力价值，谈判技巧和把赚来的钱财转化为渴望拥有的东西。在家庭里，"劳动力价值"就意味着"做家务的酬劳"，先由父母规定一些不算大的劳动项目让孩子来完成。凯瑟琳手里拿着家务活儿清单，走近儿子道："阿里，你应该经常干些家务活儿，不仅仅是整理你自己的房间，还有厨房和卫生间，当然也可以整理别人的房间。"阿里不明白妈妈的意思，张开了小嘴儿却无言以对。凯瑟琳就用她银行部门经理的迷人语调指着手里的清单继续讲解道："作为你的劳动酬劳，你爸和我将给你打分，当你的分数累积到一定数量时，就可以把它们兑换成现金，购买你想要的任何东西，当然，是合情合理的能说服爸妈的东西。"孩子听到这里就不再紧张，露出了可以接受的表情。然后凯瑟琳就具体告诉孩子早上起来后铺床叠被得几分，床单没有抻平扣几分，胡乱应付扣几分，卫生间特别干净奖几分，等等。第一天，阿里就出色地完成了妈妈布置的任务，妈妈给他打了最高分。坚持了一周，眼看积分越来越高，阿里非常开心，越干越认真。到最后一天，他宣布他已经等不及了，迫切想买一个心仪已久的玩具。在买玩具之前，阿里还正儿八经地和妈妈谈判，看是把他的积分兑换成现金买呢还是妈妈奖励他个"免费"玩具，他将这笔资金存起来办其他有意义的事情。为了让孩子有个美好的开端，鼓励孩子的积极性，谈判的结果是阿里可以得到一个"免费"玩具……

我听了凯瑟琳教子的方式后很受启迪。中国的父母对儿童的启蒙往往重视亲情的层面和传统道德的层面而耻于谈钱和等价交换。当孩子长大成人后又希望他能赚大钱，回报父母。可是孩子从小就缺乏经济头脑、独立意识、谈判经验，也就是他没有直接的职场体验，连他自己的谋生都是问题呢！

下面再举一个利用法律武器为动物维权的例子。

有一个生活在乡间的孩子叫达尼尔。他父亲除了务农还兼任乡间法庭的法官。一年夏天，一只田鼠在靠近达尼尔家菜园附近的丘陵边安了家，常常钻到他家菜园来糟蹋卷心菜的嫩叶。爸爸就动员达尼尔和他哥哥艾沙克抓捕这个偷菜贼。他们想尽了办法，与那小动物斗智斗勇。最后那田鼠终于身陷囹圄，掉进了达尼尔与哥哥设置的陷阱。"逮住了！"哥哥艾沙克兴奋地喊道，"田鼠贼啊，你恶贯满盈，寿数尽了！"可达尼尔却对那凄凄惶惶的小田鼠动了怜悯之心，竭力主张把它放归山那边的森林中。

达尼尔的爸爸听了两个孩子的陈述后，一本正经地说："让我们来组织个临时法庭，以公正的方式处理这个案件吧。"于是由爸爸担任法官，两个孩子担任律师的庭审开始了：

原告艾沙克首先发言，他先陈述了这只田鼠给他家带来的损失，说世上所有的田鼠都是有害的不可信赖的动物。并讲到他们兄弟俩是费了何等心机才将它缉拿归案，如果放掉它简直是天理不容。他还说一张田鼠皮能卖十美分，数目虽小，尚可补偿些损失。假如就这样把它放走，有失法律的公平公正。再说判处死刑后也免得它再次犯罪……

法官爸爸听了艾沙克的陈述后，心中暗想，艾沙克的论述有理有据，这将使达尼尔的辩护陷入困境。

不料达尼尔成竹在胸地娓娓道来，他说："造物主创造了田鼠，使它得以在灿烂的阳光和绿色的森林中生存，它有生存的权利，这生存权是造物主赋予的。上帝赐给人类以食物，满足了我们生存的各种需要，难道我们竟不能从这丰裕的份额中慷慨地拿出一丁点儿给那可怜的小动物吗？难道这田鼠竟没有与我们一样分享造物主恩赐的权利吗？"

达尼尔还说："田鼠并不是狐狸和狼那样狡猾而凶狠的野兽。

它生活在宁静与和平之中。它往往是在山脚筑一个小洞，攫取一小撮草木植物为生。除了以一些植物为食外，其余都不伤害。它是偶然闯入菜园犯了罪，对于初犯者不应判处死刑，它有生存的权利、自由的权利，我们要给它机会……瞧瞧它那柔顺而恳求的眼神，因惧怕而颤抖不已的模样吧！它不会说话，但这便是恳求赦免一死的神情，是向我们认罪讨饶的方式。我们难道真残忍到要恣意杀戮它的地步吗？"

爸爸法官听到这里已感动得老泪纵横，不待达尼尔演讲完毕，就站起来宣布："艾沙克，把这只田鼠放掉！"

正因为达尼尔的爸爸常常为孩子们营造这种唇枪舌剑的辩论环境，才锻炼了达尼尔和艾沙克的敏捷思维和逻辑推理的能力，使达尼尔成为美国著名的政治家和演说家。

上面列举了这么多事例，旨在劝诫中国的父母们莫犯我曾犯过的错误。孩子的成长天地万不可局限于家庭和学校的两点一线，绝不可与社会实践脱节。多给孩子营造些职场体验的氛围，提供足够的社会实践的平台，比给他们充足的牛奶和面包更为重要。因为他们早晚得走向社会大舞台，由家庭的一员转换为社会的一分子。我们为什么不早早搭桥铺路，让这一过程变得从容不迫、水到渠成呢？

感恩也是人生功课

——节日中的美国孩子

在美国小学生的品德教育中，感恩被列入与乐观、热情同等重要的位置。是否能经常觉察别人的好意，是否心中常存感激，是否常向人表示谢意，不仅仅是出于礼节，而且是品德的组成部分。

美国的三大节日——万圣节、感恩节和圣诞节的活动对孩子们心智的发育也有一定的启蒙意义。

万圣节是庆祝诸圣的节日。在万圣节的前一天，也就是每年的 10 月 31 日，是凯尔特族人（公元前 500 年居住在苏格兰、爱尔兰等地）的年度丰收庆典，他们相信人的命运由神灵主宰，而死亡之神会在这一年丰收的尾声，带领逝者悄然重返。所以这一晚，家家户户都会熄灯，营造出阴森的气氛，将自己打扮成鬼怪的模样，也让鬼魂分辨不出谁是活人。等平安地度过这个晚上，到了万圣节，一切也就恢复了往日的平静。久而久之，敬畏鬼神的宗教意味淡化，人们开始把万圣节的前夕当成狂欢节，怪异的装扮变成了有趣的变装舞会。

这是孩子们最喜欢的节日之一。在节日来临的前几天，家长们就要在商场为他们选购奇装异服，女孩们有打扮成"灰姑娘"

的，也有打扮成"白雪公主"的；男孩们多数是打扮成武士、国王；两岁之前的小小孩一般是穿狗呀、猫呀、大灰狼等动物形象的衣服。这些寓言童话中的人物都含有丰富的象征意义，此时，把有趣的故事讲给孩子听，留给孩子的记忆会特别深刻。另外，节日前家家户户还要购买个大南瓜，将南瓜雕刻成各种形式的灯笼，里面点上蜡烛，这也是孩子们乐意参与的活动。我一岁半的孙儿，虽然还不能亲自动手，但每晚都会催着大人点灯，会叫"南瓜"、"蜡烛"、"灯灯"。

　　万圣节的前一天，网上发出消息，到午后4点钟市场街的所有商场都接待来要糖吃的"小鬼们"。为了让孩子开阔眼界，我们给小孙儿也穿了骑士服装，让他提着小篮子去逛街。只见平时统一穿着工作服的商店员工都换上了怪异的服装，守候在门前，手里捧着盒子为孩子们发放礼物。平日比较冷清的大街也变得人流如潮，小孩们三五成群，从这个店门出来又到那个商场去领礼物。一般是给孩子们发糖果，也有送小玩具和小点心的。发放这些物品的叔叔阿姨特别有爱心，对孩子的服装、举止都会赞赏一番。我的小孙儿平日比较怕生，这天却非常放松，会自己取糖，得到礼物后紧握小篮大步流星往另一家走，在孩子的心里也觉得这一天很特别。我们会教给他一些与人交往的简单礼节，每进一家店门要打招呼说声"你好"，接了礼物要说"谢谢"。对于没见过什么世面的幼儿来说，什么场合都是课堂。

　　感恩节的由来可以追溯到美国历史的发端。1620年，"五月花"号船满载不堪忍受英国国内宗教迫害的清教徒102人到达美洲。时逢严冬，在饥寒交迫中活下来的只有 50 余人。1621 年在土著印第安人的帮助下，这些移民获得了丰收，劫后余生的他们就邀请印第安人一起来感激"上帝"的恩慈。美国独立后，感恩节成为全国性的节日。1863 年林肯总统把感恩节定为特定假日。1941 年美国国会通过一项法令，把感恩节定在每年 11 月的第 4 个星期四。

如果说"万圣节"带有魔幻色彩，能让人展开无穷的想象的话，感恩节则是实实在在的现实主义。节日期间，小学的老师们会组织各种活动，教育孩子们要学会感恩，比如出作文题感谢什么，不仅要感谢父母的养育之恩，也要为自己拥有的一切感恩，甚至要为自己的成长和所取得的成绩感恩。美国教育中的人格建设、道德培养不是标语口号式的，而是贯彻在平时的日常生活中。今年感恩节期间，听了这样一则故事：一位学生家长在小学电脑室当义工时，有两个学生因为争坐一把椅子发生纠纷，其中一学生被推倒在地，便哭了起来。老师见状立即停止全班学生的活动，带他们返回班级教室。家长义工心里感到好奇，为什么只是两个学生的摩擦，就会停止全班的电脑课呢？于是她也跟着进了教室。只见老师对全班学生说："你们是一年级学生，现在没有电脑知识不要紧，读二年级的时候还可以学到。但是你们现在便应懂得：我们不能为了与朋友争夺东西而伤害他们，我们要为能欢聚一起而感恩，要爱朋友而不是要伤害他们！"然后老师就引导推人的那个孩子说："我们怎样才能让他高兴起来呢？是不是可以向他道个歉呢？"老师领那学生向哭泣的孩子道歉，鼓励两人握手言和，并互相回顾了对方平日的好处。

这位家长看了老师的做法后非常感动。确实，我们华人父母们应该警醒，知识对孩子不是最重要的，最重要的是培养他们的品德操守，建立正确的价值观。可惜我们在家庭教育中往往偏重了孩子头脑的灵活性训练而忽视了品德和价值观的建立，宽容、忍让、感恩与关怀弱小，人际关系的处理同样应该成为家庭教育的重要内容。

我有幸在 2010 年感恩节时参加了二外孙丁丁班（五年级第一学期）组织的活动。事先老师就发动学生邀请家长和亲人们来参加聚会，邀请的名额不限，越多越好。当学生核准他所能邀请来的成员后，要自己制作邀请书，还要为每位到场聚会的亲人制作名签，上面有亲人的姓名和温馨的感恩话语。喜欢画图的可以作画，爱写诗的可以配诗，充分发挥个人的特长和创造性。丁丁邀请的亲人最多，有爸爸、妈妈、哥哥（因上学而未到场）、弟弟、姥姥、姥爷，他精心制作的名签上以诗画配的形式让每位亲人都领受到了惊喜。丁丁写给姥姥的诗（译成中文）是：

姥姥，噢，姥姥，你是这样和蔼，
姥姥，噢，姥姥，你带来了欢乐，
虽然不说英语，你是真的慈爱，
姥姥，噢，姥姥，我不想让你离开。

家长们在孩子的引领下入座后，班主任作简短的说明，聚会的主要内容是让孩子们展示自己的才艺，献给辛劳一年的家长和爱护他们的亲人。集体歌舞后，小学生们有的拉琴、有的吹号、有的变魔术、有的朗诵诗歌，丁丁弹了电子琴，还表演了在跆拳道训练中学会的双节棍套路。孩子们的表演虽不能与专业演员相比，但那种真诚的激情却是值得称道的。家长们也特别重视与孩子们的呼应，掌声和赞美声此起彼伏。

被邀请来的家长们边观赏边享用美食，特别开心。班主任自费准备了饮料和饭后甜点，家长们一家一菜。据说这位班主任是教育学博士，原来在中学任教。由于特别热爱教育事业，退休后又应聘来小学担任了五年级一个班的主任教师。为了组织好这次聚会，他还带来了成年的儿女做招待，摆放食物、餐具，做好就餐前的种种准备。这种尽职敬业的精神也特别令人感动。

我们家去的人多，丁丁的妈妈想多包些饺子带去，让大家尝尝中国春节的传统美食，可是丁丁反对。他说老师讲过，要照顾到不同族裔的风俗禁忌，不要做带肉馅的食物，以免引起误会和疑虑。感恩、尊重不是走走过场了事，老师对细节的关注提醒了家长，教育了孩子。不论办什么事都应有全局观念，尽量给大家都带来好心情。

参加这种聚会让人感触良多。不禁想起耶鲁大学一位教授曾说过的话：人性的第一个原则是古罗马戏剧家泰伦斯的原则"只要与人有关的事我都不陌生"。这位教授严肃指出精英教育的劣势就是疏远了众多人性特征，而只靠分数来衡量人的价值。想想我们国内的中小学乃至大学，社交智慧、情感智慧以及各种创新能力的发掘在教育者头脑中占多大比例呢?

在美国小学生的品德教育中，感恩被列入与乐观、热情同等重要的位置。是否能经常觉察别人的好意，是否心中常存感激，是否常向人表示谢意，不仅仅是出于礼节，而且是品德的组成部分。

美国密歇根大学的克里斯·彼得森教授和宾夕法尼亚大学的马丁·塞利格曼教授把人的品格分为 24 种，感恩便是其中一种。他们建立了网站，让来访者衡量自己的幸福程度和性格品质，然后研究了几千名来访者的数据，最后发现，与幸福指数息息相关的三种品质是乐观、热情和感恩。我们在现实生活中也不难发现，一个对周围的人充满感激、对过去的经历觉得幸运的人，与对周围的人满怀抱怨、对过去的经历唉声叹气的人相比，两者的幸福感大相径庭。

2010 年感恩节前《华尔街日报》有篇文章，概括了近年来科学家们对感恩的研究，他们发现：1. 感恩的人更健康。2. 感恩的人更幸福。3. 感恩的人更乐观。4. 感恩的人朋友更多。5. 感恩的人不容易抑郁、嫉妒、贪婪和酗酒。6. 感恩的人赚钱更多。7. 感恩的孩子成绩更好。8. 感恩的孩子较少头疼、胃疼。

在美国，12 月 25 日圣诞节的盛况不亚于中国的春节。圣诞节是纪念耶稣诞生的节日。12 月 24 日晚被称为平安夜。对孩子来说，平安夜是让他们最开心的一晚。相传有一位奇特而又不可思议的老人，长得胖乎乎的，玫瑰色的面颊上带着欢乐的笑容，双眼闪闪发光，银白色的胡子飘在胸前，身穿红色衣裤，头戴镶有白边儿的红色帽子，在这一晚会从天而降。他驾着由八匹驯鹿拉着的载满玩具的雪橇，挨家逐户地给相信他而又懂事的孩子送礼物，他，就是圣诞老人。

据说真有一位叫尼古拉斯的慈善家，他一生最爱帮助贫困的人。有一次他帮助三个穷困的少女，送她们三袋金子以逃过被卖的不幸。当尼古拉斯偷偷把一袋金子送给其中一位女孩时，他往窗户往里一扔，竟将金袋子扔到墙壁上挂着的长袜子里了。由这一件真事演绎成现在圣诞老人的故事。家长们会告诉孩子如果他这一年表现好的话，圣诞老人会从烟筒悄悄进入屋内，将礼物塞在挂在床头的长袜里。为此，这一晚孩子们总会把一条彩色的长袜挂在床头，并在袜子旁边备杯牛奶给劳苦功高的圣诞老人解渴。第二天一大早，每个小朋友都会迫不及待地打开包装，看看圣诞老人给自己的奖励。

因此圣诞节的核心内容是奉献爱心、领受爱心并为此而献上感恩。平安夜的欢乐亦如中国除夕夜的欢乐一样，全家人会欢聚在客厅中，围绕在圣诞树旁吟唱圣诞歌曲，交换礼物，互诉衷肠，并将亲友寄来的圣诞卡挂在树上，表达内心的祝福、关爱和感谢。

这里特别值得一提的是圣诞老人的爱心活动带给孩子们的影响是终生的。据《星岛日报》载，华盛顿8岁女童斯基普维斯知道妈妈没钱给她买圣诞新衣和玩具，所以当家门前出现一大包礼物时，她深信那是圣诞老人所赐。因为她给圣诞老人去了信，说明自己过去表现良好，下一年会更好，希望得到奖励。

如今长大成人的斯基普维斯已经明白事情的真相，原来她20年前寄给圣诞老人的信，其实是投给了邮政总局的"圣诞老人行动"，该行动专门征募愿意满足这些贫困儿童节日愿望的好心人，也就是"神秘圣诞老人"。

现在，28岁的斯基普维斯有了自己的孩子，她满怀激情地打算回馈社会，也从邮局认领了一封许愿信。对于家庭贫困的孩子来说，圣诞老人带给他们的不仅仅是一年的盼望、物质的满足，也是幸运感和幸福感的满足，并会由此延伸出自信、自尊、自强和爱心。

《今日美国》报道说，截至2011年"圣诞老人行动"已跨入第99个年头。由于美国不少家庭深陷经济低迷的泥潭，今年贫困儿童寄给圣诞老人的许愿信数量将打破历史纪录。2011年全美会有75家邮政局负责分发圣诞老人许愿信，进行电脑记录，并公布寄信人的名字和年龄，寻找捐赠者。感恩节后一天，纽约邮政总局已收到近5 000封寄给圣诞老人的信，预计信件总量将达200万封。

在洛杉矶办事处，2010年的捐助者认领了300封信，2011年增加到484封。

41岁的洛杉矶妇女莫尼卡·麦当娜育有六名子女，因癌症做手术，家里穷到冰箱坏了几个月都无法换新的地步。她以17岁女儿的名义给"圣诞老人行动"写信求助，加州埃尔塞贡多市的国际塑料卡公司及其员工闻讯，把一个崭新的冰箱送到她家，并附上500元节日礼卡，让她用来购买食品以填满冰箱。麦当娜没想到会碰上这么多好心人，感动得哭个不停。

纽约邮政总局负责这一行动的主管方塔纳说，他们的义工 2010 年选出 4 万件信函，都适当安排给予协助，2011 年的求助函预计比 2010 年多一倍。但他很乐观，他说："面对这些贫困孩子，没有人说不。许多公司都认领了几百封信件。"

这足以说明斯基普维斯式的回馈社会已形成气候，好多公司和家庭都运转在领受爱心与爱心奉献的良性循环中。

在感恩节和圣诞节这段日子里，感恩、知足、分享和奉献会作为家长们教育孩子的重要话题，公益机构寄给家庭的募捐邀请函也比平日多得多。这对儿童和家长也都是爱心测试。

2011 年 12 月《号角报》上有刘陈洁贤女士的一篇文章，标题是《为他人多做一点》。说的是 2011 年的宣明会（World Vision）的募捐目录以家禽及生活基本所需为主题（宣明会是一个国际基督教救援及发展机构，援助项目以贫困儿童为中心，援助不分宗教、种族及性别，援助范围遍及 100 个国家，援助对象超过 1 亿人）。洁贤女士和女儿看过募捐目录后，就提示女儿考虑要奉献些什么。

孩子很快就填好了募捐项目，并写上了支票：一只羊（$75）、两只鸡（$25）、家庭钓鱼用具（$40）、保护少女计划（$50）、妈妈及初生婴儿用品（$77）、两本儿童版圣经（$36）、新衣服（$35）、饮用水（$50）、防蚊帐（$18）。

孩子见妈妈看着捐助清单半晌无语，问："会不会太多了？我可以减少点儿。"妈妈反问女儿："你愿意放弃爸妈送你一辆新自行车，来换取那些小朋友的所需吗？你愿意节日期间吃得简单一些吗？"

家庭会议后，孩子选择继续骑表姐的旧车，同时取消了预定的圣诞节旅游计划，而所填的捐助计划一项也不减。

受赠是福，施与比受赠更有福。借用圣诞佳节，让孩子经受牺牲物质条件的考验，而享受奉献的欢乐，也是促进孩子人格成长的重要课题。

[附录一：感恩节后丁丁写给妈妈的感谢信（英译中）]

亲爱的妈妈：

感谢你为聚餐提供的炒河粉！它真好吃。我想大家都喜欢它。你做了素菜的，又做了加肉的，一定耗费了许多宝贵时间。

在才艺展示中，我想表现好些。我在电子琴上弹奏了巴赫的 D 音阶《双人小步舞曲》，还参加了小提琴演奏《康康舞曲》（Can-Can）的三人合奏，我的第三个节目是跆拳道的双节棍演练 1~9 段。你喜欢我的演出吗？我觉得最好的是弹琴。在拉小提琴时我出现了一些失误。

你喜欢我做的座位卡吗？它用了我许多时间，写诗需要花费心思。你最喜欢什么样的座位卡？我觉得诗歌最能表达我的真实感情。

诚挚地，

丁丁

[附录二：（女儿的日记）妈妈，你不爱我了吗？]

老二 5 岁时，有一天晚上，我忙了一天，都围着哥俩转，想一个人清静片刻，就和孩子爸爸说，"该你陪孩子了，我今天足够了。（I have had enough.）"可能是我的语气透露着不耐烦，孩子竟然眼泪汪汪，委屈地对我说："妈妈，你的意思是你不爱我了吗？"

我赶快给孩子一个拥抱，解释说："妈妈很爱你，我只是累了，需要一个人休息一下。"孩子亲亲我，说："我爱你，妈妈。我爱你有整个宇宙那样多。"

感谢神，孩子很会表达他的感受。有专家说，爱有多种语言。有人是通过做很多事情来表达；有人是通过语言；有人是通过送礼物；有人是通过肢体语言，比如拥抱。如果他不问我，藏在心里，他可能就以为我不爱他了。也许，他会为此困扰，我却还蒙在鼓里。所以，要常常用语言来肯定家人，表达你的爱。

我倾向于以服务的方式来表示我对家人的爱。但是孩子渐渐长大，我照顾得太周到，一切都包揽，其实对孩子们不好。他们会太依赖我，不独立。我得刻意让他们也懂得来服务家人，分担家务。孩子们很擅长用语言表达爱，他们小时常常说："我爱妈妈像宇宙那么多。"但是他们大了，光是动嘴可不行。我得提醒他们。比如，他躺在沙发上看小说，看不到妈妈一手抱着小弟弟，另一只手还在做他点的汤。我就请他陪弟弟玩，帮妈妈分担一下。并告诉他，最好下次不需要妈妈提醒，就可以主动帮忙。我需要学习的是多用语言表达，因为成长中的孩子很需要我用语言来表

249

达妈妈的爱。对配偶，也是一样。我需要多称赞老公，感谢他的辛劳，让孩子们也有感谢爸爸的心；也要给他机会分担家务、照顾孩子，这对培养亲子关系很重要。任何一方独揽家务，都不利于建立一个健康的家庭。

老二爱做家事，做得多，老大不擅长，帮忙少。偶尔让他做一下，他就有意见："凭什么让我做？"我就给他解释："平时弟弟帮了很多忙，现在该轮到你了。我们是一家人，家务当然要大家一起分担。"他帮忙后，也很有成就感。

美国家庭的多元化

///

　　美国人不讲计划生育，一般是信教的人子女较多。因为他们认为子女是上帝赐予的，不可以拒绝。美国人中"三代同堂"的家庭少而又少，不是"无老"，便是"无孩"。另外，居高不下的离婚率使单亲家庭数量直线上升。

///

　　从根本上说，美国是一个移民国度，移民控制着主流社会，而土著的印第安人早已变成受保护的少数民族。直到现在，每年还有几十万、甚至上百万的人从亚洲、拉丁美洲、欧洲、非洲、大洋洲涌入美国。因此，作为社会细胞的美国家庭，必然呈现出移民社会的多元化。就我们比较熟悉的华人来说，其家庭结构的紧密程度、家庭成员间的互相依存情形也有不同。我和先生曾被女儿的朋友们誉为最佳父母：第一，年轻健康（相对而言）；第二，做饭、看孩子、打扫房间任劳任怨；第三，尊重年轻人的爱好志趣，彼此能沟通。事实上，我们能做到的，中国大陆去的父母都能做到。一踏上那片陌生的国土，就要以孩子们的需要为中心。在我们的观念里，子女就是自己生命的延续。为了他们的前程，我们可以舍弃一切。然而，像我们一样年轻的来自中国香港、中国台湾或新加坡的父母就不同，他们去美国的目的就是旅游观光，有的则是去上语言学校，在良好的语言环境里学习外语。如果把他们束缚在子女的需要里，就觉得降低了自身生存质量，心理上难以承受。所以，看孩子、搞家务，来自港台地区和新加坡的青年都是自己干，本来就不对父母抱多大希望。当然，亚裔华人中也不乏老式家庭，仍然保持着四世同堂、父慈子孝的传统。这种家庭的成员一般都笃信基督，大人孩子以宽容忍让为美德。

近年来时兴域外婚姻，异域风俗习惯的不同给这种远缘的结合带来了诸多矛盾。一位留美老乡娶了位美国姑娘，把他妈妈接去料理家务。中国婆婆与美国媳妇的冲突就难以避免。媳妇一进家就脱鞋脱袜，而且随心所欲，随地乱扔，把本来收拾得井井有条的家居环境弄得乱七八糟。婆婆不言声儿替她收拾，以此作为示范，媳妇却毫不理会。肚子饿了，打开冰箱，拿出一堆东西就吃，吃罢，将奶油面包渣抹了一身。婆婆实在看不下去，就耐心教她家居生活的规矩。美国媳妇叽里咕噜一番就给自己的妈妈打电话，说她受不了这约束，婆婆在干涉她的自由。儿子怪母亲多管闲事，母亲嫌儿子纵容媳妇，一家人纷争四起。

被美国自由同化了的移民，子女们一到成年就恨不得冲出家庭的牢笼。因为美国人追求自我感觉、追求个性的张扬和发挥，所以父母的经验之谈和忠告常被视做精神枷锁。两代人的矛盾冲突促使家庭发生裂变。1999 年 3 月 31 日《山西日报》"朝夕新闻"中介绍的美国家庭的"四无"趋向，确是实情。美国人中

"三代同堂"的家庭少而又少，不是"无老"便是"无孩"。

美国的老人即使有子女也多是独守门户。这种情形似乎不能用"美国人亲情淡薄"一句话来概括。形成这种社会状况的原因有二：一是大多数美国人的生活目标就是拼命挣钱，挣了钱就享受。吃喝玩乐、自由快活就是他们的追求。老年人腿脚不灵、少牙没齿，吃东西爱稀软的，娱乐活动爱悠闲的（比如散散步、钓钓鱼）；年轻人则喜欢激烈的，比如山坳练枪、平湖飞舟、赌赛马、开赛车，越轰轰烈烈越过瘾。与其在一起格格不入，不如分开自由（在他们的意识里没有"迁就"这个词）。二是美国老人老有所养。美国税多，在许多州即使买一双袜子、一节电池都打税。个人收入所得税占工资的三分之一（美国人常说"五一"节之前是为政府工作，"五一"节以后的工资才属于自己），而且很难偷漏税。这样，政府有了钱，社会福利就成了老年人的铁饭碗。所以，即使没有退休金的孤寡老人，也会依靠社会救济安度晚年，用不着子女管。当然，这是指本人不酗酒、不吸毒、不嫖妓的老人。如果有特殊嗜好，那就另当别论了。比如一位叫理查德的老人被老板解雇失了业，靠吃救济过日子。他的儿子小理查德把他接去一块儿住。小理查德勤勤恳恳，送报纸、洗地毯，一天干着好几份工作，他的愿望是攒一笔钱后娶一位勤快的妻子。不料，他发现父亲常背着他带回不三不四的女人，一块儿酗酒鬼混。儿子向父亲发出严重警告后，父亲仍不改悔，儿子就把父亲撵了出去。众所周知，有"美国是儿童的天堂、青年的战场、老年人的地狱"的说法。不能像年轻时代那样随心所欲，这对年老心不老的美国人来说可不是进了地狱？

看了上文，美国家庭的"无孩"现象就不难理解了。既然以及时行乐作为生活目标，又没有"养儿防老"的后顾之忧，何必受那十月怀胎之苦、鼻涕屎尿的拖累呢？据调查，35 岁以下的年轻夫妇中，选择不生孩子者占 25%，比十年前高出 10 个百分点还多。

另外，居高不下的离婚率使单亲家庭数量直线上升，尤其是"无父之家"与年俱增。据统计，20 世纪末美国 24% 的未成年人生活在"无父之家"里。这个比例是 60 年代的 3 倍，40 年代的 4 倍。有人预计，"无父之家"在 21 世纪初叶将成为美国家庭的"典型模式"之一。导致家庭没有父亲的原因除了离婚之后孩子由母亲抚养外，另外还有诸多因素：1. 性自由导致少女未婚生下孩子，未婚的少男承担不了父亲的责任。2. 数以十万计的缺乏责任感的已婚男子（包括未婚的）由于种种原因不辞而别，悄然失踪。3. 迄今为止，至少有十万余美国妇女热衷于"无性生育"。即在没有结婚，也不和任何异性发生性行为的情况下，依靠精子库的保质精子和人工授精技术生下自己的宝宝。4. 近年来，美国妇女还风行从国外领养异族小孩。美国跨国领养政策越来越完善，被领养者的合法权益从他入境之日起就受到维护。

美国不讲计划生育，一般是信教的人子女较多，因为他们认为子女是上帝赐予的，不可以随意拒绝，我们认识的一位牧师，有三女二男后妻子又怀了孕，他们满心希望再生一个男孩，三女三男扯平（事先不做 B 超，因为这样才符合上帝的意旨），不料上帝又送他家一个女孩。据说还要生，他和妻子相信，上帝会满足他们的心愿。那么再生两个男孩男女才均衡。因为牧师的收入有限，他家雇不起保姆，牧师的太太干脆不上班，在家里身兼妈妈、保姆、幼儿教师、小学教师数职。

另一类家庭比较特殊。正如我们家乡俗话所说：石头瓦块砌成个人家。比如与我儿子在洛杉矶同住一栋房屋（共用厨房与客厅）的室友瑞克和男孩劳伦斯。起初，我儿子还以为瑞克和劳伦斯是父子。因为他们在一起生活，饮食起居形同家人。劳伦斯的学习成绩从不及格升到 B 和 A，瑞克比劳伦斯都高兴。而且，劳伦斯一个十三四岁的孩子，身高有一米八左右，体重三百磅，也足见瑞克照顾周到。不料，不久以后这个两人之家就解体了。劳伦斯被送到圣地亚哥的一所寄宿学校，瑞克也失去了在这儿居住的权利。原来瑞克是被丈母娘聘用来照顾劳伦斯的。劳伦斯是他丈母娘的亲外孙，劳伦斯的妈妈也确实是瑞克的妻子，然而劳伦斯和瑞克却无血缘关系。这都是美国的婚姻结构松散所致。瑞克与劳伦斯的妈妈也是几度分合。所以妻子的孩子不属于丈夫也就不奇怪了。劳伦斯的姥姥为什么要聘用瑞克来照看劳伦斯呢？因为劳伦斯的妈妈死了，劳伦斯的亲生父亲又不愿意接纳他。恰巧瑞克失了业，他表示能带好劳伦斯。据说这次的"解体"恰恰是因为劳伦斯在姥姥面前告了状，说瑞克酗酒还吸毒，因此那姥姥一生气就炒了瑞克的鱿鱼。而据瑞克解释说他很冤枉，他吃了些戒酒药，被孩子搞错了。

不过，美国人挺绅士，瑞克似乎也不怎么恨劳伦斯和丈母娘。还很崇拜很景仰地说他丈母娘曾是特殊儿童学校的教师，很有钱，有四处房产，等等。那丈母娘办事也颇有分寸，事先给瑞克在别的公寓租了单身宿舍，并预付了一个月的房租。

有趣的是瑞克谢绝了丈母娘的"好意"。他送劳伦斯去圣地亚哥，返回的途中又结识了一位单身女士，两人竟相见恨晚，随之又出现了一个临时组建的"家庭"。在美国，这种奇奇怪怪的家庭实在难以计数。

还有的家庭是不要子女而养宠物，以猫狗代替宝宝。我们的女婿原先所在的电脑公司的一位负责人，是位早期移民美国的犹太人，对中国人有好感，请我们去他家吃饭。他事先在电话里约定，说"阿列克塞"是他家庭的一员，他们一向很宠爱它，如果在吃饭时把它关起来，它会因不习惯而叫闹，希望远方来的贵客能理解。当我和先生得知"阿列克塞"是他家的狗时，赴宴的热情大减，觉得这家主人这样待我们不合礼貌。女婿就解释说这也是东西方人的文化差异，比如我们认为"帝国主义走狗"、"狗娘养的"是骂人，他们很诧异。他们认为狗是人类的好朋友，"走狗"照字面译成外文为"跑着的狗"，"跑着的狗"不是挺可爱吗？"狗娘养的"当然是狗宝宝了，有什么不好？你必须费好多口舌才能解释清楚这些词的贬义。及至我们去了他家，方知他们真把狗当成家庭的一员。这犹太老板待人很热情，楼上楼下领我们参观。但二楼有一间房却是房门紧闭，客人止步。后来才知道8年前他的一只爱犬得急症暴死其中，因此主人伤心至极，再不忍心开那房门。可见他们对狗的感情与对爱子爱女的感情不相上下。在美国，清晨出去散步，每天都会看到牵着狗出去的主人；假日出门购物，每次都会遇上乘着小汽车的狗。

　　总而言之，美国的家庭模式形形色色，不拘一格。所谓"协议家庭"、"重量级家庭"也有耳闻，这里不一一尽述。有人说美国人亲情淡薄，当烈火熊熊时，中国人先救父母，美国人先救妻子，阿拉伯人先抢钱袋，这种说法或许不无道理。美国社会竞争激烈，美国人工作、生活节奏紧张，一到上班时，大多数人要开车一小时左右才能到岗位。一进车间或办公室，人就成了机器。下班后汽车进入高速公路，车流如龙，神经照例绷得很紧（正是年轻人的战场）。因此，只有在节假日才能松弛松弛。周末，还有家里的活儿，不是在家里打扫卫生、修剪草坪、整理花园、清洗泳池，就是去教堂聚会、到商场购物。当然，去郊外、海滩、森林公园，走进大自然是他们的最高享受，因为返璞归真才是彻底的放松。这样，亲戚间的交往所占的时间就少得多。常言道"亲戚间是越走越亲"，走动少当然就疏远了。一旦有意外，当然是先救身边的人。不过，每年的母亲节、父亲节时，他们倒很重视寄送礼品或电话问候父母亲。事实上，到底哪一国人更爱父母，哪一国人更爱妻子或者金钱，也不能一概而论。我们在游乐场所常常看到儿子推着轮椅，父亲或母亲安坐其上的情形。尤其是美国父母领着残疾儿去荡秋千、坐滑梯的那一种关爱和耐心，使人感动。"孝顺"或"忤逆"因人而异，也因具体家境而异，哪里都有特例。

不怕"大灰狼"

经过几次与"大灰狼"的较量后，自然会想出制伏它的高
招。被"大灰狼"吞过一次，生命就会得到升华。

就"望子成龙、望女成凤"这个培养目标来讲，中国家长和
美国家长就存在差异。当然，世界上任何一国的父母都希望子
女前途辉煌，出人头地。但具体到这个"望"上，美国家长好像
"望"得不是那么具体，不是那么急切。他们似乎更重视孩子是
否快活，是否在干他乐意干的事，更尊重孩子的个性。

在这种差异下就出现了中美小学生的两种不同境遇。中国的
小学生除了在学校的课堂上坐六七节课，放学后要完成一大堆课
外作业外，不少经济条件好的家长还要给孩子们加码儿。有的请
了钢琴教师让孩子学琴，有的让孩子上绘画、书法等培训班。这
样，即使是节假日，孩子玩的时间都少得可怜，一般是极不情愿
地让父母牵着鼻子走。相比之下，美国的小学生就很享福了，他
们一般是早上八九点钟由校车接到学校，下午三四点钟就由校车
送回了家。在课堂上学习的时间一般只有四五个小时，这四五个
钟头中还有一半时间在做课堂游戏。通过折纸让孩子们认识些几
何图形，或是某同学过生日，让孩子们在电脑上制作生日贺卡，
或者是唱歌做游戏，让孩子们在游戏中了解一些知识，增加些技

能。教师给孩子的自由多些，孩子们展示自己才艺的机会也多些。家长们对孩子的分数也不太在意，能得个 B，就大加赞赏。孩子们的课外作业少，一般是放了学一扔书包就玩。玩什么呢，附近游乐场有篮球、旱冰、网球等场地，有泳池、滑梯、吊梯等，孩子们随心所欲。当然，也有不爱动的，就在家中玩电脑、游戏机。

两种不同的栽培方式，就出现了两种不同的"果子"。我们的中小学生一般是循规蹈矩的乖乖宝，基础知识扎实，笔头考试的功夫过硬。中国的学生转学到美国的，只要过了语言关，大都是成绩优秀。我认识的随父母到美国的两个学生，一个来自山东，一个来自杭州，都得了最高奖项，美国总统奖。因为我们的孩子经过了升学竞争的考验，博闻强记、基础牢固。美国学生就没有这方面的优势了。

但是，我们的孩子身体素质要弱些，不及美国孩子耐冷耐热耐磕碰。相对来说，跟踪最新科技和捕捉社会发展变化的新知识、新信息的能力也差些，创造性也不及美国学生强。

另外，美国家长对孩子能否升入哪所大学，大学毕业后干什么工作，也没有中国家长那么忧心忡忡。我认识的一位美国煤气公司的工人乔治，女儿在银行工作，儿子大学毕业后到了个清洁公司帮人洗地毯，谈论起儿女来，他同样津津乐道。好像孩子们能自食其力就挺好，对儿子的工作他一点儿也没有自卑感，也没有帮儿子调动个单位什么的想法。至于儿子的工种不太好，是否会影响到他的恋爱婚配，好像那只是儿子自己的事，与父母无关似的。不单单乔治是这样，美国人的观念就是这样。父母养育子女到成人后，就尽到了责任。上什么大学，找什么工作，与谁结婚，甚至上不上大学，先打工赚钱后上大学，这一切子女都有选择的自由和权利。当然，父母亲可以谈自己的看法，提合理化建议，但子女听与不听那是人家的权力，父母决不强行干涉。与此同时，子女与父母经济上的联系也越来越少。子女赚钱租房、买车，不依靠父母；父母亦不指望养儿防老。同时他们也不帮子女带孩子。基本上是各工作各的，各享受各的（美国人养老一般靠养老保险金）。只是到"母亲节"或"父亲节"时，子女们才送些礼物给爸妈。节假日时，祖父母、外祖父母也会与孙子、外孙们聚一聚，送孩子们些礼物。

这与我们中国家长的"一保到底"的终身制大不相同。与我同龄的好多朋友，都是老六六届、六七届高中生，因为自己赶上"文化大革命"没能上成大学，生了孩子就把孩子当成另一个自己，不管孩子有没有能力，非让其圆自己的大学梦不可。从小学操心到中学，每一次孩子会考，他们都翘首等待在考场外，患得患失，忧心忡忡。孩子大学毕业后又愁他能否有份儿好工作。有了工作又操心能否找到好对象。子女一生孩子，自己尚有工作精力便提前退休，替子女带孩子。父母好像欠了子女终身的债，就为还债而活着。他们认为，人类生存就是为了传宗接代。

美国人不这样，好多家庭主妇在摆脱子女的拖累后又找到了工作，既享受职业女性的优越感，又能为社会服务，同时也为自己攒一笔养老金。她们追求的是多姿多彩的人生。

我常常想：美国家长这种近乎任其自然发展的管教子女的方式，不就等于放羊吗，难道不怕"狼"把小羊叼走吗？

事实上也常有"大灰狼"叼走迷失羔羊的情形。比如吸毒的少年、未婚先孕的少女、校园枪杀案的发生等。这些都是家教不严，孩子们小时候受约束太少，给予的自由太多所致。

美国人难道就不考证他们这样做的利弊得失吗？

后来，在美国看外孙时接触了美国的儿童故事，似乎理清了些美国人的教育思路。故事说的是一位猪妈妈和三个猪宝宝的生活。一天，猪妈妈对三个猪宝宝说："孩子们，你们长大了，该自己维持生计了。你们选择些生活用具，自己过日子去吧。"于是猪大哥背了锅碗，猪小弟背了录音机，猪小妹带了几本书就离开了妈妈。兄妹三个走哇走哇，猪小妹看到一堆草，就说："我就在这儿安家了，盖个草房子吧。"猪大哥说："草房子不结实，大灰狼会吹上天空的。"猪小妹不听，就盖了个草房子住进去了。晚上大灰狼来了，叫猪小妹开门，说它是猪大哥的朋友。猪小妹警惕性很高，不给大灰狼开门。大灰狼噗噗一吹，把草房子吹上天，一口就把猪小妹吞到肚子里了。再说猪大哥和猪小弟，它俩走啊走啊，突然看到一堆木头。猪小弟说："我就盖个木头房子吧。"猪大哥说："木头房子也不结实。"猪小弟说："我脚疼，不能坚持走了，就盖个木头房子吧。"于是他就盖了个木头房子住进去了。结果大灰狼又来了。大灰狼说："猪小弟，猪小弟，开门哪，我是你大哥的朋友。"猪小弟警惕性也很高，不给它开。大灰狼摇啊摇，使劲儿地摇，就把房子摇倒了，最后一口把猪小弟也吞下肚去了。猪大哥走啊走啊，走到很远很远的地方，终于找到一大堆石头，就盖了个结结实实的石头房子。结果大灰狼又来了，叫猪大哥开门。猪大哥不给它开。大灰狼一生气就吹，吹不动；摇，摇不倒。看到屋顶冒烟，它想：从烟筒钻进去吧。不料猪大哥正烧着一大锅开水，大灰狼不小心掉进了开水锅里，烫死了。于是，猪大哥剖开大灰狼的肚子，救出了猪小弟和猪小妹。它们接受了教训，各自都盖了个结实的房子。

这虽然是给孩子讲的幼儿故事，我们却可以看出美国人的教育理念。它与我们的"孔融让梨"、"岳母刺字"、"排排坐吃果果"、"狼来了"等有很大的不同：

首先是长大了就要有独立意识、自食其力。其次是父母不定条条框框，各人都有选择的自由。第三是不怕子女栽跟头，跌倒后爬起来自会接受教训。事实上，经过几次与"大灰狼"的较量后，自然会想出制伏它的高招。被"大灰狼"吞过一次，生命就会得到升华。

事实上，美国家长的放手即便使一部分青少年走了弯路，但也造就了美国青年人的竞争活力、开创精神和顽强的生存能力。

美国的社会教育资源

各图书馆都专设儿童阅览区，这些书只要是贴着特定的黄色标签的就可以带回家，读完送还原处，不需办任何手续。家长们给孩子读过十本书，填一份报表，就可以从图书馆领取一本书作为奖励，还附带送一张去博物馆参观的入场券。

美国的社会教育资源极其丰富。设有沙坑、滑梯、秋千、攀登架和球类运动的社区活动场地随处可见且免费开放。一年四季，常常看到家长和幼儿园的老师带领着孩子们在绿茵场上做各种各样的游戏。我们住处附近的运动场，周末常有少儿足球比赛。开车送孩子来的家长在场外充当拉拉队员，摇旗呐喊不亚于职业队赛场上的气氛。

遍布各区的图书馆更是孩子们获取知识、健身益智的乐园。图书馆不仅为孩子们提供丰富的藏书和专供孩子们使用的电脑，每周还定期为各年龄段的孩子们开设故事会。我的小孙儿还不满一周岁，他的妈妈就鼓动我们领他去参加故事会。我当时想：八九个月的娃娃能听懂什么呢？到了现场后才发现五六个月的孩子都有。起初，听英语故事会，我也不懂老师说什么，只见老师展开大本的图画故事，一边讲一边表演故事里的角色；放下书本又领着大家边唱边扭着身子，动作夸张、充满激情。在场的家长和孩子们都跟着做，课堂气氛活泼热烈。有的孩子还情不自禁地跑到老师身边，只要不打断进程，老师都能包容。我的孙儿起初有些紧张，逐渐熟悉后就放松了，也尝试着做动作。各图书馆都专设儿童阅览区，图书开架放置，一些幼儿图画故事书以图为主，配以简单的词汇、语句，正适合牙牙学语阶段的孩子认识身边的事物。这些书只要是贴着特定的黄色标签的就可以带回家，读完送还原处，不需办任何手续。家长们给孩子读过十本书，填一份报表，就可以从图书馆领取一本书作为奖励，还附带送一张去博物馆参观的入场券。位于城中心区的图书总馆每周还有一次中文故事会，我们听过后在家也反复给孩子讲故事，唱儿歌。效果怎样呢？孩子的爷爷有一段记录：

宝宝14个月了，能独立行走，蹲下站起（手持玩具）。能识别：妈妈、奶奶、爸爸、爷爷；眼、鼻、耳、嘴、手、脚；衣服（上衣）、裤子、鞋子、扣子；身边玩具（小汽车、球、气球、圈圈、小手机……）；书；饮食（奶、饼干……）；外出遇到的狗、警车、飞机……表达用语：跌（掉了）、没（没有了）、盖（用盖子）……发音较准确的：一、B……爱和亲人交流，拉住我们的手放到物件上（比如图画板，让画图）；去取来我们要的玩具；喜欢玩捉迷藏……

参加图书馆活动以后，孩子会拿了书到奶奶跟前，说"讲，兔兔书书"或"讲，猫猫书书"。我们把邻居家来串门的猫指给他看，让他把书上猫的图像和活生生的猫联系起来。孩子不仅会说猫尾巴、猫耳朵，而且会躺在地毯上表演猫打滚儿。有一次还发生了一件让我们吃惊的事：

周一晚饭吃家乡面食"猫耳朵"。妈妈给小宝喂饭："宝宝吃个猫耳朵"。"不要！"小宝立即吐了出来，满腹狐疑地注视着自己的饭碗，那从未在孩子脸上出现过的惊诧的目光似乎在探询："猫耳朵怎么会变成这样呢？"爷爷奶奶、爸爸妈妈也吃惊了，这离一岁半还差十天的孩子竟然能产生这样的联想！妈妈赶紧更正："是面面，宝宝吃面面。"爷爷也把饭锅端过来给小宝看，小宝才释然。大家决定，以后永远不提"猫耳朵"这样的饭名。

一个一岁半的孩子能有这样的心理表现，不能不说是得益于故事会的启蒙。

婴幼儿教育专家告诉我们，刚出生的婴儿脑细胞间的联系极少，大脑皮层是光滑的。专家们发现要刺激脑的发展，建立复杂而畅通的脑部网络通道，"主动刺激"和"重复练习"是不可缺少的元素。因为每一脑神经细胞都可以和其他数千个脑神经细胞沟通，若以道路打比方，从北京到南京可以设计许多不同路线，每一条路线都是新的学习体验。也可以说，为了要有新的学习体验，必须设计新路线。对脑部来说，新路线便是新的细胞的联结方式，而新路线的形成，又必将促进大脑沟壑的加深，从而使孩子可能在智力上表现出惊人的飞跃。所以说美国的图书馆接纳小小孩听故事（不厌其烦地重复），是受科学育儿原理指导的。

图书馆分发的资料上提示说，儿童早期学习是为他将来的读和写做准备。常听故事会可提高孩子的叙事能力、词汇能力、音韵感知能力。如果是边看书边讲故事还能培养孩子的字母认知能力、字体感知能力和对书的兴趣。起初我们对这类宣传不以为意，可是当孩子过了一岁半之后，他语言表达的飞速发展，不能不让人吃惊。比如：把塑料积木撒下一地时，他会说"乱七八糟"；收拾好后他会说"整整齐齐"，语言表达相当准确。当爸爸妈妈上班离开家时，他常常依依不舍，眼里含着泪。我和他爷爷就模仿故事会的老师编了顺口溜教他："爸爸妈妈去上班儿，爷爷奶奶陪我玩儿。"起初他只会说"爸爸妈妈"、"爷爷奶奶"，慢慢地就将"去上班儿"、"陪我玩儿"加了上来，而且还说得抑扬顿挫，很合音韵。这样自我安慰一下，孩子的情绪也会好起来。有时候我们没有刻意教过他的词汇也会突然从他嘴里冒出来。有一天，在图书馆看到一本书，封面上有个孩子用大拇指和食指圈了个圈儿，放在眼睛上，我孙儿一看就乐了，连连说："有意思，有意思。"这不仅是表达的准确，而且是内心感觉的转述啊。

西雅图图书总馆还出借中文版的童谣音乐光盘，配以图书，借了回家可以边听边给孩子讲。比如"一闪一闪亮晶晶，满天都是小星星"就有月亮和星星在天空，小孩子在下面用手指着看的插图。孩子听了歌谣，每到天黑，总要缠着我熄了灯到窗前看看天空有没有月亮出现，与此同时，孩子也较早地领略了月儿的圆缺变化。

图书馆的故事会还有健身活动的效果。在讲故事的过程中，老师会加入些动作简单的体操，活动一下身体各部位的关节。故事会结尾，老师会带着大家唱起儿歌："假如快乐的话你就拍拍手吧；假如快乐的话你就摇摇尾巴；假如快乐的话你就跺跺脚吧……"这样边唱边做，在欢乐的气氛中让孩子尽兴地活动身体，促进孩子身心的均衡发展。

1962 年为举办世博会而建的太空针塔是西雅图的标志景观，也是孩子们健身益智的场所。博览会旧址总面积 74 英亩，包括众多场馆和绿地。虽然早已更名为"西雅图中心"，至今却依然是各族裔举办民间重大艺术活动的场所。我们常常带孩子去那里玩。那里有音乐喷泉，随着乐曲的旋律喷射的水柱会形成高低快慢的不同，在大孩子们追逐水柱的欢声笑语中，我的小孙儿学走路学得格外起劲儿。在"中心大厅"的舞台上，每逢周末都有民间举办的演出活动，不是各个族裔的艺术节，就是中小学生的才艺展示，孩子们在这种多元文化氛围的熏陶下，从小眼界就比较开阔。在没有演出的日子里，舞台前的空地更是孩子们学步的场地，管理员会给孩子们取出小推车、各式玩具车，让孩子们尽兴地玩耍。大厅二楼还有一间儿童活动室，面积不大，可布局精巧，提供了众多的选择：木马、小滑梯、积木，毛绒玩具以至图书、电视……走廊里摆着哈哈镜、大棋子……让孩子们在阴雨天也有个游玩场所。

以上所说的这些教育资源都是免费提供的，对学龄前的孩子（3 岁上幼儿园）视野的拓展，身体和心理的发育极有好处。

另外，就我去过的一些城市（华盛顿、纽约、芝加哥、洛杉矶、匹兹堡）都有博物馆、科技馆、美术馆。甚至在盖恩斯维尔（位于佛罗里达州），这样一个只有 12 万居民的小城市，也建有自然和历史博物馆、艺术博物馆。其中蝴蝶园是一座日式园林的温室，附属于佛罗里达大学的蝴蝶研究中心，据称其规模为世界第二。来这些场馆的有外来游客，更多的则是附近城乡的孩子们，在家长和老师的带领下把这里当做第二课堂。

"西雅图中心"也设有儿童博物馆和科技馆，进这些馆是要收费的，但如果买年票则花费有限，如科技馆，4 位成年人一张年票是 80 美元，不到 5 岁的孩子在大人的带领下可以免费入场。这里有古生物馆、昆虫馆，有环保教育，有声、光、电等各类仪器的演示操作。一些小型的手动装置如水轮机、铲土机、自行车发电和一些电子设备如自动合成影像、自测身体机能等可以让孩子们自己操作，尝试动手的乐趣。暑假期间，会有志愿者来给孩子们开科技讲座，解疑答难问题，说不定在场的小听众中就有 20 年后的科技专家呢。

初到美国，常常惊叹这里的孩子生得人高马大，十分壮实，以为只是遗传因素和营养好的原因，其实也不尽然。这里的家长很重视孩子的体能训练，有专为孩子设立的健身房。孙儿一岁半时，我们带他去一家名为"GYMBORee"（金宝贝）的幼儿健身房。健身房里有木马、摇船、矮矮的独木桥、小篮球架，还有各种形状的软墩和木架搭成的台阶、小桥、滑梯、孔道等，让孩子能够安全地运动、游戏和探险。场地的结构会不断地重新组合，让孩子保持新奇感。健身房把 0~3 岁的孩子划分为 6 个年龄段，由幼儿早教专家制定了科学的课程计划，在每周一节 45 分钟的课堂上，对孩子们进行行为能力（包括肢体动作、协调适应、语言和人际关系等方面）和心智能力的综合引导。老师们都是年轻的女孩，能歌善舞，带领孩子和家长们做动作，家长积极配合，孩子玩得尽兴，这里成为孩子最喜欢来玩的地方。虽说每星期要付出 20 美元的费用，可正课之外，每周还有 5 个下午的 2~3 个小时的自由活动时间，另外，如到金宝贝儿童服装店为孩子购衣也可以享受折扣，他们把幼儿教育和商业运作结合得很成功，已经开设了 35 年，至今有 650 个场所，分布在 30 多个国家。

　　陪伴孩子出入这些场馆，和孩子一起接受教育，看到周围孩子的表现和孙儿身上的发展变化，让我们这些做祖父母辈的幼儿教育理念、教育知识和教育方法也得到了更新。我们深感教育观念的滞后带来的后患将很难根治。

两种不同的教育思路

我们的教育思路是告诉学生谁是谁非，并把结论当做"真理"。美国的教育思路是教学生批判地读书，其最终目的是让学生独立地解释事实，寻求真理。

数据显示，美国从 20 世纪 90 年代初开始，每年投入教育的经费超过 4 000 亿美元。美国庞大的教育经费来源主要有三条渠道：一是联邦政府拨款；二是各州的地方税收（其中约有三分之一投入教育）；三是私人财团捐款（这也是一笔不小的数目）。美国"教育为本"的思路还体现在他们的总统大选中。2000 年总统大选，辩论的两大焦点就是基础教育和医疗保障，小布什的一张王牌就是他在得州对中小学教育的推动。据报道，1999 年美国教育总投资已占其国内总产值的 7.7%，达到 6 350 亿美元。因此，美国学校的硬件设施多数居世界第一。

但是，如果把中美教育的对比停留在硬件设施上，就未免肤浅，关键还是教育思路的不同。

中国的教育与日本的教育方式有很多相似之处：要求学生博闻强记、厚积薄发；学生重考分，学校重升学率。因此学生课业负担重，节假日也常常去补习。这自然有好处，中国、日本的许多学生能吃苦，基础知识学得扎实。我的儿子赴美读博士，给本科生代物理实验课，用到一些中学的物理公式，学生都不记得，还理直气壮地说：我们从不记公式。我儿子就劝诫他们要学中国学生的长处，要刻苦用功，当即在黑板上把圆周率 π 写出几十位数字，并说我们在中学就是这样锻炼记忆力的。儿子低估了美国学生的聪明，他们偷偷地把黑板上的数字抄了下来，两天后再上实验课，就有学生要求这中国老师把圆周率的数值再写一遍。我儿子写出后，他们与抄下的一一对照，结果一字不差，确认不是诈唬他们，这才服了中国小老师。学期末评价老师时，全给打了高分。中国学生基础知识扎实、基本功过硬，这是举世公认的。

但是，让容量有限的大脑充塞了许多陈旧无用的知识，反而会阻碍大脑去接受新事物，也是一种精力的浪费。尤其是中国的旧教材，几年甚至几十年一贯制，老掉牙的东西让学生翻来覆去死记硬背，必然削弱他们跟踪最新科技和社会发展变化的新信息的能力和兴趣。我的儿子记忆力强，爱看古书，去了美国在与他大姐对话时，常常引用"子曰诗云"。他大姐就委婉地取笑他说："你在美国待上一年后，看还会不会这样！"

在中国，许多新的知识、新的发明要几年甚至十几年以后才能反映到教材里。当今世界，知识滞后几年，发展就差了十万八千里。

在美国，在学生的早期教育阶段，就不提倡死记硬背，而是鼓励独立思考，鼓励学生运用自己的创造力去解决问题。当然，在学习一些课程时，学生也必须记忆有关的公式和事实。但是即使在学习像语文、历史这样的课程时，也要让学生认识到课本上讲的仅仅是一家之言。特别是历史，要让学生认识到历史教科书是由一个以解释历史事实为己任的人编写的，如果由另一个人来编写，同样的事实他可能编出另一个故事来。写到这里，我想起我们上高中时的困惑：政治课中"事物的一分为二是真理"，但它对某些人、某些事物并不适用。"好"就是绝对的好，"坏"就是绝对的坏。语文课本中涉及林语堂时，老师便让我们记住现成结论，说林语堂是地主、资产阶级的帮闲文人。改革开放后一接触林语堂的散文，非常吃惊，这"帮闲文人"的散文竟然是那么美，蕴涵着深厚的中国传统文化。我们的困惑与吃惊来源于老师灌输给我们的现成结论，并将其认定为一成不变的真理。

我们的教育思路是告诉学生谁是谁非，并把结论当做"真理"。美国的教育思路是教学生批判地读书，其最终目的是让学生独立地解释事实，寻求真理。

我曾在网上看到一个赴美留学的中学生写他的美国老师怎样教语文。老师从来不给学生现成的结论。学生们竟然敢对莎士比亚和美国剧作家阿瑟·米勒的剧本提出质疑和批评。老师讲到《安德森审判》，这个剧本写的是对一个军官的审判。美国南北战争结束后，林肯总统赦免了所有在南军中打仗的官兵，唯一被送上法庭的人是一个名叫安德森的北军下级军官，原因是他在战争结束时杀害了一批俘虏，构成了杀人罪。剧本中，安德森并不否认自己杀人，但他辩解说，他这样做只是"执行命令"，在尽他作为一个军人"应尽的职责"；而起诉他的检察官则说，他这样滥杀已经对他不构成任何威胁的俘虏，就是

"人性的泯灭"。

老师认为他和学生讨论的问题涉及道德和纪律的冲突，就非常认真。他让学生充分讨论后作一篇分析作文，说明"对国家或上级的忠诚，与对自己信念的追求，到底哪一个更重要？"一名学生说他感到有好多话要说："回到家后，经过几个小时的推敲、琢磨，再加上几个小时奋笔疾书，文章几乎是一气呵成。我语调激动地为一个人按照自己的良心做事而辩护，又拉出洛克、康德等我仅知道点皮毛的哲学家的观点来壮大我的声势，最后再加上一个有力的结尾：在良心和职责冲突的时候，一个人应该按照自己相信的去做，因为他首先要对自己负责！"

老师希拉克非常欣赏这篇文章，给了他一个 A +（最高等级）。并且在文后批语说："这是我今年读过的最好的文章。"

美国教师认为：教师的主要目标就是教学生思考问题的方法、利用资料的方法，以及记叙自己的发现结果的方法。可以这样说，学生从小学到中学，从完成学士学业到取得硕士学位以至攻读博士学位，整个过程的每一步，都是对这一目标的强化。用他们的话说，美国教育面临的整个挑战都在于学生能够独立地从事研究、独立地进行思考。

美籍英语教授威廉姆斯博士说："教师不应自称握有'真理'，倒不妨说真理在教师和学生以外的某个地方。而探求真理是师生共同的任务。"

与此相对照，中国教师受"传道授业解惑"的传统理念影响太深。我曾在中学担任语文教师 12 年，回顾我们过去给学生出的作文题，"七一放歌"、"接到录取通知书后"、"唱国际歌所想到的"……题目本身就有明确的导向，它已决定了文章的立意和模式，学生根本没有独立思考、发挥自己的创造和想象的广阔天地。

这里，我们回顾一下 2002 年全国高考作文题：

阅读下面材料，根据要求作文。有一位登山者途中遇到暴风雪，他深知如果找不到避风之处必死无疑。他走啊走，突然脚下碰到一个僵硬的东西，他扒开雪地一看，原来是一个冻僵的人。他想：是救他呢？还是继续前行？经过心灵翻江倒海的思量之后，他毅然决定救这个人。于是，他脱下手套，开始给那个冻僵的人全身按摩。经过一番努力，终于把他救醒了。于是，两人搀扶着走出雪地。也许不一定人人能碰到这样的生死选择，但是我们在生活中所遇所见所听也会面临着一些触动心灵的选择，在这种情况下，我们应该怎样选择？为什么会作这样的选择？

请以'心灵的选择'为题自定立意、自选文体、自拟题目写一篇不少于 800 字的作文，不得抄袭作文，范围不要超出这个内容之外。

试题公布后，在教育界及社会人士中引起一些争议。

媒体报道，教育界人士认为，这道作文题灵活性大、学生可发挥的空间大，值得肯定。

一位登山探险爱好者却说，就他的登山知识和登山经验来看，今年高考作文题所给的材料不合逻辑、违背常识。他质疑命题者：现实中有那么多生动的事例不采用，为什么要编造这一虚拟情境呢？

更多的批评则指向这道题的实际导向作用。许多考生家长及社会人士认为，这种作文题只会逼迫学生说假话。他们说这道道德题对考生来说其实没有什么"心灵的选择"，不管考生内心怎么想，都必须从"舍己救人"这个方向上去作文，否则就会吃"鸭蛋"。考生只能迎合那唯一的答案，绞尽脑汁去说假话、大话、空话。

一位工程师说，高考作文题对学生具有直接的引导作用，这种引导可能造成一种急功近利的技巧化和形式化；而道德的形成需要一个过程，必须远离功利性；如果学生没有真正深入地思考并在真实的矛盾中体验，只能是造就一代又一代学生说假话的习气。

从中国转到美国读中学的学生说："我对这种（美国）教学方式不以为然。我喜欢从老师那里得到一部作品的权威解释，但老师却似乎一点也不觉得讨论是浪费时间。"

美国老师认为，学习不单单是所学内容问题，不单单是预先安排好的知识的积累问题，而重要的是一种过程。这样，平时的课堂活动就是重中之重了。因此，教室应成为有生气的学习实验室，成为学生在教师的细心指导下发表自己的看法、向别人的思想挑战、在同学间进行智力探险的自由天地。而教师本人也不惧怕自己的观点受到挑战。

　　比如一位维丝基太太在课堂上与学生争论美国作家塞林格的长篇小说《麦田里的守望者》(这部作品讲的是一个苦恼的高中生霍尔顿在纽约流浪时的经历)。女老师让同学们想一想，霍尔顿的苦恼和孤独，有多少是父母的错，说"霍尔顿的父母为什么要把他送到离家很远的寄宿学校？为什么闻到霍尔顿妹妹屋里有烟草味也草草放过？这是一个称职的父母应该做的吗？我也是个母亲，这绝不是我会做的。"

　　她的学生听出她的言外之意，似乎把霍尔顿的种种不快乐都归因于父母，马上就举手表示不能苟同，与她展开争辩。学生说："花钱让孩子上好学校，给孩子足够的钱，这正是父母爱他的表现。如果他们不关心霍尔顿的妹妹费比的话，又何必深更半夜回家呢，而且一回家就先进费比的屋。我反对这种孩子一做错事就怪父母的做法。霍尔顿也够大了，他应该为自己的行为负责！"

　　师生各不相让，争论了十几分钟。教师只是把重点放在培养学生探求真理的方法上，而不是放在内容即某一特定真理上。他们相信，只要学生掌握了方法，他们就会越来越接近真理。

　　通过这种讨论，老师提醒学生那些作品不是死的，并不是只允许专家来解释，我们来接受专家的结论；它们是活生生的，你完全可以从自己的生活出发，用自己的心灵与之交流来理解它、感受它。对同一段话、同一段情节的解释可以有多种，这正是伟大的文学作品的精妙之处，它们适用于不同的心灵。

　　这种授课方式既让学生"钻进去"，进入情境；又让学生能

"跳出来"，超越作品，学生的认识才会升华。

当然，不论哪一个国家的教育，其最终目的总是希望学生超过老师。事实上，学生拥有"年轻"这个资本，他只要不懈努力，总会超过老师。但是，这超越的速度也会因老师教育思路的不同而不同。

美国中小学教育的得失

//

　　自由宽松的社会环境、家庭环境和教育环境，为发展青少年的个性、展开他们想象的翅膀，提供了海阔天空的领域。不受约束的想象才能显示思维的质量。但过分的宽松自由、过分强调个性发展，其副作用往往是道德约束的流失。

//

　　美国大人不喜欢政府管，孩子不喜欢父母管。"想干什么，这是我自己的事情。"这句话似乎已成为他们的口头禅。就我在匹兹堡游乐场所见，蹒跚学步的三四岁的孩子摔倒，不要父母扶，自己爬起来拍拍手，说："I am OK."（我很好。）其父母眼看着孩子爬高就低非常吃力，也不去帮忙，自管自聊天。只有在孩子表现出惊人之举时，他们才夸一句："干得不错。漂亮极了！"除了教孩子见了人问好要有礼貌外，孩子想玩什么，那是他自己的事。看来克服孩子的依赖性，培养其独立自主的意识从幼儿时期已贯穿在日常的生活中。这种传统有利于每个人个性的发展。美国社会充满活力与他们依附性少而独立性强、循规蹈矩少而创造性强的民族传统有关。个人的聪明才智得以充分发挥，必然给社会带来生机。

　　在美国，儿童上学不是负担，而是享受。10岁左右的孩子一般是9点以前入学，下午3点就放学了。中午有免费午餐，来去有校车接送。在课堂上的时间只有 4 个小时，其中一半还是做课堂游戏，通过游戏的方式动脑筋，掌握一些基础知识和技能。大部分作业在课堂上用电脑完成，很少把作业带回家。如果有作业，也仅仅是让他们用电脑做个生日贺卡，或者做些折纸手工、画些简单图画，都是孩子们感兴趣、乐意完成的事情。如果不乐意干，也不勉强。一放学就可以抱上篮球或者穿上旱冰鞋，或者带上水枪，到游乐场玩。美国的孩子感觉不到所谓学习压力是什么滋味。

记得我上小学的时候（20 世纪 50 年代），国内追求升学率的风气还不算太盛，但那时就总有课外作业。有一次因为老师讲除法时自己开了小差，回了家问母亲 6 除以 3 等于几。没上过学的母亲想当然道："那还不简单，6 个除过 3 个，当然是 3。"按照母亲的思路完成作业，被老师训斥道："你怎么这么笨！除法和减法是一回事儿吗？"在美国是决不允许这样训斥孩子的。他们的教育思路是培养学生的自信，想方设法打开其思路，活跃其思维，而不要求循规蹈矩，唯老师的命是从。即使学生把 4 加 3 加成 8，老师也是以表扬的口吻道："噢，这倒是个新鲜思路，我们是否可以再算算 4 加 4 等于几呢？"学生在表扬声中和训斥声中，其思维的主动性和敏捷性必然不同。美国的家庭教育一般也是尊重孩子的人格和感情的。比如德瑞娜的好朋友要回家了，德瑞娜因为留不住朋友而急得掉泪，德瑞娜的妈妈决不会以"没出息，哭什么"来训斥，而是这样劝慰："噢，可怜的德瑞娜，你的朋友要走了，你很难过。离开自己的朋友实在是件困难的事情，可是，她的妈妈也许正焦急地等着她呢……"他们认为"别哭"、"不要这样"、"多讨厌"之类的命令性口吻压抑幼小心灵是束缚孩子天性的，而一般以"应该怎样"、"不妨试试"来诱导孩子。有的学校甚至不让学生知道彼此之间的考试成绩。因为让学生互相知道考试成绩，就会伤害那些成绩差的学生的自尊心和自信心。让孩子从小就自卑，这是很残酷的事情。

他们的课堂讲授也不是刻板的老师讲学生听。不要求学生正襟端坐、寂然静听，而是可以自由发问、可以提出不同见解后上台讲解。他们认为学校教育的目的不是要教学生死背多少知识、信息和数据，而是教给学生获取信息的能力。从小学、中学到大学，学生人人都要上讲台，与老师和同学们讨论问题、分析问题。比如语文老师让学生阅读了莎士比亚的剧本《恺撒王》，就让学生在课堂上讨论这剧本的得失，有的学生说剧本结尾写得不好，怎么能在结尾时让这么多主要人物一个接一个地在同一幕中死去呢？太不真实了，太草率了。有的同学就认为写得好，死的人多才能突出悲剧效果，有震撼人心的作用。在高中"美国政府"课（公民课）中，有的老师做得更绝。他对学生宣布他要参加联邦参议员竞选，让学生帮他制定竞选章程、印传单、拉选票、挨家挨户游说、接受媒体采访等。这样授课，一方面训练学生的胆量和自我表现意识，另一方面大家又互相交流，撞击出灵感的火花。每个人看问题的角度不同，经过大家讨论和身体力行，各人的思维必然得到升华，从而便于养成多角度、多方位观察事物、解决问题的综合能力。美国学生从来不懂得"害羞"是什么，教师也很少用一个尺度来衡量谁对谁错。同一考题，允许有各种各样的答案。有些学生，如果考试答案与老师的完全一样，只能得六七十分，而学生答案中一旦有点儿新见解，就会得高分。他们认为想象力是智慧的最高境界。从教材的讲解到考试一直都鼓励学生天马行空自由想象，想象越离奇越受到赞赏。比如上艺术课，老师不规定你画什么、怎么画，一切由你自己想象发挥。学生写作文也主要看你有无想象力，想象力丰富，故事情节曲折，离奇不离谱就会受到赞赏。

自由宽松的社会环境、家庭环境和教育环境，为发展青少年的个性、展开他们想象的翅膀，提供了海阔天空的领域。不受约束的想象才能显示思维的质量。美国人创造性强，正与他们的教育导向相辅相成，有想象力才会有创造力。先进的计算机技术、生物工程和宇航技术，都是以人的想象力为推动器和润滑剂的。美国的这种教育思路已经使他们在商业竞争、艺术创作和科技领域取得很大成就。

但是，任何事物的发展都是利弊相连。过分的宽松自由、过分强调个性发展，其副作用往往是道德约束的流失。美国在道德抉择方面让学生自由取舍，越来越成为教育的盲点。1983年美国教育部报告《一个陷在危机中的国家》一出，震惊朝野。这篇教育评估报告内提到："我们社会的整个教育基础，已被侵蚀到足以危害国家及人民的地步……"有超过50%的中小学生，其语文、科学、历史、地理及数学成绩不及格。学校由培育英才、敦品励学的学府，变成了"令人失望的工厂甚至战场"。缺乏纪律性、学生打架、帮派介入、吸毒等使学校行政焦头烂额。据儿童法律诉讼基金之统计，全国每 8 秒钟就有一位学生辍学，而每 67 秒钟就有一位未婚少女学生怀孕（见 1997 年 7 月 7 日《号角报》美国中小学教育专题）。

尽管当时克林顿总统宣布教育改革将不遗余力，在 1997 年 2 月 4 日的国情咨文中明确表示，要使美国人拥有世界上最佳的教育，并提出十大行动纲领：1. 订下严格的全国教育标准，其中包括全国性的四年级阅读测验及八年级数学测验，以确保学童有熟练的基本知识和能力。2. 使每一间教室内均有肯奉献且有才能胜任的教师。3. 每位学生在读完三年级时有良好的自行阅读能力。4. 扩充"提前入学计划"，并促请父母及早为孩童的学习投入心力。5. 扩充"自由选校"及提高公校的效能。6. 确保学校安全，有纪律，无毒品，并能灌输美国良好的价值观。7. 协助支持学校的兴建和现代化。8. 为勤学绩优的学生打开大学校门，使十三年级和十四年级教育似高中教育一样普遍。9. 整顿联邦职训，使其成为单纯的技能奖励，增进成人的教育机会和素质。10. 在 2000 年前，使教室和图书馆能连接国际网络，并协助学生具有科技常识，不至于成为科技文盲。

但明摆着的是，除了第一条和第六条有针对性外，其余八条都患有同样的毛病：不能对症下药。美国教育界的红灯一直闪亮，原因不在教育经费不足和教育工作者不足，也不在学校不够和不够高科技，关键是美国式的自由带来的顽疾无法医治。即使是有针对性的第一条和第六条，"要有严格的全国教育标准"和

"有纪律、无毒品"等能够实行，也恐怕是治标不治本。因为教育与整个社会价值观的取向有密切的关系。社会若没有正确的道德标准，教育就立不起根基。比如所谓性教育，并不是我们所理解的讲授生理和生物学。虽然各个学校性教育的课程不尽相同，但主流方向是强调和推动性自由。这从"性知识及教育理事会"（SIECUS）的立场可见一斑。SIECUS 于 1993 年出版的《幼儿园至十二年级全面性教育指示》中清楚指出：人从婴孩即开始有肉体上的性需要，所以儿童有绝对权利去知道性知识及享受性行为。所有的生殖权利，包括堕胎权，皆是基本的人权。所以不论任何年龄，或怀孕到哪一个阶段，都应拥有绝对的自由选择堕胎权，而无须他人的同意。同性恋行为无所谓对或错，乃是正常和健康的另一类性生活方式。由此可见，性教育的主流是鼓励青少年安心地去享受性行为，只要做足预防功夫便可（防怀孕、艾滋病和性病等）。就我在美国一年（1997 年 8 月—1998 年 8 月）所见，克林顿的教育改革基本未见成效。美国森林公园和社区游乐场常有让正统的中国人不敢正视的风景。前些年美国的母亲们在女儿 14 岁的时候就得教会她们怎样使用安全套，现在的"进步"是更多的美国少女在 12 岁就懂得这些知识了。1997 年 7 月 7 日《号角报》载："最近发生的高中女生在毕业舞会中自行生产后把婴儿丢弃，再回到舞会中继续欢乐跳舞的个案，人们对此感到不可思议。其实这件事不是首次发生，数月前就有两位青少年将他们初生的婴儿杀死，并弃置于垃圾堆中。"这些骇人听闻的事件远不是问题本身，它对美国的教育方针是最大的挑战。更具有讽刺意味的是美国总统克林顿的情人——白宫的大学实习生莱温斯基小姐，在与总统的事情败露后，她很快就出了自传。有人骂她几乎毁了一届政府，可悲的是她还自命是挫败天下第一男人的女人。更可怕的是以美国青少年的价值观评判，恐怕更多的人对莱温斯基小姐是仰视而不是俯视。

事实证明，如果一个民族缺乏良好的道德典范和标准，是难以承载其所取得的成就的。与之相反，高科技常常给犯罪带来更大的方便。在我旅美的一年中，就曾听说过三例青少年暴力犯罪事件，都是因为鸡毛蒜皮的小事就招致枪弹扫射，酿成流血案件。一例是克林顿出山的阿肯色州某小学校的三年级学生，因为感觉班内女生不爱理他，心内怀恨，就约了他表弟伺机报复。他的表弟常跟其爷爷打猎，练得一手绝好的枪法。这天，他让表弟带了冲锋枪埋伏于树丛中，自己则拉响了学校警铃。教室里老师同学正在上课，听到警铃大作，以为有了险情，纷纷跑了出来。藏在树丛中的小神枪手立即扣动了扳机，当场有一位老师、四名同学饮弹而亡。结果是两个杀人元凶还不到受审年龄，只得关在监狱里丰衣足食地养着，根据儿童都有受教育的权利的法规，还得为他们请教师上课。当记者采访他们时，一个说："监狱也没什么特别，只是鸡腿不如比萨饼好吃。"另一个说："我想见妈妈。"可见他们根本不知道事态的严重性，不懂得自己干了什么。另一例暴力事件发生在美国罗得岛一家华人海鲜餐馆，是一起亚裔青少年斗殴枪击事件。发生冲突的是两伙到餐馆就餐的青少年，一伙人围着餐厅后门靠窗的大圆桌，另一伙人坐在餐厅靠洗手间的贵宾室。两伙人无冤无仇，当大圆桌的这伙人上洗手间经过贵宾室时，发现贵宾室的青少年以"不友善的目光"看着他们。于是，也以怒目相视。目光的交恶渐渐引起争执，在双方互不示弱、互不相让的情况下，由舌战变成了大打出手。最后其中一伙青少年跑到停车场取来手枪（美国法律规定枪械必须放在小车后箱内），向另一伙人射击，五名青少年中弹倒地，酿成严重刑事罪案。第三例暴力事件发生在尤金的一个小镇，也是因小事导致枪杀，这里不一一尽述。值得一提的是华裔青少年在北美向来有温良恭让的乖好形象，近几年因暴力事件不断增加，已使其在主流社会的印象大大改变。可见暴力事件的发生并不取决于哪一类人的本质因素，而是这块土壤上必然滋长的产物。

为了不受其影响，我认识的几家美籍华裔家庭干脆不让孩子们上学，在家里学习，由妈妈来担任小学、初中教师，孩子们定期参加社区考试。她们认为：在未上高中的前青春期为可塑期，孩子养成勤学习爱思考的习惯，在考试成绩上找到自我肯定和满足，进入勤奋向上的角色，就不容易沾染其他诱惑了。但是，孩子们没有同学间的交往、没有集体活动中的配合，对其社交能力的培养又是局限。总之，美国自由引发的顽症正困扰着重视教育的家长，美国当局正绞尽脑汁寻求良方。

图书在版编目（CIP）数据

孩子，微笑吧：中美家庭教育碰撞/高芸香著.—北京：中国人民大学出版社，2012.6

ISBN 978-7-300-15760-3

Ⅰ.①孩… Ⅱ.①高… Ⅲ.①家庭教育—教育方法—对比研究—中国、美国 Ⅳ.①G78

中国版本图书馆 CIP 数据核字（2012）第 096584 号

朗朗書房
long-long Book House

孩子，微笑吧——中美家庭教育碰撞

高芸香 著

Haizi Weixiaoba

出版发行	中国人民大学出版社	
社　　址	北京中关村大街 31 号	邮政编码　100080
电　　话	发行热线：010－51502011	
	编辑热线：010－51502017	
网　　址	http://www.longlongbook.com（朗朗书房网）	
	http://www.crup.com.cn（人大出版社网）	
	http://www.ttrnet.com（人大教研网）	
经　　销	新华书店	
印　　刷	三河市嘉科万达彩色印刷有限公司	
规　　格	146 mm×210 mm　32 开本	版　次　2012 年 7 月第 1 版
印　　张	9.5　插页 2	印　次　2012 年 7 月第 1 次印刷
字　　数	196 000	定　价　29.80 元